Wolfgang Welt

Kein Schlaf bis Hammersmith

und andere Musiktexte

Herausgegeben von Martin Willems

Reiffer

Herzlich zu danken ist: Gabriele Wörenkämper geb. Welt, Heinz-Jürgen Welt, Andreas Böttcher, Sabine Brenner-Wilczek, Frank Goosen, Rolf Hiby, Peter Wasielewski. – Wolfgang Welts Nachlass wird im Heinrich-Heine-Institut aufbewahrt.

Wolfgang Welt
Kein Schlaf bis Hammersmith
und andere Musiktexte
Herausgegeben von Martin Willems

Umschlaggestaltung von Marcel Pollex unter Verwendung eines Fotos von Andreas Böttcher (Wolfgang Welt beim Thommie-Bayer-Konzert, Freilichtbühne Wattenscheid, 23.5.1981)

Gedruckt auf Bilderdruckpapier aus verantwortungsvollen Quellen, FSC® C107574

ISBN 978-3-945715-81-9

Verlag Andreas Reiffer, Hauptstr. 16 b, D-38527 Meine

»Ich setzte mir die Kopfhörer auf und hörte: ›I'm gonna tell you how it's gonna be – you're gonna give your love to me‹«

Inhaltsverzeichnis

Editorische Notiz

Das Gros der vorliegenden Textsammlung erschien 2012 in dem seit längerem vergriffenen Band »Ich schrieb mich verrückt«. Für diese Ausgabe wurde sie durchgesehen, geringfügig vereinheitlicht und korrigiert, um neue Funde (»Kevin Coyne: Pointing The Finger«, »Liebe und Hass«, »Marius Müller-Westernhagen: Das Herz eines Boxers«, »Nie erlahmt der Zeigefinger«, »Zwischen Pink und Punk«) sowie vier weitgehend unbekannte Leserbriefe Welts ergänzt. Zwei Weglassungen aus Gründen des Persönlichkeitsschutzes sind durch eckige Klammern kenntlich gemacht. Die chronologisch angeordneten Texte folgen der neuen Rechtschreibung. Im Vorwort ist die weibliche der männlichen Form gleichgestellt; lediglich der Vereinfachung wegen wurde die männliche Form gewählt.

Vorwort

Im Oktober 1977 veröffentlicht *Sounds* einen Leserbrief von Wolfgang Welt, der die »non-musikalischen Vermittler« in Rundfunk und Print vehement kritisiert. Deutschland, das sei offenkundig, stecke in einer »Rock-'n'-Roll-Krise«. Gegen Ende stellt Welt eine Frage, die seine sechzehn Monate später beginnende Karriere als Musikjournalist vorwegnimmt: »Tja, wo gibt's die (...) deutschen Rockschreiber ...?«

Geboren am letzten Tag des Jahres 1952, wächst Welt in der zum Bochumer Stadtteil Langendreer gehörigen Siedlung Wilhelmshöhe auf. Neben der angeschlossenen Zeche Bruchstraße, ein Steinkohlebergwerk, in dem schon sein Großvater beschäftigt war, Fußball und dem Fernsehprogramm interessiert ihn besonders die Musiktruhe im elterlichen Wohnzimmer. Während hier überwiegend deutschsprachige Schlager von Ernie Bieler, Caterina Valente oder Fred Bertelmann ertönen, geht es bei einem Nachbarsjungen deutlich progressiver zu. Dessen Plattenspieler schafft scheinbar doppelt so viele Umdrehungen ... das muss er sein, dieser sagenumwobene »Über-Rhythmus« aus Amerika!

1963 – auf der Kirmes läuft Buddy Hollys »Brown Eyed Handsome Man« rauf und runter – ist Welt endgültig Rock-'n'-Roll-addicted. Er sammelt Wundertütenbilder angesagter Acts, durchstöbert *BRAVO*, *Musik Parade* und *ok* nach spannenden Ausschnitten, die er in ein großes Album klebt. Samstagnachts verfolgt er die Top Twenty auf dem Kofferradio von Schaub-Lorenz, wünscht sich nichts sehnlicher als die Mitgliedschaft im Buddy-Holly-Klub, den sein älterer Bruder und einige Bekannte gegründet haben. Der Gang zum Bahnhofskiosk, wo neuerdings der *New Musical Express* ausliegt – ein unumstößliches Ritual.

Die Konfirmation beschert schließlich den Grundstock für die eigene Plattensammlung: »Pet Sounds« und »Revolver«. Sein erstes Konzerterlebnis hat Welt 1968, sozusagen vor der Haustür. Die Internationalen Song-Tage locken über 150 Bands und Solokünstler in die Essener Grugahalle. Welt bestaunt Hardin & York, Deep Purple, die Keef Hartley Band, Taste; auch wenn er Amon Düül II und The Mothers of Invention verpasst, ist er selig.

Der Abend löst Fernweh aus, Sehnsuchtsort: London. Immer wieder reist Welt in die englische Hauptstadt, streift durch Soho, Plattenläden, die Kabinen bereitstellen, um in die neuesten Scheiben reinhören zu können. Noch nie war Bochum so weit weg. Welt besucht Gigs von The Who, Van der Graaf Generator, Kraftwerk, entdeckt Lou Reed: »Ich vergesse den Wintermorgen 73 nicht, als ich (...) das aus einer Oxford-Street-Boutique schallende ›Walk On The Wild Side‹ als persönliche Aufforderung verstand.«

Als besagter Leserbrief erscheint – das erste Album der Sex Pistols ist im Presswerk, Hanns Martin Schleyer noch immer in Geiselhaft –, studiert Welt an der Pädagogischen Hochschule Dortmund. Noch – 1978 schmeißt er alles hin und wird Schallplattenverkäufer bei der Ladenkette ELPI.

Im Spektrum, einer Bochumer Szenekneipe, bietet sich plötzlich die Gelegenheit, mit den Verlegern des *Marabo* ins Gespräch zu kommen; ein einschneidender Moment, den Welt in seinem Debütroman »Peggy Sue« schildert:

»Das *Marabo* ist ein Stadtmagazin, das zu der Zeit, wie ähnliche Zeitschriften in anderen Ballungsräumen, zu florieren anfing. Vorbild war das *Time Out* in London. Das *Marabo* war jetzt ein halbes Jahr auf dem Markt, doch trotz der hohen Auflage von 20.000 Stück steckte es immer noch irgendwie in den Kinderschuhen mit seinem DIN-A5-Format. (...) Von Anfang an hatte ich mir für fünfzig Pfennig die Hefte gekauft und hätte auch gerne mitgemacht, aber ich war einfach zu schüchtern, da mal anzurufen und mich anzudienen. Schon länger hatte ich auch ein Thema, meinen Lieblingssänger Buddy Holly, dessen Todestag sich im folgenden Februar zum zwanzigsten Mal jähren würde. Ich war schon leicht schicker. (...) Ich wühlte mich zu ihnen durch. ›Ich hab gehört, ihr seid ...‹ und so weiter. Ich war aufgeregt. Ich schlug ihnen vor, sie sollten was über Holly machen. Den kannten sie aber nur dem Namen nach. Sie schlugen vor, ich sollte was über ihn schreiben. Ich war perplex. So einfach ging das also. Nur mal kurz ansprechen.«

Auffällig ist, dass Welts journalistische Anfänge mit Anzeichen einer psychischen Erkrankung einhergehen. Trotz sich häufender Angstzustände, drischt er »Buddy Holly lebt« in die Maschine: »Heute Nacht oder nie. Ich stand gegen halb drei auf, ging von der Mansarde runter und holte mir aus dem Kühlschrank 'n Liter Milch und 'ne Pulle Cola. Dann schrieb ich. Um sechs war das Ding fertig. Bis ich zur Arbeit fuhr, hörte ich mir immer wieder ›I Can't Stand The Rain‹ von Ann Peebles an und wusste nicht, warum. Per Eilpost gab ich den Text auf. Ich hörte nichts vom *Marabo*. Ob die den genommen hatten oder nicht. Es folgten die vielleicht spannendsten vierzehn Tage meines Lebens, bis zum Erscheinungstermin. Dann endlich war es so weit. Auch bei uns im Laden wurden die Hefte vertrieben. Ich riss sie dem Lieferanten aus der Hand. Ich war drin!«

Die Kritiken, Porträts und Storys, die Wolfgang Welt zwischen 1979 und 1984, der Hauptphase seiner journalistischen Tätigkeit, verfasst, bezeichnet er rückblickend als »Fingerübungen« – eine ausgemachte Untertreibung. Überhaupt stapelt Welt (bewusst?) tief, im Telefonbuch firmiert er zeitweise unter »Universaldilettant«.

Schnell wechselt Welt von einer eher nüchternen Erzählhaltung in die Ich-Perspektive. Was er auch deutlich markiert; eine Retrospektive zu Elvis Presleys zweitem Todestag betitelt er »The King and I«.

Ausgestattet mit enormem Fachwissen – Freunde attestieren ihm einen regelrechten »bullshit detector« – geht er nach Feierabend in die Vollen und entwickelt einen unverwechselbaren, lakonisch-lässigen, hoch-assoziativen Stil. Sein Leitsatz:

»Doch kann ich leider nicht lobhudeln, wenn mir mein Urteilsvermögen einen Verriss diktiert.«

Welt ist nicht nur unbestechlich, sondern auch ungemein engagiert. Entdeckt er einen Künstler wie den Folksänger Bruce Cockburn, kennt sein Rechercheaufwand keine Grenzen. Nächtelang wälzt er komplette Jahrgänge englischer und amerikanischer Musikzeitschriften, führt Ferngespräche mit Informanten, erwirbt ultra-rare Singles, die er glaubt, unbedingt besitzen zu müssen. Die Texte hingegen entstehen eruptiv, kurz vor Redaktionsschluss oder danach.

Sie behandeln Weltstars (John Lennon, Lou Reed, Bruce Springsteen), unbekanntere Singer-Songwriter (Phillip Goodhand-Tait, Aj Webber, Thommie Bayer), New-Wave-Bands (Talking Heads, The B-52s) und Neue-Deutsche-Welle-Interpreten (Andreas Dorau, Markus, Hubert Kah). Ebenso Rock-'n'-Roller, die dem Vergleich mit Buddy Holly standhalten müssen, »Schlagermädchen« der fünfziger und sechziger Jahre sowie zunächst obskur anmutende Crooner, beispielsweise Willy Hagara, Welts »erster Held«.

Sommer 1981: WoW, so sein vielsagendes Kürzel, schreibt inzwischen selbst für *Sounds* und die beliebte Rowohlt-Reihe »Rock Session« – der Junge aus der Zechensiedlung zählt zur »Top Ten der Musikjournaille«. Die Anstellung im Plattenladen hat er infolge eines äußerst drastischen Rundschreibens, das sämtlichen Filialen und Vorgesetzten zugeht, verloren.

Kurzerhand springt Welt als Discjockey in der Langendreerer Diskothek Appel ein, was dazu führt, dass er fortgesetzt auf der Straße abgefangen wird: »Na spielze heute widda ›Und der Mussolini‹, ›Mach ma mär Elvis‹, ›Musse unbedingt Fred Bertelmann nach Fehlfarben auflegn?‹« Es gibt, findet Welt, Schlimmeres: »Ich mein, ich war ja schon als *MARABO*-Redakteur recht bekannt in der Szene, aber jetzt kennen mich ALLE, nicht unbedingt immer angenehm. Aber lieber angemotzt als ignoriert werden.«

Ende 1981/Anfang 1982 reüssiert er zusätzlich beim *Musikexpress* und dem Düsseldorfer *Überblick*, seine ohnehin hohe Lebensgeschwindigkeit nimmt noch einmal zu. Wolfgang Welt möchte berühmt werden, längst ist er überregional unterwegs, in München, Hamburg, Amsterdam, London, Paris. Andere Vertreter der »New Nonfiction«, einer stark subjektiv ausgerichteten Form journalistisch-literarischen Schreibens, wie der nur wenig ältere Lester Bangs, sind, beruhigt er seine Mutter, noch viel härter drauf. Wenige Wochen später ist Bangs tot.

Da Gerüchte die Runde machen, dass *Sounds* und *Musikexpress* an einen Medienkonzern verkauft und zusammengelegt werden, braucht Welt einen existenzsichernden Job, dringend. Am liebsten wäre er Korrespondent in London, doch die Realitäten sind andere: Einer der wichtigsten deutschen Musikjournalisten, kurz zuvor noch auf England-Tournee mit Motörhead, ist Pförtner in der Ruhrlandhalle. Völlig grotesk wird es, als Welt bei einem Stadtteilfest aushelfen und den Auftritt der Band Geier Sturzflug, die er nicht leiden kann, absichern muss.

Darüber hinaus trägt eine im März 1983 diagnostizierte schizophrene Psychose mit manisch-depressivem Einschlag entscheidend dazu bei, dass Welt sich kontinuierlich vom Zeitgeist, vom Musikjournalismus zurückzieht. Ohne jedoch seinen »Schreib-Drive« einzubüßen, wie »Breakdancers Bruchlandung« (1984) verdeutlicht, eine aufsehenerregende Auseinandersetzung mit Marketingmethoden rund um den Hip-Hop, oder die Gegenüberstellung von Bob Dylan und Buddy Holly (1993), in der er Musik(-geschichte) und gelebtes Leben geradezu kongenial zusammenfließen lässt.

Insbesondere Welts Reportagen sind, das sei hier einmal festgehalten, *gonzo*. Hunter S. Thompson, Begründer jenes Subgenres, würde gewiss nicht widersprechen, kommentierte er doch Muhammad Alis Aussage »Meine Art Witz ist es, die Wahrheit zu sagen« wie folgt: »[E]ine Definition von ›Gonzo-Journalismus‹, wie ich sie besser noch nicht gehört habe.«

Am 19. Juni 2016 stirbt Wolfgang Welt in einem Hagener Krankenhaus. – 2012, anlässlich seines 60. Geburtstags, widmet ihm Phillip Goodhand-Tait, sein jahrzehntelanger Freund, den Song »Wolfgang«. Darin heißt es: »we both believed that the music it will last«. Möge dies auch für die vorliegenden Musiktexte gelten.

Also: Begleiten Sie den außergewöhnlichen Rock-'n'-Roll-Schreiber Wolfgang Welt *on the road* ... immer der gewaltigen Soundspur nach, die seine Texte durchzieht.

Martin Willems

Buddy Holly lebt

Am 3. Februar 1959 gegen ein Uhr Ortszeit bestieg der texanische Rock-'n'-Roll-Sänger Buddy Holly mit seinen Kollegen The Big Bopper (»Chantilly Lace«) und Ritchie Valens (»La Bamba«) in Mason City/Iowa eine viersitzige Beechcraft Bonanza, mit der er den nächsten Ort seiner Tournee erreichen wollte (Flugzeug: 36 Dollar die Nase). Der 21-jährige Pilot – »snow was snowing, wind was blowing« – verlor im Schneesturm die Orientierung und knallte die Maschine auf einen gefrorenen Acker: alle Insassen waren auf der Stelle tot.

Jahre später besang Don McLean diesen rabenschwarzen Tag in seinem Meisterwerk »American Pie« als »the day the music died«. War das übertrieben? Ja und nein. Sicher, mit Hollys Tod ging eine Ära ihrem Ende entgegen, die man als Hochzeit des Rock bezeichnen könnte. (Wenig später kehrte Elvis gehirngewaschen aus der Armee zurück, Eddie Cochran fuhr fatal vor einen Baum, Little Richard wurde Priester, und Chuck Berry ging in den Knast.) War aber mit diesen Unglücksfällen die Rockmusik tatsächlich tot? Nein, gerade Holly hinterließ Spuren, die bis heute sichtbar sind.

Besonders in England fand der Texaner viele Nachahmer, schon zu seinen Lebzeiten, auch äußerlich. Buddy Holly, der aussah wie Hiram Hollidays jüngerer Bruder, wurde visuelles Vorbild für Hank B. Marvin (Shadows), Freddie (Freddie and the Dreamers), Manfred Mann und Randy Newman, später und ausdrücklich für Elvis Costello – um nur die wichtigsten zu nennen.

Hollys musikalischer Einfluss reichte von Adam Faith, der Hollys Hiccup(Schluckauf)-Gesang als erster erfolgreich imitierte, über die Hollies (sic!), Beatles, Stones bis Dylan, Byrds und C, S, N & Y (you name them). Nicht immer ist alles eindeutig nachweisbar, doch würde eine genauere Untersuchung als diese vieles belegen. Die Beatles ehrten ihn mit ihrer Fotokopieversion von »Words Of Love« (auf »Beatles For Sale«), die Stones errangen mit »Not Fade Away« ihren ersten Top-Hit. Die Byrds klauten seine Harmonien, Dylan interessierte sein Mythos.

Einer der meistkopierten Songs von Holly und seiner Begleitband The Crickets ist »Everyday«. Die unbekannten Sterlings sangen ihn ebenso nach wie John Denver, die Tremeloes und der maßlos unterschätzte Phillip Goodhand-Tait, der das flotte Lied zeitlupenartig gegen den Strich bürstet und es so zu einem wahren Geniestreich werden lässt (auf der LP »Songfall«).

Hollys bekannteste Komposition, »Peggy Sue«, wurde kaum imitiert, da sie schwer von anderen Interpreten zu übertreffen ist. Sehr schön ist allerdings John Lennons Version, lahmarschig hingegen die der Beach Boys auf ihrer letzten LP.

Linda Ronstadt, Amerikas Supergroupie, gelang mit »It's So Easy« und »That'll Be The Day« der endgültige Durchbruch in den Staaten. »That'll Be The Day«? Jawohl, liebe Cineasten und Achternbusch-Fans – das hatte John Wayne immer in dem John-Ford-Film »The Searchers« ausgespuckt (zu Deutsch: »Der Tag wird kommen« in »Der schwarze Falke«). Holly griff die Zeile aus Martin Scorseses Lieblingsfilm auf und machte seinen ersten Millionenseller draus. Eine französische Version davon gibt's von François Hardy.

Auch hier viele Kopien. Die schönste stammt von Sandy Denny, die mit Richard und Linda Thompson gleich zwei andere Holly-Songs mitaufnahm (»Learning The Game« und »Love's Made A Fool Of You«). Richard Thompson bekennt sich nach wie vor zu seinem Holly-Faible wie auch Paul McCartney und Brian Eno, der »Wait 'Till The Sun Shines, Nellie« zu seinen Lieblingssongs zählt.

Auch die Teeny-bopper-Gruppen der mittsiebziger Jahre machten vor Buddy Holly nicht halt (der übrigens auch nur 22 wurde). Mud brachten am Ende von »Oh, Boy!« einen passablen A-cappella-Gesang, während Showaddywaddy

»Heartbeat« zur Leichenfledderei verballhornten. Die intelligenteren Rubettes besangen plausibel »My Buddy Holly Days«, andere Widmungen stammen von Eddie Cochran (»Three Stars«) und Mike Berry mit dem unsterblichen »Tribute To Buddy Holly«.

In den vergangenen Monaten hat eine neue Buddy-Holly-Welle eingesetzt. So unterschiedliche Leute wie Santana (»Well ... All Right«), Stephen Stills (»Not Fade Away«), Dave Mason und Wreckless Eric (»Crying, Waiting, Hoping«) reüssierten mit Holly-Songs. Auch Blondie ließen sich nicht lumpen, und wenn ihre laszive Leadsängerin Debbie Harry in »I'm Gonna Love You Too« verspricht: »you're gonna hear those bells ring«, vermeint man tatsächlich die Glocken klingeln zu hören (if you know what I mean!). Und und und.

Waylon Jennings, Ex-Cricket und Holly-Protegé, nahm mit seinen ehemaligen Kollegen ein Holly-Medley unter der Produktion von Duane Eddy auf, Bo Diddley stellte für seine Version von »Not Fade Away« eine Weltelf zusammen (unter anderem Joe Cocker und Billy Joel), Bruce Springsteen übt »Rave On«, während die Stones vielleicht »Maybe Baby« auf ihr nächstes Album pressen.

Mit ganzem Herzen dabei ist Gary Busey, der Hauptdarsteller in der Verfilmung der »Buddy Holly Story«. Er tourt zurzeit mit Ex-Mitgliedern der Band und singt ausschließlich Holly-Songs. Zwanzig Jahre nach seinem Tod steht fest: Buddy Holly lebt.

Ocean o. k.

Im vergangenen Monat lief in der ARD ein Film über problematische Jugendliche: »Uns reicht das nicht« (Regie: Jürgen Flimm). Er stieß zu Recht auf herbe Kritik, und wenn auch die Leistungen der Darsteller befriedigten, wurde aus dem vielversprechenden Spiel von Uta Bitterli leider nur ein »zäher Langweiler« (*Frankfurter Rundschau*) von Flimm inszeniert.

So war eigentlicher Höhepunkt des Streifens die Musik, eingespielt von der weitgehend unbekannten deutschen Rockformation Ocean. Rechtzeitig zum Film brachte sie auf eigenem Label (Beach) die dazu produzierte (erste) LP heraus. Ums kurz zu machen: Hier stellt sich ein Ensemble von neun Halbprofis und Amateuren (Drummer und Produzent Dieter Flimm zum Beispiel ist hauptberuflich Bühnenbildner) vor, das mit seiner Mischung aus Funk, Soul und entspanntem Jazz in unseren Breiten seinesgleichen sucht.

Die Hälfte der Nummern sind Instrumentals, auf den übrigen Songs beweist das Bochumer Allroundtalent Herbert Grönemeyer, dass er zu den wenigen großen Sängerbegabungen auf der westdeutschen Rockszene zählt. Besonders in den Balladen zeigt er sein Können, das sich durchaus mit dem berühmter Vorbilder, etwa dem von Billy Joel oder David Clayton-Thomas (Blood, Sweat & Tears), messen kann. Wer immer noch Chicago lieber hört als Tangerine Dream oder Kraftwerk, kann sich jetzt endlich mit einer deutschen Platte bedienen, die, ohne elektronische Fisimatenten auskommend, international mithalten kann.

Übrigens: Herbert Grönemeyer, seit seiner Rolle als fünfter Beatle vor vier Jahren dem hiesigen Theaterpublikum bekannt, veröffentlicht in Kürze sein erstes Soloalbum, mit deutschen Texten. Die Ocean-LP lässt uns gespannt dieses Debüt erwarten.

Langweilig

Vom Cover lächelt er uns an wie der junge Mann, den sich jede Mutter als Schwiegersohn wünscht: Herbert Grönemeyer, Bochumer Schauspieler und Sänger. Wie im letzten *Marabo* angekündigt, hat er nunmehr seine erste Solo-LP veröffentlicht – bei Intercord, einer Firma, die auch Stephan Sulke, Reinhard Mey und Herman van Veen unter Vertrag hat. In die Fußstapfen dieser drei soll wohl auch Grönemeyer treten, denn die zehn Lieder, die er bei seinem Debüt vorstellt, könnte man genauso gut oder schlecht auf den Platten der Obengenannten finden.

Klar, die Stimme des Bochumers bleibt mit ihrer Ausdrucksstärke erhalten, doch geht die Persönlichkeit Grönemeyers irgendwo unter. Ich kann mir nicht vorstellen, dass er mit großer Leidenschaft etwa den pathetischen Song über das Verschwinden Pompejis interpretiert hat.

Überhaupt ist die ganze Scheibe ein wenig zu ernst geraten, ohne viel Humor und Ironie; es trieft bisweilen vor Melancholie (»Nach Julie – wird es für mich schwer sein – zu lieben – zu leben – einen Teil von mir zu geben – nach Julie – bin ich leer«).

Auf der Ocean-LP (siehe das April-Heft von *Marabo*) hat Grönemeyer bewiesen, dass er ein ganz hervorragender Rockballadensänger sein kann. Jetzt, mit deutschen Texten, wirkt sein Gesang etwas gestelzt, unnatürlich. Grönemeyers Stärken sind Blues und Rock à la Blood, Sweat & Tears und nicht deutscher Singsang im Stile Klaus Hoffmanns. Da Grönemeyer nur drei Songs selber komponiert hat und die Texte von anderen schreiben ließ, ist sein volles Potenzial noch nicht erschöpft und lässt für weitere Arbeiten Hoffnung.

Um Missverständnissen vorzubeugen: Für deutsche Verhältnisse ist Grönemeyers Schallplatte nicht schlecht, und man kann ihn durchaus schon in einem Atemzug mit Sulke, van Veen und Hoffmann nennen, doch wer sein Ohr, wie der Unterzeichnete, an den angelsächsischen Singer-Songwritern geschult hat, wird keine Offenbarung erleben. Ein deutscher Billy Joel oder Bruce Springsteen ist Herbert Grönemeyer leider (noch) nicht.

The King and I

Soll ich wirklich noch einen Artikel über Elvis schreiben, die Stationen seines knappen Lebens aufführen, seine Musik vivisezieren oder ein bisschen Psychoanalyse betreiben? Geschenkt: you've read it all before. Ich will lieber die Gelegenheit nutzen und in meiner Erinnerung nach Begegnungen mit der Musik von Elvis kramen.

Es ist 1958, als ich aus der klobigen Musiktruhe eines Nachbarsjungen zum ersten Mal einen Song von Presley höre: »All Shook Up«. Ich bin sofort begeistert, vergesse Paul Ankas »Diana« und werde dennoch nie devoter Elvis-Fan. Ich werde in dem Jahr erst sechs. Der junge Nachbar kauft weitere Elvis-Platten: »Tutti Frutti« und »Teddy Bear«. Wir können auf den Vorortstraßen noch ungestört Fußball spielen. Entenschwänze, Mopeds, Raupe, jeder Dritte heißt Elvis.

Ich sehe Elvis in der »Tagesschau«, wie er sich in Bremerhaven vom Schiff zum Zug durch ein Spalier von mehreren tausend Teenagern wühlt. Die Eisenbahn geht ab, der Bahnsteig ist leer, ein einzelner Mädchenschuh bleibt liegen. Elvis in Deutschland. Ich seh ihn mit Vera Tschechowa in der *BRAVO* abgebildet.

Der Rock 'n' Roll nähert sich seinem Ende: Meine Oma schenkt mir »Wooden Heart (Muß i denn ...)«, »It's Now Or Never« wird auch von Erwachsenen gekauft. Elvis ist für uns verloren. Zwei, drei Jahre dauerts noch, bis die Beatles ankommen. Chris Howland legt im Radio »Good Luck Charm« und »Return To Sender« auf. Eine Durststrecke.

1962: Peter Handke, ein Schriftsteller, drückt, als er in einem Café zum ersten Mal seinem leiblichen Vater begegnet, an der Musikbox »Devil In Disguise« von Elvis Presley. Ich hefte zur gleichen Zeit ein Elvis-Bild aus der *Musik Parade* aus und klebe es an die Wand. The King is gone but not forgotten.

Zwei Jahre später, die Beatles on top, schlägt der ehemalige König des Rock 'n' Roll zurück – mit Glacéhandschuhen. Sein »Crying In The Chapel«, eine unsägliche Schnulze, verdirbt mir den ganzen Sommer, wird aber Nummer eins (seine letzte für einige Jahre). Kein Elvis vorläufig mehr.

»Sgt. Pepper« erscheint in dem Monat, in dem Elvis heiratet. Seine Frau Priscilla sieht aus wie eine Puppe. Good-bye, Elvis.

Dann das Comeback im Fernsehen: Elvis rockt entrückt im schwarzen Lederanzug. »Guitar Man«: Elvis (ist er schwul?) singt, dass er sich in Memphis beim Y. M. C. A. ein Zimmer nimmt, zehn Jahre vor den Village People. 1969, ich bin sechzehn und mache ein schüchternes Tänzchen zu »In The Ghetto«, der richtigen Scheibe für den Oberschenkel. Ich fahr nach London und finde endlich ein Paar blaue Wildlederschuhe (»Blue Suede Shoes«), die ich jahrelang nur beim Schlafen und Fußballspielen nicht anhabe.

Wir erreichen die siebziger Jahre. Elvis grüßt mit einem »Aloha From Hawaii«. Wir Deutschen sehen als einzige die Sendung zeitversetzt. Milliarden sind direkt dabei und stellen fest: Elvis wird dicker, und das Publikum wird mit ihm fett und alt. Ich kann ihn nicht mehr sehen und hören. Elvis verspielt sein Leben in Las Vegas.

16. August 1977: Ich liege im Bett und habe das englische Programm von Radio Luxemburg eingeschaltet. Der Discjockey Tony Prince unterbricht die laufende Musik und verkündet tränenerstickt: »The King is dead«. Drei Stunden Rock von Elvis folgen, Fans rufen beim Sender an, flennen hemmungslos über den Äther, ich bleibe wach bis drei Uhr. Mir wird klar: Elvis – das war einmal. Ich war einmal.

Ramones: End Of The Century

Die Ramones sind die Urväter des Punk. Das amerikanische Ensemble hat es aber nie bis ganz nach oben geschafft, obwohl sie der Neuen Welle ihre Hymne schenkten, »Sheena Is A Punk Rocker«. Für ihren vielleicht letzten Versuch zum Durchbruch engagierten sie Phil Spector als Produzenten, einen legendären Großmogul der Rockmusik.

Bereits 1958 hatte er mit den Teddy Bears seinen ersten Hit (»To Know Him Is To Love Him«). Anfang der sechziger Jahre kreierte er die »Wall of Sound«, mit der er erfolgreich Songs der Ronettes und Crystals ausstattete. Die Aufnahmen waren auf drei Minuten komprimierte Rockopern mit viel Echo, einfach fantastisch.

Seinen Höhepunkt erreichte Spector fünf Jahre später, als er zwei Klassiker des Pop produzierte, »River Deep – Mountain High« von Ike und Tina Turner und »You've Lost That Lovin' Feelin« von den Righteous Brothers, die heute noch so modern klingen wie vor fünfzehn Jahren. Später überarbeitete Spector das misslungene letzte Beatles-Album »Let It Be« und produzierte John Lennons ausgezeichnete LP mit Rock-'n'-Roll-Standards. Dann wurde es still um ihn.

Nun versucht er ein Comeback, und es scheint ihm zu gelingen. Er hat die bislang beste Ramones-Scheibe vorzuweisen. Da stimmt von vorne bis hinten alles, harter Beat, geschlagen vom entfesselten Marky, eingängige Riffs von Johnny, und Joey singt um sein Leben. Man kann sich gar nicht satthören. Nur »Baby, I Love You« (mit Streichern) fällt ab. Der Rest ist die Tanzplatte des Jahres. »Chinese Rock« ist ein neuer Klassiker. Das ganze Unternehmen ist ein neuer Meilenstein. Gut gefummelt, Phil.

John Foxx: Metamatic

In der New-Wave-Bewegung gibt es einen Zweig von Eno-hörigen Synthesizerbenutzern, deren erfolgreichster Exponent Gary Numan (»Are Friends Electric«) ist. Ein anderer Vertreter legt nun seine erste Scheibe vor, John Foxx, ehemaliger Chef von Ultravox. Etwas Außergewöhnliches ist ihm nicht eingefallen, wabernde Synthesizerklänge à la Tubeway Army, gemixt mit Elektrobeat und Sprechgesang. Nichts Eingängiges dringt ans Ohr, die stets gleichklingenden Sounds lösen beim Hörer Bedrückung aus. Wer noch nie Depressionen hatte, kann sie bei dieser Platte bekommen. Die LP ist ein glatter Flop, für Underground-Diskotheken teilweise spielbar, aber eine Maxisingle hätte wirklich gereicht.

Sparks: Terminal Jive

Ein trauriges Kapitel. Die Sparks waren einmal ein avantgardistisches Duo. Zu Zeiten des Glamrocks waren sie eine echte Herausforderung für Marc Bolan (T. Rex). Sie hatten einen Monsterhit, »This Town Ain't Big Enough For Both Of Us«. Dann ging's bergab. Letztes Jahr begaben sich Ron und Russell Mael unter die Fittiche des Giganten Giorgio Moroder, dem Produzenten von Donna Summer. Heraus kam »No. 1 in Heaven«, eine Discoscheibe übelster Sorte. Wenig besser ist die neue Anstrengung der drei. Stampfender Beat, einfallslose Melodien, immer dasselbe. »Rock 'n' Roll People In A Disco World« (Songtitel). Sie sollten den ganzen Produktionsfirlefanz beiseitelassen und wieder progressiv spielen. Disco ist doch tot, nur merken manche es noch nicht, obwohl die Sargklappe schon gefallen ist.

Martha and the Muffins: Metro Music

Die Platte des Monats. Martha and the Muffins sind eine kanadische (!) New-Wave-Band aus Toronto, die im eigenen Land nichts galten und drum in England ihr Debütalbum produzierten. Aus Kanada kennt man ja sonst nur den Holzfällerrock von April Wine oder den Imps beziehungsweise Neil Young und Joni Mitchell. Daher ist die Begegnung mit New Wave aus dem hohen Norden etwas Erstaunliches. Die beiden Marthas, die der Gruppe den Namen geben, singen in der Art der B-52s und Gruppo Sportivo; also eine eigenartige Mischung verschiedener Stile, die den Reiz der Platte ausmacht. Sehr schön sind die Saxofonpassagen, sonst bei der Neuen Welle eher verpönt. Es dürfte nicht verwundern, wenn »Echo Beach« bald ein Hit wird und »Metro Music« überall ausverkauft ist.

John Denver: Autograph

John Denver war schon immer mein Lieblingssänger; für den lass ich glatt meine anderen Favoriten, Warren Zevon, Buddy Holly und John Lydon, sausen. Ich hör mir sein 23. Album an und bin vollkommen weg. Diese Vokalakrobatik, diese raffinierten Arrangements und intelligenten Texte macht ihm so leicht keiner nach. Abwechslungsreich ist die Platte auch: In nur vier Titeln kommt »Mountain« vor, nur dreimal besingt Denver Alaska, das Dorado bajuwarischer Ananaszüchter. Wäre ich im Publikum meiner Lieblingssendung »Dalli Dalli«, würde ich »spitze« rufen. Jetzt muss ich aber aufhören, denn neben mir stehen zwei Männer in weißen Anzügen, die mich in eine Zwangsjacke stecken wollen.

Marius Müller-Westernhagen: Sekt oder Selters

Für deutsche Verhältnisse, also im Vergleich zu Heino und Michael Schanze, ist MMW sicher Spitzenklasse. Guter Rock mit deutschen Texten ist leider immer noch selten. Müller-Westernhagen beschreibt seine sexuellen Obsessionen, oft mit platten Doppeldeutigkeiten (»Sie hat meine Lunte gefunden«, »Schmeiß ihn an, meinen Propeller«). Überzeugender wirkt er, wenn er andere Alltäglichkeiten besingt (»Ich bin zum Wetten geboren«, »In meiner Bude flipp' ich aus«). Leider kommt seine Stimme nicht ganz an die Qualität seiner Begleitband ran. Trotzdem, in der Wüste des Deutschrock à la Franz K. ist der Schauspieler/Sänger eine Oase, er könnte ein deutscher Rod Stewart werden.

Cabaret Voltaire: Live At The Y. M. C. A.

Cabaret Voltaire berufen sich auf den Dadaismus. So kann es nicht verwundern, dass die Platte sich anhört, als würde jemand eine halbe Stunde ununterbrochen gegen die Serra-Plastik »Terminal« am Bochumer Bahnhof pinkeln. Verglichen mit CV machen etwa Chrome eine Musik, die man sich beim Kaffeekränzchen reinziehen kann. Empfehlenswert für Lebensmüde, denen der letzte Anstoß zum Suizid fehlt. Achtung, Verfassungsschutz! In einem Song wird über die Baader-Meinhof-Rasselbande *gesungen*. Bitte das Machwerk einziehen!

Warren Zevon

Warren Zevon ist einer der derzeit auffälligsten amerikanischen Singer-Songwriter. In Deutschland ist er kaum bekannt. Dem wollen wir ein wenig abhelfen. Nach unermüdlichen Recherchen ist es uns gelungen, einiges über ihn herauszufinden.

Bislang hat WZ vier Soloalben veröffentlicht, nicht viel über einen Zeitraum von zehn Jahren. Seine Karriere dauert aber schon einige Zeit länger. Geboren vor etwa 35 Jahren in Chicago und aufgewachsen in Arizona, Los Angeles und San Francisco, brachte er sich zunächst selber das Klavier- und Gitarrespielen bei und ging dann als Folksinger nach Greenwich Village, hatte dort aber weniger Erfolg als Bob Dylan.

Er fuhr frustriert zurück an die Westküste, wo er in eine Band einstieg. Auf obskurem Weg gelang es ihm, dass die damals sehr bekannten Turtles, eine der besten Gruppen der sechziger Jahre, zwei Songs von ihm als B-Seiten aufnahmen. Zu jener Zeit, 67, nahm er mit einer jungen Dame unter dem Duonamen Lyme and Cybelle zwei Platten auf, unter anderem Dylans »If You Gotta Go, Go Now« – ohne dass sich etwas rührte.

Dann spielte er ein schlimmes Soloalbum ein, »Wanted Dead Or Alive«, produziert von Kim Fowley, dem musikalischen Hans Dampf in allen Gossen. Kürzlich wurde die Platte sehr zu Zevons Bedauern in den Staaten wiederveröffentlicht. *Rolling Stone* im Januar: »Hey, he just wasn't ready then. Simple as that.« Immerhin wurde der Track »She Quit Me« in dem Film »Midnight Cowboy« gespielt. Von den Tantiemen konnte der Künstler einige Monate gut leben. Anschließend schrieb er Musik und Texte für zahlreiche TV-commercials. Viel Geld für wenig Arbeit.

Nachdem er sein Augenmerk aufs Piano gelegt hatte, schloss er sich den Everly Brothers an, deren Laufbahn dem Ende zuging (71). Er organisierte die Band und stellte unter anderem Waddy Wachtel ein, einen heute sehr gefragten Sessionplayer. Nach dem Split der Brüder machte Zevon mit Phil Everly weiter und erschien auf jedem von dessen drei Soloalben.

Dann emigrierte unser Freund nach Spanien, wo er sich als Wirt und Barpianist durchschlug. Phil Everly griff ihn dort auf und brachte ihn zurück nach Amerika. Nun traf er Jackson Browne, der sein Talent erkannte und auf seiner zweiten LP »Warren Zevon« mitwirkte. Linda Ronstadt nahm einige seiner Kompositionen auf, zum Beispiel »Poor, Poor Pitiful Me«. Endlich hatte er den Durchbruch an die Fressnäpfe der Industrie geschafft.

Trotzdem, Geld kam zwar jetzt rein, aber der Ruhm blieb noch aus. Erst mit dem »Excitable Boy«, dem dritten Album, wurde Zevon der breiten Masse (in den USA) bekannt. Die Ronstadt sang mit und Karla Bonoff, John McVie spielte den Bass und Mick Fleetwood schlug die Trommel. Vielen dürfte heute noch das Geheul von »Werewolves Of London« im Ohr sein.

Irgendetwas muss damals in Warren Zevon gefahren sein, 1978, denn er begann zu saufen und musste sich einer Entziehungskur unterziehen. Er fing sich jedoch wieder und nahm letztes Jahr ein lang erwartetes Album auf: »Bad Luck Streak In Dancing School«, das ihn endlich an der Superstarseite von Bruce Springsteen, Randy Newman und Jackson Browne etablieren sollte.

Willie Nile

Wer heutzutage als Poet gehört werden will, schreibt keine Lyrikbände mehr, sondern er greift zur Gitarre oder in die Tasten. Als Erster hatte dies Bob Dylan erkannt und wurde zum Halbgott einer ganzen Generation. Viele Singer-Songwriter beiderseits des Atlantiks versuchten, ihn zu kopieren oder mit eigenen Ideen zu überflügeln. Mancher blieb dabei auf der Strecke, wie Nick Drake. Andere machten ihr Wasser, wie Randy Newman oder Steve Forbert. Bestes deutsches Beispiel scheint mir Thommie Bayer zu sein.

Nun meldet sich ein neuer Rockpoet, Willie Nile, USA. Selten ist wohl ein Debütalbum so gut gelungen wie das von Mr. Nile. Songs, die er im Laufe von sieben Jahren komponiert hat, gibt er hier schon fast genial zum Besten. Er erzählt kleine Tragödien, Liebesgeschichten, betet an, leistet Abbitte, verfängt sich und blickt durch. Dazu rockt und rollt er wie Bruce Springsteen, erinnert zuweilen an Creedence Clearwater Revival (»It's All Over«).

Die »Rockpalast«-Redaktion sollte ihn engagieren, bevor er zu teuer wird. Von dieser Güte gibt es nur eine Handvoll Künstler. Noch steht die Platte überall rum. Buy it!

Gerry Rafferty: Snakes And Ladders

Nach der Auflösung der legendären Stealers Wheel musste eines ihrer Mitglieder, Gerry Rafferty, aus rechtlichen Gründen eine mehrjährige Pause einlegen, die er vor zwei Jahren mit dem fantastischen »Baker Street« beendete. Die Platte war eine Auskopplung aus dem Album »City To City«. Beide Scheiben waren weltweite Hits. Ein Jahr später kam die LP »Night Owl« raus, die den meisten Kritikern zu süßlich war, mir aber durchaus gefiel.

Nun hat Rafferty ein neues Werk veröffentlicht: »Snakes And Ladders«. Es ist, wie nicht anders zu erwarten war, ein exzellentes Album, das erneut beweist, dass der englische Künstler nichts von seiner Fähigkeit verloren hat, seine eingängigen Melodien perfekt arrangiert darzubieten. Bereits nach zweimaligem Zuhören hat man die Songs intus und kann sie beim dritten Mal mitzwitschern.

Rafferty hat von allen Popsängern die angenehmste Stimme, und die Begleitung ist handwerklich so vollkommen, dass man sich die Lieder in anderen Versionen gar nicht vorstellen kann. Auf der Platte ist kein Track, der abfällt, jeder Song hat Hitpotential.

Wer die Schnauze voll hat von New Wave und sich endlich mal wieder an einem opulenten Popschmaus laben möchte, sollte sich »Snakes And Ladders« kaufen. Das Vergnügen, das dieses Meisterwerk bereitet, ist kaum mit irgendetwas zu vergleichen. Gerry Rafferty wird wohl nie eine schlechte Platte aufnehmen. Eher wird Khomeini Papst.

Michael Franks: One Bad Habit

Michael Franks hat – siehe Titel – eine schlechte Angewohnheit: Er nimmt Platten auf. Die sind dermaßen langweilig und einschläfernd, dass sie schon wieder aufregend sind. Franks hat eine Stimme, die an die Brasilianerin Astrud Gilberto erinnert (»The Girl From Ipanema«). Prominente Leute begleiten ihn auf seinen Exkursionen in die musikalische Öde, Marotta, Spinozza, Gale. Die Songs ähneln einander so sehr, dass man glaubt, eine überdimensionale Single zu hören. Wem der Arzt kein Valium mehr verschreibt, der hat hier den richtigen rezeptfreien Ersatz. »One Bad Habit« würde selbst einen wildgewordenen Elefanten zur Räson bringen. Gähn, gähn.

Paul McCartney: II

Älteren Lesern dürfte – wenigstens dem Namen nach – eine Liverpooler Gruppe bekannt sein, die sich die Beatles nannte. Ihre Musik bestimmte ein Jahrzehnt die Szene. Auch machten sie den Pilzkopf modern, sehr zum Leidwesen von vielen Eltern und Friseuren. Der linkshändige Bassist der Beatkapelle hieß Paul McCartney, auch Komponist (John Lennon auf »Imagine«: »the only thing you've done was yesterday«). Der oft geschmähte Schönling nahm nach der Auflösung jenes legendären Quartetts ohne großen Erfolg ein Soloalbum auf.

Dann gründete er mit seiner Gattin Linda Eastman die Zartrockband Wings. Davon wollte sich Päule nun erholen und nahm im Alleingang ein neues Album auf. Er spielt tatsächlich alle Instrumente selber, aber mit welchem Nutzen? Man stelle sich eine Fußballmannschaft mit lauter Beckenbauers vor. Dabei käm wenig heraus, denn wie würde Franz im Tor oder auf Linksaußen aussehen?

Ähnlich sieht es bei McCartney aus. An seinem Stamminstrument macht ihm keiner was vor, doch an den anderen dilettiert er nur. Außerdem ist seine Stimme mitunter so verfremdet, dass er kaum noch identifiziert werden kann. Was man dem alten Knopf zugutehalten muss, ist, dass er recht experimentierfreudig ist, auch vor New Wave hat er keine Bange.

Nur ist er eben schon bald vierzig, too old to rock. Wer McCartney zu seiner Glanzzeit erleben will, sollte die Beatles der Jahre 67 bis 70 hören oder meinetwegen auch »Band On The Run« von den Wings.

Buddy Holly: The Legend Of Buddy Holly

Er ist einfach nicht totzukriegen, der gute Buddy. Immer wieder erscheinen alte Aufnahmen neu verpackt und laufen gut. Die vorliegende Scheibe, ein Doppelalbum für wenig Geld, ist allerdings keine Zusammenfassung wohlbekannter Stücke, sondern eine Sammlung vieler Obskuritäten, die teilweise bisher in Deutschland nicht zu hören waren, unter anderem Liveaufnahmen, unfrisierte Demos und Interviews. Außerdem spielen auf einer Seite seine ehemaligen Kollegen von den Crickets zu Buddys Ehren eine Handvoll Standards.

Hier ist noch einmal der unverfälschte Texaner zu vernehmen, bevor er nach seinem Tode von Producer Norman Petty reichlich verfälscht wurde. (Ich meine die Songs, nicht Holly selber.) Die Platte ist ein Kleinod, unerlässlich für jeden Rock-'n'-Roll-Fan und auch für solche, die glauben, gute Musik gäb's erst seit 1977.

Jackson Browne: Hold Out

Jackson Browne verteidigt mit dieser Platte wacker seinen Ruf als größter Langweiler von der Westküste. Ich weiß wirklich nicht, was andere Kritiker an ihm finden. Die sieben Songs auf dieser Scheibe gleichen einander wie ein Duden dem andern. Das Geseire ist intellektueller Kitsch für zartbesaitete Doktorandinnen. Außerdem war die zweite Seite dermaßen miserabel gepresst, dass ich die LP umtauschen musste – gegen ein ebenfalls missratenes Exemplar. Wer die Platte trotz meiner Kritik kaufen will, soll sie sich dringend vorher anhören. Aber wo kann man das heute noch?

Phillip Goodhand-Tait: Good Old Phil's

Phillip Goodhand-Tait ist alles in einem: Sänger, Texter, Komponist, daneben Produzent und Verleger, außerdem seit kurzem Direktor seiner eigenen Plattenfirma, Gundog Records. Bei allem ist er dermaßen erfolglos, dass es ein Wunder ist, wenn er immer noch ab und zu ein Album rausbringt. Dies ist sein siebtes. Der Pianist entwirft eine Welt voller Liebe, die dann und wann erschüttert wird, wenn einen der Partner verlässt (»I Breakdown«). Es ist seine Dünnhäutigkeit, die Phillips Songs so beeindruckend machen.

Die Instrumentierung ist country-orientiert, mit pedal steel guitar und Mundharmonika. Er singt aber nicht nur von Liebe, sondern auch von Alltäglichem (»Intercity-Flight«). Am besten gefällt mir seine coodereske Version von »One More Rodeo«, einem Lied, das er schon mal für seine vierte LP aufgenommen hatte. Darauf bekennt er sich zu seinen Fähigkeiten: »I deal in songs, that's all I know.«

Ein guter Händler ist er. Nur spielt die Kundschaft noch nicht mit. Es wäre sehr schön, wenn der gute alte Phil mit dieser Platte endlich den erhofften und verdienten Erfolg hätte. Wir werden noch genau über ihn berichten.

Justin Hayward: Night Flight

Produziert von Jeff Wayne, ist »Night Flight« für mich boring old fart die Platte des Monats. Die Moody Blues, dessen Sänger Justin Hayward war, gehörten zu meinen Lieblingsgruppen Ende der sechziger Jahre. Ganz in ihrer Tradition ist diese Platte eingespielt. Voluminöse Arrangements decken Haywards Stimme nicht zu, sondern lassen sie voll zur Wirkung kommen. Die Songs sind in der Mehrzahl Ohrwürmer, etwa zu vergleichen mit Gerry Raffertys Arbeit.

Ich werde diese Platte nicht leid, obwohl ich sie schon zwanzigmal gehört habe. Sie ist der richtige Spaß für Endzwanziger nach einer arbeitsreichen Woche am Schreibtisch. Man könnte das vielleicht »Angestelltenrock« nennen. Vielleicht ist die Scheibe ein wenig zu süßlich, aber mir gefällt so was, solange es perfekt ist.

Cliff Richard

MARABO-Mitarbeiter Wolfgang Welt sprach mit dem Popstar

MARABO: Du bist seit den fünfziger Jahren im Geschäft. Hältst du dich immer noch für einen Rock-'n'-Roll-Sänger?

CLIFF RICHARD: Ja. Ich kann mich nicht ändern. Unmöglich. Die Sache ist, dass Rock 'n' Roll sich ausgeweitet hat. Früher verstand man darunter noch die Musik, die Little Richard oder Elvis Presley machten. Heute schließt Rock 'n' Roll »Miss You Nights«, »Devil Woman« und »Living Doll« ein. Ja, ich bin ein Rock-'n'-Roll-Sänger. Ich wüsste nicht, was ich sonst tun sollte.

M: Und »We Don't Talk Anymore« ist eine Rock-'n'-Roll-Ballade?

C: Nein, es ist ein Rock-'n'-Roll-Popsong.

M: Sollte es eigentlich ursprünglich auf die »Rock 'n' Roll Juvenile«-LP?

C: Nein. Ich hatte das etwas altmodische Titelstück geschrieben, und der Rest sollte Musik des Jahres 1985 sein. »We Don't Talk« kam als Single heraus, bevor die LP fertig war. Und als es dann ein Hit wurde, mussten wir es natürlich aufs Album pressen.

M: Dein neuer Produzent ist Alan Tarney von der Tarney/Spencer Band. Wie kam es dazu?

C: Ich kannte ihn schon lange, und er schrieb »We Don't Talk«. Er spielte darauf auch fast alle Instrumente. Da hab ich ihn dann gebeten, das nächste Album zu produzieren, »I'm No Hero«, das kommerzieller sein sollte.

M: Es ist in der Tat sehr kommerziell.

C: Sonst haben wir pro Album immer fünf langsame und fünf schnelle Songs aufgenommen. Dieses Mal sollten sich die Leute nicht erholen können. Die Trommeln und die Bässe sind fantastisch.

M: Lass uns zu deinen Anfängen kommen. Wann hast du deinen Namen geändert, von Harry Webb in Cliff Richard?

C: 58. Wir nannten uns damals die Drifters. Dann vermittelte uns ein Agent einen Gig in Nordengland, aber wir sollten uns Harry Webb and the Drifters nennen. Das hörte sich nicht gut an. Wir setzten uns zusammen und dachten nach, bis schließlich Ian Samwell, der »Move It« geschrieben hatte, Cliff Richards vorschlug. Wir ließen dann das s fallen. Von da an war ich Cliff Richard, auch für die Familie.

M: Hat Norrie Paramor dich von Anfang an produziert?

C: Ja. Wir schickten ihm ein Demo, und er machte einen Vertrag mit uns. Er produzierte mich fünfzehn Jahre.

M: Daran starb er schließlich.

C: Nein, nein. Er sagte eines Tages, ich glaub, ich hab genug für dich getan. Er hat nachher hauptsächlich Golf gespielt. Heute kann ich mir die Produzenten aussuchen.

M: 59 war die erste Rock-'n'-Roll-Welle zu Ende. Da hast du ja auch »Living Doll« aufgenommen, das kein Rock 'n' Roll mehr war.

C: Es war mehr Country & Western. Meine Rock-'n'-Roll-Singles hatten sich immer schlechter verkauft. »Living Doll« war dann Nummer 1 wie »Travellin' Light«. Einige Rückseiten waren gute Rocknummern. Die langsameren A-Seiten waren aber erfolgreich. Und die Plattenfirma wollte ja verdienen. Die einzige Platte, die ich aufgenommen hatte und die mir nicht gefiel, war »Living Doll«.

M: Warst du enttäuscht darüber, dass du mit »Congratulations« den Grand Prix d'Eurovision nicht gewonnen hattest?

C: Ja, sehr. Bei der Stimmabgabe habe ich mich auf der Toilette eingeschlossen. Als mein Manager dann anklopfte und sagte, ich sei nur Zweiter, bin ich fast gestorben. Eigentlich haben aber doch wir den Wettbewerb gewonnen. Vom Siegertitel wurde etwa eine halbe Million verkauft, von »Congratulations« anderthalb. Wir waren moralische Sieger.

M: Bis zu »Devil Woman« und »We Don't Talk« hattest du keinen Erfolg in den Staaten.

C: Ja. Was ich jetzt dort brauche, ist ein Hitalbum. Das liegt aber drüben an der Firma, die muss was tun. Ich weiß nur nicht, was.

M: Du hast nicht viele Songs geschrieben.

C: Dreißig. Das ist schon eine ganze Menge, aber nicht genug. Nicht genug, um ein writer zu sein.

M: Aber kein Titel wurde als Single rausgebracht.

C: Doch, einer. Aber das war ein Flop. Ich bin auch eigentlich kein Texter oder Komponist. Ich könnte jetzt schreiben, statt mit dir zu reden. Ich mache zu viele andere Sachen. Es ist zu schwierig für mich. Ich interpretiere lieber.

M: Wie sehen deine Konzerte aus? Eine Mischung aus Oldies und neuen Songs?

C: Meistens neue und viele *neue* Oldies, die erst ein paar Jahre alt sind. Das ist ein Problem. Ich weiß, dass viele ältere Zuschauer vor allem das alte Zeug hören wollen. Ich versuche, allen gerecht zu werden. Ich muss natürlich »We Don't Talk« und so weiter singen. Es ist erstaunlich. Wo war ich gestern?

M: In Berlin.

C: Die Leute reagierten mehr auf die neuen Songs. Das freut mich.

M: Bist du glücklich über deine Gospel-LP »Small Corners«?

C: Sie wurde nicht so gut verkauft, wie ich es mir gewünscht hatte. Die Leute müssen erst noch Gospelrockmusik akzeptieren lernen. Heute fragen sie noch, warum singt er über Jesus, aber sie fragen nie George Harrison, warum er über seinen Guru singt. Nur Christen wird nicht erlaubt, über ihren Glauben zu singen. »Small Corners« war ein Erfolg, in den Top 40, die erste Gospel-LP, die so hoch kam. Dann kam Dylan. Aber ich war der Erste.

M: In den frühen sechziger Jahren hast du ein paar Filme gedreht. Hast du dich früher als ernsthafter Schauspieler gefühlt?

C: Nein, nie. Ich war am Schauspielen vor fünf, sechs Jahren interessiert. Ich hab damals in einigen Stücken gespielt. In den Filmen haben wir nur Musik gemacht.

M: Du trittst nicht in »Xanadu« auf?

C: Ich bin nur auf dem Soundtrack. Ich wäre gern dabei gewesen. Olivia (Newton-John) und ich gäben ein fabelhaftes Paar ab.

M: Sicher. Auch im wirklichen Leben?

C: Yeah!

M: Man liest hier nicht viel über dein Privatleben. Mit Frauen oder Männern.

C: Man liest darüber, aber nicht über mein Sexlife. Das ist richtig. Die Leute wollen über uns lesen, was sie selbst verheimlichen. Wir sollen auspacken. Mit mir kann man über alles reden. Über gewisse Bereiche spreche ich aber nicht. Die sind unwichtig und beeinflussen niemanden. Wenn wir uns über Jesus unterhalten ...

M: Wir kommen noch darauf.

C: ... kann das jemanden verändern. Wenn ich über Sexualität rede, ändert das niemanden. Aber ich habe niemals etwas geheim gehalten. Ich bin Jahre mit einem Mädchen ausgegangen. Das stand aber in keiner Zeitung, weil es normal war, zu normal.

M: Was wirst du tun, wenn du in zehn Jahren fünfzig bist? Weitersingen oder nach Las Vegas gehen?

C: Das letzte wäre schrecklich. Ich werde weiter Platten machen, die den Leuten gefallen. Mein Publikum ist erstaunlicherweise gemischt, viele junge Menschen sind dabei. Warum sollen ihnen meine Songs in zehn Jahren nicht mehr gefallen?

M: Wir wissen alle, dass du an Gott glaubst. Du singst aber kaum religiöse Lieder auf der Bühne.

C: Wenn ich ein gutes finde, doch. Ich mache auch reine Gospelkonzerte.

M: Tatsächlich?

C: Ich mache jetzt einen Monat nur Gospelkonzerte in Südafrika.

M: Aber da herrscht Apartheid!

C: Ich singe dort immer vor gemischtem Publikum. Ich bestehe darauf. Darüber liest man jedoch nichts. Der Rest der Welt ist unfair Südafrika gegenüber. Apartheid ist ein Übel, das man nicht mit Lügen bekämpfen kann. Die Lügen sind genauso schlimm wie Apartheid. Ich bekämpfe sie, indem ich runterfahre und vor Weißen UND Schwarzen singe, und nicht indem ich in London sitze und sage, da fahr ich nicht hin. Da unten finden Veränderungen statt, aber nicht schnell genug. Die Neger haben lange gelitten. Die werden das bald nicht mehr mitmachen. Ich habe Angst vor einer Revolution, da ich viele Freunde dort habe.

M: Wann bist du zum Christentum gekommen?

C: Vor fünfzehn Jahren.

M: Ist dir jemand im Traum erschienen?

C: Nein, es hat drei Jahre gedauert. Ich dachte, es muss mehr geben, wenn ich mal kein Rocksänger bin. Ich sprach mit Juden und Jehovas Zeugen. Dann habe ich normale christliche

Leute getroffen. Die haben mich überzeugt. Je mehr ich in der Bibel las, umso mehr glaubte ich daran. Seitdem bin ich Christ.

M: Als Christ, hast du Angst vorm Sterben?

C: Nein. Ich habe Angst vor dem Wie. Wenn ich aus dem Fenster fiele, hätte ich unterwegs Schiss. Ich hätte Angst vor Schmerzen. Wenn ich irgendwo tot umkippen würde, wäre das gut, weil ich weiß, dass nachher noch was kommt. Aber ich fürchte mich vor dem Leiden, obwohl im Neuen Testament steht: »Jesus hatte zu leiden, und seine Jünger müssen damit rechnen, das auch zu tun.« Aber: I'm no hero.

M: Was für Musik hörst du dir zu Hause an?

C: Gemischt. Ich hör viel Radio. Dann und wann kaufe ich mir eine neue Diana-Ross-Single oder ein Police-Album. Ich mag die alten Sachen von Stevie Wonder. Ich mochte »The Secret Life Of Plants« nicht besonders. Mir gefallen auch die Dixie Dregs.

M: Und beeinflusst dich das irgendwie?

C: Ich glaub schon. Alles, was dir gefällt, setzt sich in deinem Kopf fest und beeinflusst das, was du machst.

M: Was dachtest du, als vor ein paar Jahren die Neue Welle aufkam? Sie muss dich an deine eigene Jugend erinnert haben.

C: Ja, tatsächlich. Eigentlich ist nichts neu im Rock 'n' Roll. Rock 'n' Roll war neu und von da an war alles alt. Rock 'n' Roll schreitet voran. Neue Leute spielen ihn. Das einzig Neue am Punkrock war, dass die Leute anders aussahen. Die Musik hätte von den Who sein können. Einiges hat mir gefallen. Police sind sehr gut.

Zur »Rockpalast«-Nacht am 18.10.1980

Die »Rockpalast«-Nacht ist eine Institution geworden. Man stellt hohe Erwartungen an sie. Umso enttäuschter ist man, wenn man sich für nichts und wieder nichts die Nacht um die Ohren schlägt, wie beim letzten Mal.

Diesmal bietet uns der WDR-Redakteur Peter Rüchel Graham Parker, Police und Jack Bruce. Er geht auf Nummer sicher, bringt zwei längst arrivierte Gruppen und einen legendären Musiker der sechziger Jahre, der Bassist bei Cream war. Die Leute in der Halle und am Fernseher werden zufrieden sein, vor allem aber die beteiligten Plattenfirmen, denn die Erfahrung zeigt, dass die Umsätze der auftretenden Künstler gewaltig steigen, ganz gleich, wer's ist.

Was mich stört, ist die Einfallslosigkeit, mit der Rüchel auch bei diesem Mal das Programm zusammengestellt hat, nach dem Motto: Keine Experimente. Gut, mit Police bringt er erstmals eine New-Wave-Gruppe, eine hervorragende sogar. Aber mir sind die zu glatt, zu marktorientiert, sie sind eine Lieblingsgruppe von Cliff Richard.

Warum präsentiert Rüchel uns nicht einmal eine echte Überraschung aus dem Punklager? Wahrscheinlich, weil er keine Ahnung von dieser Musik hat. Mit vierzig verträgt man diesen Sound wohl nicht mehr. Er aber will uns seinen Geschmack aufzwingen. Graham Parker ist ja auch so eine Lusche, nicht heiß, nicht kalt. Aber eine blues-orientierte Gruppe muss immer dabei sein.

Von Jack Bruce hat man seit zehn Jahren nichts Gescheites mehr gehört. Es muss jedoch zum x-ten Mal ein abgeschlaffter Künstler mit einer Wiederentdeckung aufgepäppelt werden. Bei Spirit war das o. k., aber bei Mitch Ryder war das schon peinlich. Wir müssen also erneut einen Rock-Opa über uns ergehen lassen, mit dem die junge Generation nichts anfangen kann.

Ich schlage Herrn Rüchel vor, seinen Posten aufzugeben, um jungen Fachleuten die Chance zu geben, ein duftes, experimentelles Programm zusammenzustellen, das nicht nach Einschaltquoten schielt.

Peter Maffay: Revanche

Von dieser Platte sind angeblich schon eine viertel Million Exemplare verkauft worden. Das soll nichts heißen, Quantität ist nicht gleich Qualität. Maffay hält sich für einen Rocksänger, für einen anspruchsvollen noch dazu. Wie setzt er das in die Praxis um? Man nehme ein paar eingängige Riffs, wie wir sie seit zwanzig Jahren kennen, und pseudokritische Texte.

Dieses Gefasel ist von der Wirklichkeit so weit entfernt wie Heddergott* von der Deutschen Meisterschaft. Die Stimme Maffays ist die eines Schnulzensängers par excellence. Am stärksten ist er auch dann, wenn er langsame Nummern trällert, mit denen er vor Jahren erfolgreich war. Er sollte sich darauf beschränken und in Hecks »Hitparade« auftreten. Die Rockmusik möge er nicht weiter verhunzen.

*Karl-Heinz Heddergott; von April bis Oktober 1980 Trainer des 1. FC Köln

Marius Müller-Westernhagen
Der neue deutsche Star

Wenn es nach dem Willen des Filmverleihs gegangen wäre, so hätte beim Filmfest Ende September »Theo gegen den Rest der Welt« als Eröffnungsfilm laufen sollen. Den nordrhein-westfälischen Filmemachern, die das Fest mehr oder weniger organisiert haben, war der Film aber zu kommerziell. Fast wäre er überhaupt nicht gelaufen, und das Fest wäre um noch einen wichtigen Film ärmer gewesen.

Was »Theo« nämlich auszeichnet, ist, dass er sich radikal vom Autorenfilm abwendet und ein Starfilm ist. Das heißt, die Leute gehen nicht ins Kino, um die Gedankengänge eines Regisseurs nachzuvollziehen, sondern um den Hauptdarsteller zu sehen: Marius Müller-Westernhagen.

Westernhagen hat es, auch wenn er es immer bestreitet, ohne viel Aufhebens geschafft, Idol und Identifikationsfigur zu werden: Durch eine Anzahl von Filmen, in denen er mehr oder weniger die gleiche Rolle spielte und zwei Platten, auf denen dieses Image durch eingängige Rockmusik unterstützt wird.

1976 spielte er in dem Film »Aufforderung zum Tanz« zum ersten Mal die Rolle des Theo Gromberg, die mit »Theo gegen den Rest der Welt« weiterentwickelt wurde. Schon damals überraschte, dass dieses Fernsehspiel nicht auf Tiefsinn angelegt war, sondern handfeste Unterhaltung lieferte. Was damals irritierte, war, dass man ein Milieustück aus dem Ruhrgebiet erwartet hatte, dann aber eine Komödie vorgesetzt bekam: Entertainment statt Engagement.

Der nächste imagefördernde Film war dann »Geteilte Freude« von Gabi Kubach. Auch hier spielte Westernhagen einen »Macker« wie den Theo, allerdings etwas intellektueller angehaucht. Ähnlich wie in der Komödie »1+1=3« von Heidi Genée, geht es um eine Dreiecksgeschichte, nur steht hier der Mann (Westernhagen) zwischen zwei Frauen. Obwohl es sich bei »Geteilte Freude« um einen Frauenfilm handelt, geht es der Regisseurin Gabi Kubach auch darum, eine Komödie zu inszenieren. Heidi Genée ist es dann mit »1+1=3« gelungen.

Etwas abseits vom Mackerimage liegt die Rolle des Junglehrers Schröder in dem Fernsehspiel »Der Tote bin ich«. Aber genauso wie Theo Spezialist für unangenehme Situationen, ist Schröder Spezialist des falschen Zeitpunkts: Genau in dem Moment, im dem er sich entschlossen hat, von seiner Freundin wegzuziehen und auch schon eine neue Wohnung gefunden hat, flattert ihm ein blauer Brief mit der lapidaren Erklärung ins Haus, es hätten sich Zweifel an seiner Verfassungstreue ergeben, sodass seine Einstellung als Lehrer nicht gewährleistet ist.

Auch dieser Film ist ein Eiertanz zwischen Entertainment und Engagement. Von Autor Gert Loschütz und Regisseur Alexander von Eschwege als Film angekündigt, der sich sozialkritisch mit der bundesdeutschen Gegenwart und den Auswirkungen des Radikalenerlasses auseinandersetzt, erwies sich der Film als hochgradiger Psychothriller mit Hitchcock-Format. Denn neben dem aktuellen Bezug wies der Film alle Versatzstücke des Horrorgenres auf: Das einsame, unheimliche Haus, in diesem Fall ein Altbau, wie er von Studenten bevorzugt wird, dann die von der jungen Anne Bennent hervorragend dargestellte Sexualbedrohung in Gestalt einer fünfzehnjährigen Ausreißerin, die Schröder ganz schön zusetzt. Die Kameraführung von Igor Luther gab dem Film dann noch die fantastisch-unheimliche Atmosphäre.

Das reine Unterhaltungsimage Westernhagens ist dann in seinem jüngsten Film »Theo gegen den Rest der Welt« zum Tragen gekommen (vgl. *Marabo* 9/80, »Belmondo vom Rhein-Herne-Kanal«).

Bei aller publikumswirksamen Kommerzialität kann man Westernhagen aber nicht vorwerfen, anspruchslos zu sein. Jenseits von seinem Image liegen Rollen wie der Anarchist Koch in Claus Hubaleks Fernsehfilm »Ein deutsches Attentat« oder der Titelheld von Bernard Malamuds »Der Gehilfe«, für dessen Darstellung Westernhagen die Goldene Kamera erhielt. Viel Beachtung fand seine exzellente Charakterstudie eines Polizeispitzels in Ottokar Runzes Kinofilm »Verlorenes Leben«. Und selbst die nordrhein-westfälischen Filmkünstler überzeugte er mit seiner Darstellung des Arno in Tankred Dorsts »Mosch«, der als Eröffnungsfilm in Oberhausen lief.

Ähnlich konsequent wie in seinen Filmen, hat Westernhagen als Musiker sein Image auf Publikumswirksamkeit zurechtgeschnitten. Für seine ersten drei LPs, »Das erste Mal«, »Bittersüß« und »Ganz allein krieg ich's nicht hin«, entschuldigt er sich heute mit dem Wort artifiziell. Diese Platten sind auch mehr unter der Rubrik »Liedermacher« einzuordnen. Als es dann Westernhagen zu denken gab, dass die Platten ihn auch selbst kalt ließen, wechselte er den Produzenten. Er verließ Bernd Hesselstein und engagierte den Rockmusiker Lothar Meid, der auch die Musik zu den Filmen von Klaus Lemke und »Theo gegen den Rest der Welt« schrieb.

Das erste Resultat dieser Zusammenarbeit war »Mit Pfefferminz bin ich dein Prinz«, ein furioses Rockalbum, das sich seit seiner Veröffentlichung vor zwei Jahren stetig verkauft hat und auch heute noch seine Abnehmer findet. Es begründete Müller-Westernhagens Ruhm als bester deutschsingender Rockpoet neben Udo Lindenberg. Vergessen waren die süßlichen Arrangements der Vergangenheit. Marius Müller-Westernhagen beschränkte sich auf kompakte Songs ohne Firlefanz. Er orientierte sich an englischen Vorbildern, vornehmlich Rod Stewart, an den er allerdings nicht heranreichte, da seine Stimme ziemlich dünn ist und bisweilen von der Hardrock-Begleitung untergebuttert wird.

Trotz dieser Einschränkung gehört die Platte zu dem Besten, was in letzter Zeit von einem Deutschen vorgelegt wurde. Den meisten seiner zahlreicher werdenden Fans hat es der Song »Dicke« angetan, in dem der Sänger – analog zu Randy

Newmans »Short People« – korpulente Leute durch den Kakao zieht, womit er sich nicht nur Freunde machte. Zu einer Art Erkennungsmelodie geworden ist »Johnny Walker«, ein eher zurückhaltender Song, in dem er die Freude am Alkohol verteidigt. Nicht unproblematisch. Die übrigen Nummern bieten ein unromantisches Bild der Halb- und Unterwelt, ohne Beschönigungen und mit einem genauen Blick fürs Exotische im Alltäglichen.

Marius Müller-Westernhagen ging den einmal beschrittenen Weg weiter. Sein bislang letztes Werk, »Sekt oder Selters«, ist eine kommerziell perfekte Arbeit, erneut mit eingängigen Texten, die das tägliche Leben einleuchtend beschreiben. Die Begleitband wirkt noch beständiger als auf »Pfefferminz«. Da einige Lieder recht schlüpfrig sind (»Sie hat meine Lunte gefunden«) und auch schon mal von Ehebruch handeln, wurde die Platte nicht so oft im Radio gespielt, wie sie es verdient hätte. Es ist überhaupt erstaunlich, mit wie wenig public relations Müller-Westernhagen sich an die Spitze der deutschsprachigen Rockmusik emporgearbeitet hat, zumal er bis jetzt noch keinen Hit gelandet hat.

Er besitzt wohl ein besonderes, kaum ergründbares Flair. Rein äußerlich hat er eigentlich nichts, was einen Star ausmacht, ist dünn und schlaksig. Er spricht jedoch mit aller Deutlichkeit die Sprache der Jugendlichen, die es satthaben, mit Unverständnis auf die Äußerungen englischer Sänger zu reagieren. Dazu kommt, dass er nicht ins Seichte abgleitet, sondern immer handfest bleibt und keinen Schmu singt. Er ist ein Kumpeltyp, zu dem man nicht aufsehen muss, dem man eher auf die Schulter klopfen möchte.

In seinen Konzerten hat er gleich das Publikum auf seiner Seite. Bei seinen Auftritten ist er fast ständig in Bewegung und bietet was fürs Auge. Seine internationale Begleitband ordnet sich ihm ganz unter. Diese versierte Mannschaft versteht es, die Nummern fast originalgetreu von den Platten nachzuspielen. Allerdings zeigt sich hier, dass Müller-Westernhagen zu kämpfen hat. Um sich durchsetzen zu können, grölt er mehr als er singt, wodurch die Texte leider oft untergehen. Aber die sind ja eh bekannt und werden von den Zuschauern gelegentlich mitgesungen (»Dicke«, »Johnny Walker«).

Marius Müller-Westernhagen bietet ihnen genau, was sie hören wollen, fast alle Titel der letzten beiden LPs, keine Experimente. Bei seiner nächsten Tournee dürfte er auch weitaus größere Hallen füllen als bei seiner letzten Konzertreise. Er scheint sich aber ganz wohl zu fühlen in kleineren Buden wie dem Saalbau in Essen, der im Oktober proppenvoll war und in dem die Stimmung während des Auftritts gelöst und heiter war, nicht so aggressionsgeladen wie bei manch anderem Konzert. Auch das ist ein Verdienst des Künstlers.

Marius Müller-Westernhagen hat geschafft, was es in den letzten zwanzig Jahren in Deutschland nicht mehr gab. Er findet in allen Bereichen des Showbusiness sein Publikum. Im Gegensatz zu Udo Lindenberg verlässt er sich nicht auf seine Überheblichkeit, sondern arbeitet mit einer Gruppe von Profis zusammen, die gute Musik UND gute Filme zustande bringen. Da setzt er die Tradition von Hans Albers und Willi Forst fort, die letzten Allroundtalente im deutschen Showbusiness.

Last Year's Models?
The B-52s

Woran erkennt man eine New-Wave-Band? Ist es der Sound, das Aussehen oder die Protesthaltung? Was noch New Wave ist und was schon als »Old Wave« abgehakt werden kann, glauben einige Überschlaue mit Sicherheit behaupten zu können: The Residents new, weil die so obskur sind, Contortions new, weil sie so anarchistisch klingen, Clash vielleicht new, da sie beim Poppublikum nur einige wenige Anhänger finden. Police haben ausgedient: Die haben ja schon drei Alben aufgenommen, die sie millionenfach verkauft haben. Damit können sie schon nicht mehr den esoterischen Ansprüchen der New-Wave-Puristen genügen.

Auch die amerikanischen B-52s galten, solange sie nur einer Minderheit bekannt waren, als letzter Schrei. Kaum hatten sie Erfolg mit ihrem Debütalbum »Play Loud«, da waren sie auch schon wieder in den Augen von einigen Leuten out. Es war wahrscheinlich das erste Mal, dass eine Kapelle, die man – zunächst – in die Schublade New Wave gepackt hatte, auf Anhieb beim *normalen* Publikum ankam.

Wie lässt sich dieser Erfolg erklären? Vielleicht damit, dass man zu ihrer Musik so ausgelassen tanzen kann. Folglich wurde ihre Scheibe oft in Rockdiskotheken aufgelegt, was wiederum dazu führte, dass die Besucher dieser Etablissements sich die Platte kauften.

Wie nur wenige andere neue Gruppen berufen sich die B-52s ausdrücklich auf Vorbilder der sechziger Jahre. Dass lässt sich nicht nur an ihrer Version von Petula Clarks unvergessenem »Downtown« erkennen. Der Gitarrist Ricky Wilson liebt die Ventures, eine zur damaligen Zeit recht populäre Instrumentalformation (»Walk, Don't Run«), deren Gitarren eine Art Peitschen erzeugten. Diesen Einfluss kann man ohne weiteres von »Play Loud« ablesen.

Der Sänger Fred Schneider hört gerne Soulmusik, besonders James Brown, den er sehr subtil kopiert. Die beiden Frauen in der Gruppe, Kate Pierson und Cindy Wilson, die alles andere als bloße Staffage sind, kultivieren ihre Verehrung für Mädchenbands der Mittsechziger wie die Shangri-Las (»Leader Of The Pack«).

Das geht so weit, dass sie (im wörtlichen Sinne) haargenaue Kopien von Perücken der damals so erfolgreichen Girls tragen. Man sehe sich auch einmal Bilder der Supremes von 1965 an. Der kurze Name der Gruppe bezieht sich denn auch nicht auf die gleichnamigen Bomber, sondern auf die hochtoupierten Frisuren, die in den Südstaaten so genannt werden.

Ja, aus den Südstaaten kommen sie her, genauer gesagt aus Georgia, wohin in diesen Tagen Jimmy Carter schmollend zurückkehren wird. Hier schusterten die fünf Leute (Keith Strickland gehört noch dazu) ihren eigenwilligen Sound zusammen. Was sie von den Nostalgikern und Traditionalisten unterschied, ist, dass sie nicht blindlings (oder heißt das taublings?) die Musik ihrer Vorbilder nachspielten, sondern ausgefeilte neue Ideen verarbeiteten und somit einen völlig ungewohnten Klang herstellten.

Sie wären aber wahrscheinlich in Athens/Georgia, nicht gerade ein Dorado für Verfechter der Neuen Welle, versauert, wenn sie nicht Ende 1978 durch Zufall die Chance zu einem Auftritt im legendären CBGB in New York erhalten hätten. Ein renommierter Kritiker hörte sie dort und schrieb einen wohlwollenden Artikel über sie in Andy Warhols Postille *Interview*, was der Gruppe zu weiteren Konzerten im Norden verhalf. Doch noch hatten sie es nicht geschafft und mussten nach ihrer Rückkehr neben dem Musikmachen mit Jobs ihren Lebensunterhalt bestreiten.

Bei einem erneuten Besuch in New York lernten sie die damals bereits arrivierten Talking Heads kennen, die sie dem englischen Produzenten Chris Blackwell ans Herz legten. Er nahm sie dann auch unter seine Fittiche und spielte mit ihnen »Play

Loud« ein. Die wurde nicht sofort, aber allmählich zu einem Hit, gerade in Europa, wo sie immer mehr Anhänger hatten als in den USA. In unseren Breiten gingen sie auf Tournee und bewiesen, dass sie auch auf der Bühne ihre eigenartige Popmixtur überzeugend vortragen können.

1979 war ein anstrengendes Jahr für sie mit all den Gigs, und manche hielten sie für ausgebrannt, zumal sie bei ihren Auftritten meist nur bekanntes Material spielten. Sie sagten zwar, sie hätten einige neue Songs auf Lager, aber sie brachten kaum etwas davon live. Als das Nachfolgealbum länger als üblich auf sich warten ließ, munkelten einige etwas von der Auflösung der Gruppe.

Dass nichts dran war, zeigten sie vor wenigen Wochen mit der Veröffentlichung ihrer zweiten LP, »Wild Planet«. Beim oberflächlichen Zuhören unterscheidet sie sich kaum von der ersten Platte. Nach wie vor besticht die Genauigkeit von Drummer Keith Strickland. Ricky Wilson spielt erneut eine knallharte Gitarre. Im Unterschied zu »Play Loud« tritt allerdings der Chorgesang in den Hintergrund, zugunsten von vermehrten Soloparts.

Vielleicht ist diese Platte nicht so eingängig wie die erste mit ihren Ohrwürmern, zum Beispiel »Rock Lobster«. Sie ist jedoch der gelungene Versuch, den eingeschlagenen Weg der Verquickung von fast vergessenen Pop-Stereotypen mit dem Feeling der achtziger Jahre weiterzugehen, gegen alles Naserümpfen der scheinheiligen Kostverächter in einer bestimmten Punk-Ecke.

Metro: Future Imperfect

Kaum eine Platte hat mich in diesem, für die Rockmusik eher sensationslosen Jahr so beeindruckt wie die dritte LP der englischen Gruppe Metro. Man hatte diesen Musikern nach dem Weggang von Duncan Browne nicht mehr viele Chancen eingeräumt. Tatsächlich war auch das erste Album ohne den schönen Duncan eine Enttäuschung. Nun aber hat sich Metro gefangen.

Nicht jedem wird die jetzt vorgelegte Mischung verschiedener Stile gefallen. Technisch spielen die Musiker auf jeden Fall perfekt. Die meisten Songs klingen dramatisch, aber nicht aufdringlich. Ich gebe zu, ich kann kaum verbalisieren, was ich beim Anhören dieser Platte empfunden habe, dazu hat sie mich viel zu sehr berührt. Es ist so, als sei eine verlorengeglaubte Geliebte zurückgekehrt.

Ein bisschen schwülstig, nicht wahr? Aber Rockmusik hat nun auch was mit Gefühlen zu tun. Ich gestehe, dass sie mich überwältigt und sprachlos gemacht haben.

The Roches: Nurds

An den Schwestern Roche schneiden sich die Geister, ähnlich wie es der geistreiche Christoph Biermann bei Kate Bush festgestellt haben will. Manche halten das Trio für genial, schon nach einer LP, andere, denen ich nahestehe, halten ihren Gesang schlicht für Nervensägerei. Wie dem auch sei, eins muss man den Roches lassen: Sie sind experimentierfreudig. Das bewies schon die Auswahl ihres ersten Produzenten Robert Fripp, einen bekannt kompromisslosen Mann.

Was sie zusammen gestalteten, wies neue Wege für die weibliche Popmusik. Sie fingen etwa da an, wo Kate & Anna McGarrigle aufgehört hatten. Weg von der Geschmeidigkeit anderer weiblicher Formationen, hin zu verkehrten Tönen und Geplärre. Den einmal eingeschlagenen Kurs setzten sie mit dieser zweiten Platte fort. Nun hört sich das nicht mehr so neu an, und wenn man nicht sehr tolerant ist, wird man »Nurds« für eine Tortur halten. Anhören sollte man sich diese Scheibe einmal.

Hello Good-bye

»Life is what happens to you while you're busy making other plans.« Diese Zeilen sang John Ono Lennon in einem Lied, das er seinem Sohn Sean widmete. Lennon bereitete gerade seine zweite LP nach fünfjähriger Abstinenz vom Showbusiness vor und kam aus dem Studio Hit Factory, als ihn Mark Chapman exekutierte. Er war voller Pläne, als es geschah und sein Leben abrupt und grausam beendet wurde von einem wahrscheinlich Irren, der Salingers »Der Fänger im Roggen« bei sich trug.

Die Welt hatte ihre Sensation. Eilends wurden Nachrufe zusammengestellt, oberflächlich, wenn auch oft mit echter Anteilnahme. Ich traue mir nicht zu, schon jetzt, so kurz nach seinem Ableben, ein definitives Bild von Lennon zu liefern. Zeitlebens war er ein mysteriöser Mensch, und seine Biografie weist etliche weiße Flecken auf. Was wir alle kennen, ist seine Musik, oder wenigstens die, die er mit den Beatles gemacht hat.

Bevor es dazu kam, verbrachte Lennon nicht gerade eine Bilderbuchjugend. Seine Eltern trennten sich bald nach seiner Geburt und stellten ihn quasi bei seiner Tante Mimi unter, die, selbst kinderlos, den Neffen John wie ihren eigenen Sohn großzog. Dennoch war es seine Mutter, die ihm bei einem ihrer seltenen Besuche die ersten Gitarrengriffe beibrachte. Er war von ihr fasziniert und vermisste sie sehr. Viel später, nach einer Urschreitherapie bei Arthur Janov, brach er in ein Wehklagen aus: »Mother, you had me but I never had you.« Viele schreiben es diesem Mutterkomplex zu, dass er sich zu der beträchtlich älteren Yoko Ono hingezogen fühlte.

Nach der Schule gründete er mit Paul McCartney und George Harrison eine Band, die unter verschiedenen Namen in Liverpool auftrat. Von da an ist eigentlich schon alles Legende. Ein Agent besorgte ihnen Auftrittsmöglichkeiten in Hamburg, wo sie für ein Butterbrot acht Stunden täglich spielen mussten. Harte Arbeit zwar, doch gleichzeitig eine gute Ausbildung für die Dinge, die da kommen sollten.

Sie pendelten zwischen der Hansestadt und der Metropole am Mersey, nahmen auch Platten mit Tony Sheridan auf (Produzent: Bert Kaempfert). Als jemand im Geschäft eines gewissen Brian Epstein nach der Scheibe »My Bonnie« von den Beatles verlangte, wurde der Händler hellhörig, sah sich die Jungs im Cavern an und wurde ihr Manager.

Er lief sich die Hacken ab nach einem Plattenvertrag. Viele, die Epstein abwiesen, wurden später, gelinde gesagt, ihres Lebens nicht mehr froh. Der Produzent George Martin hatte schließlich ein Einsehen und nahm die Beatles unter seine Fittiche. »Love Me Do« kam heraus: Platz 17. »Please Please Me«: Nr. 1. Man schrieb das Jahr 1963.

Alles ging Schlag auf Schlag. Top-Hit auf Top-Hit folgte, ich brauche die Titel nicht zu nennen. Wer so alt ist wie ich, also um die dreißig, kennt jede Textzeile noch heute auswendig. Wir sammelten damals Beatles-Bilder aus Wundertüten und vergaßen Uwe Seeler und Albert Brülls. Fuhren die Mädchen voll auf den hübschen Paul ab, so war das Vorbild der Jungen meist der unbequeme John, der bei einer königlichen Galashow in Anwesenheit der Queen motzte: »Die Herrschaften auf den billigen Plätzen bitte im Takt mitklatschen, die dort oben brauchen nur mit ihrem Schmuck zu klimpern.«

Er war der Intellektuelle unter den Beatles, ein abgegriffenes Wort, das aber stimmt. Er veröffentlichte zwei Bücher und schrieb die meisten Texte, die übrigens oft, gegen Lennons Willen, überinterpretiert wurden. »Lucy In The Sky With Diamonds« hat absolut nichts mit LSD zu tun. Sein Song »Helter Skelter« soll die Manson-Family zum Morden animiert haben. Das Lied stammte ausnahmsweise ganz allein von Paul.

Nachdem die Beatles Amerika erobert und in zwei herrlichen Filmen von Richard Lester auch ihre schauspielerischen Talente gezeigt hatten, nahmen sie das legendäre »Sgt. Pepper«-Album auf. Es markierte eine neue Dimension, nicht nur im Schaffen der Beatles, sondern in der Rockmusik überhaupt, die bis dahin eigentlich recht einfach und übersichtlich gewesen war. Gleichzeitig bedeutete es, dass die Beatles nie wieder live auftreten würden. (Auf ihrer letzten Tournee, im Sommer 66, hatten sie auch in Essen gastiert.)

Ihre komplizierten Klangerzeugnisse mit Streichern, Bläsern und allem Drum und Dran ließen sich auf der Bühne nicht mehr nachvollziehen. Viele kamen jetzt auch nicht mehr mit den psychedelisch angehauchten, drogenerfahrenen und guruglaubigen vieren zurecht. Die »Fab Four« waren nicht länger die netten Jungs von nebenan. Bald darauf starb ihr Manager. Das war der Anfang vom Ende.

Die Spannungen zwischen Paul und John, latent immer vorhanden und sonst eine Antriebsfeder für ihr schöpferisches Schaffen, brachen in den späten sechziger Jahren offen aus, die Frauen mischten sich ein, die Beatles ließen es sein: Let it be.

Schon vor der offiziellen Trennung hatte John Lennon die Plastic Ono Band gegründet, nicht ohne Erfolg, nicht ohne Botschaft: »Give Peace A Chance«. Er machte sich zum Friedensapostel, gab Pressekonferenzen im Bett und gab seinen Orden zurück. Hier zeigte sich seine Selbstironie, denn seine Begründung war, dass er den MBE nicht nur wegen der britischen Außenpolitik nicht mehr haben wollte, sondern auch, weil »mein Song ›Cold Turkey‹ nicht in die Top Ten gekommen ist.«

Er nahm zwei Platten mit seiner zweiten Frau Yoko auf, Gekrächze, Geräusche, nur keine Musik. Den rechten Zugang zu seinem Talent fand er wieder mit »Imagine«, seiner wohl besten LP. Sie zeigte ihn erneut als einfallsreichen Komponisten und intelligenten Texter. Weitere Soloalben folgten, mit unterschiedlichem Niveau.

Yoko Ono verließ ihn, und Lennon verfiel zeitweise dem Alkohol. Erst als seine Frau zurückkam, fing er sich und nahm seine vorläufig letzte LP auf, »Rock 'n' Roll«, die Erfüllung des langgehegten Wunsches, endlich einmal eine Platte mit seinen Lieblingsstücken der fünfziger Jahre einzuspielen. Das Album war hervorragend gelungen. Doch Lennon zog sich 1975 zurück und widmete sich ganz der Erziehung seines zweiten Sohnes, an dem er gutmachen wollte, was er bei seinem ersten versäumt hatte, der ihm heute übrigens frappierend ähnlich sieht.

Im vergangenen November veröffentlichte John Lennon endlich wieder eine neue Platte, »Double Fantasy«, von der ein Teil von ihm und der andere von Yoko bestritten wurde. Sein Part zeigte ihn in alter Form. Wer über Yokos Beitrag die Nase rümpft, sollte einsehen, wie viel Lennon diese Frau bedeutet hat. Sie war sein Ein und Alles, sie war seine Inspiration, sein Leben.

Nun ist es zu Ende. Ich will keine großen Töne spucken. Jeder, der ein bisschen Ahnung hat, weiß, was die Beatles bewirkt haben, nicht nur musikalisch. Lennon war einer von ihnen. Die anderen wären nichts ohne ihn gewesen. Ob er was ohne sie geworden wäre?

Ich bin froh, dass es ihn gegeben hat. Mach's gut, John. Grüß mir Buddy Holly und all die andern. Bis bald, dein WoW.

See You Later, Alligator

Als ich aus dem Mund des »Tagesschau«-Sprechers Werner Veigel die Meldung vom Ableben Bill Haleys vernahm, war ich vollkommen überrascht, da ich angenommen hatte, der legendäre Rock-'n'-Roll-Star sei schon seit gut zwanzig Jahren tot. Tatsächlich war er seit den späten fünfziger Jahren musikalisch eine Leiche gewesen, wenn auch mumifiziert.

Die Historiker des Rock 'n' Roll haben längst ihr Urteil über den Verblichenen gefällt: Er war zwar derjenige, der alles startete, doch im Grunde war er eine tragische Figur, die gar nicht wusste, wie ihr geschah. Rein äußerlich war er alles andere als der geborene Star: Ende zwanzig, als er seinen ersten Hit hatte, mondgesichtig, feist, ein mittelmäßiger Sänger, ein unfähiger Gitarrist und einfallsloser Komponist. Er war, wie die Engländer sagen, »the man least likely to«. Dass er trotzdem einige Jahre vergöttert wurde, gehört zu den ungelösten Rätseln in der noch kurzen Geschichte des Rock.

Geboren wurde er 1925 im amerikanischen Staate Michigan, lernte früh, Gitarre zu spielen, riss mit fünfzehn von zu Hause aus, trieb sich rum und spielte in vornehmlich country-orientierten Bands. Ende der vierziger Jahre gründete er seine eigene Kapelle, die Saddlemen. Außerdem wurde er Programmdirektor einer Radiostation. Er entwickelte ein offenes Ohr für schwarze Rhythm-&-Blues-Musik und versuchte allmählich, mit seiner Gruppe, diesen Stil zu adaptieren. Logischerweise ließen sie ihren etwas biederen Namen fallen und nannten sich von 1953 an Bill Haley & His Comets.

Im gleichen Jahr nahmen sie Haleys Eigenkomposition »Crazy Man, Crazy« auf, die erste genuine Rock-'n'-Roll-Platte, die ein Hit wurde. Seine beiden erfolgreichsten Nummern spielte er 1954 ein, »Shake, Rattle And Roll« und »Rock Around The Clock«. »Clock« war zunächst kein Erfolg beschieden, dafür konnte sich »Shake« hoch platzieren. Erst als ein Jahr später der (mittelmäßige) Film »Blackboard Jungle« (»Die Saat der Gewalt«) anlief, der mit »Rock Around The Clock« begann, wurde auch diese Scheibe ein Hit, weltweit sogar.

Diese Aufnahme, obwohl eher zahm verglichen mit den Titeln von Elvis, wurde die Hymne der jungen Generation, die sich von ihren Eltern missverstanden fühlte. Überall wo »Die Saat der Gewalt« lief, wackelten die Kinopaläste; als Haley in Deutschland auftrat, blieb kein Stuhl heile. Dabei hätte er der Vater so mancher Teenager sein können. Diejenigen, die genauer hinsahen, wurden denn auch desillusioniert. Außerdem wurde seine Musik auf die Dauer langweilig, immer derselbe Rhythmus und das gleiche Arrangement.

So plötzlich wie Bill Haley aufgetaucht war, so schnell verschwand er auch wieder in der Versenkung. Glaubwürdigere Idole hatten die Jugend der Welt erobert, lauter, jünger, schöner. Bill Haley fristete dann in den sechziger und siebziger Jahren sein Gnadenbrot, indem er vornehmlich in Europa vor Leuten mit Geheimratsecken seine alten Hits abspulte. Ähnlich wie seine frühen Mitstreiter Elvis Presley, Chuck Berry und Little Richard war er zu einer Karikatur verkommen. Er war too old to rock, im Februar war er nun nicht mehr too young to die. Grüß mir ... aber das hatten wir schon mal, schon zu oft. Hoffentlich ist dies vorläufig unser letzter Nachruf.

Bruce Springsteen

Endlich ist es so weit: Bruce Springsteen hat sich für die kommenden Wochen zu einer Tournee durch die Bundesrepublik angesagt. Man mag zu ihm stehen, wie man will, es wird wahrscheinlich das Rock-Ereignis des Jahres.

Seine Platten sind hier in unseren Landen zwar bekannt, doch werden sie im Vergleich zu den Staaten eher mäßig verkauft. Sein Ruf als Performer ist allerdings auch schon bei uns populär, obwohl er erst mit zwei Ausschnitten im »Rockpalast« zu sehen war. Was man aus Amerika hört, lässt einen rastlosen Akteur auf der Bühne erwarten. Er ist »Born To Run« (LP-Titel).

Seine Karriere hatte relativ spät begonnen. Mit 24 brachte der 1949 geborene Sänger seine erste Langspielplatte raus. Vorher war er von Nonnen streng katholisch erzogen worden und war auf der Schule immer ein Außenseiter gewesen. Nachdem er als Kind Elvis Presley im Fernsehen (in der »Ed Sullivan Show«) gesehen hatte, wollte er unbedingt auch Gitarre spielen. Doch wollte es anfangs nicht klappen. Später fiel er damit seinem Vater auf die Nerven. Heute bekennt er: »There were two things that were unpopular in my house: one was me, the other was my guitar.«

Er wuchs in New Jersey auf. Die Eltern zogen oft um und waren stets knapp bei Kasse. Durch diese Herumzieherei wurde er geprägt. Bewegung ist ein Grundthema seiner ausnahmslos selbst geschriebenen Songs.

Nach der Schule fing er an, von der Musik mehr schlecht als recht zu leben. Sein erster Manager wurde Mike Appel, der sofort von ihm begeistert war. Er brachte ihn ins nahegelegene New York und verhalf ihm dort zu einigen Auftritten. In einem Anfall von Größenwahn wollte Appel aus Springsteen einen neuen Bob Dylan machen. Er führte ihn bei dessen Entdecker

John Hammond von CBS ein. Im Büro dieses wichtigen Mannes sang und spielte Springsteen einige Lieder. Hammond war überwältigt und machte einen Vertrag fertig.

Anfang 1973 kam seine erste LP heraus, »Greetings From Asbury Park, N. J.« Wider Erwarten wurde sie ein Flop. Die Musik war zwar sehr schön und schlug einen neuen Ton an, doch waren die Texte mit ihrem komplizierten Reimschema fürs breite Publikum zu schwer verständlich. Ebenso ging es mit dem im selben Jahr erschienenen zweiten Album »The Wild, The Innocent & The E Street Shuffle«. Es war einfach kein Hit auf den ersten beiden Scheiben, die im Radio gespielt werden konnten. (Später hatte allerdings Manfred Mann einen Monsterhit mit »Blinded By The Light« vom ersten Album.)

Geraume Zeit verging, bis eine neue LP erschien, »Born To Run« (75). Sie machte Springsteen einem größeren Zuhörerkreis zugänglich. Gleichzeitig wurde er von seiner Plattenfirma als Zukunft des Rock 'n' Roll gepriesen. Das wiederum erwies sich als übertrieben. Zwar stellte sich Springsteen als einfallsreicher Songschreiber heraus, doch waren seine Kompositionen nicht so originell, wie man sie von einem Erneuerer der Rockmusik erwartete. Springsteen ließ sich weitgehend von der Musik der fünfziger Jahre beeinflussen. Das hört man vor allem an dem Einsatz des Saxofons, das bei ihm viel mehr Raum einnimmt als bei anderen modernen Künstlern. In den Fünfzigern war das Saxofon hingegen gang und gäbe gewesen.

Mehr als zwei Jahre gingen ins Land, bis Springsteen ein neues Album auf den Markt brachte, »Darkness On The Edge Of Town«. Es wurde sein bis dahin bestes Werk und verkauft sich auch heute noch ganz gut. Die Kompositionen und Texte waren wiederum sehr intelligent und hatten diesmal auch ein Appeal für die Massen. Seine Tourneen in den USA wurden wahre Triumphzüge. Eigentlich erst jetzt nahm man ihn auch in Europa zur Kenntnis. Der Rock brauchte nach der Auflösung der Beatles und nach dem zeitweiligen Abgang Dylans einen neuen Messias.

Die »Rockpalast«-Redaktion sorgte hierzulande dafür, Springsteen zu einem Wunderknaben hochzustilisieren. Dabei standen ihr etwa sieben Minuten Filmmaterial zur Verfügung, die sie ein ums andere Mal den Fernsehzuschauern vorführten. Was man sah, war schon beeindruckend. Es machte Appetit auf den Singer-Songwriter.

Doch dann kam (nach erneuter Verzögerung) »The River« in die Läden, ein Doppelalbum, das eine Art »Sgt. Pepper« für Springsteen werden sollte. Die hohen Erwartungen, die man an diese Platte geknüpft hatte, wurden nicht erfüllt. Hätte sich Springsteen mit einer Platte begnügt, wäre sicher nicht die Langeweile aufgekommen, die einen überfällt, wenn man beide Scheiben hintereinander hört. Begeisterung kommt leider nie auf. Zwar erweist sich Springsteen weiterhin als hervorragender Komponist und Texter, doch wird man irgendwie seine Masche leid. Er ist nicht mehr die Zukunft des Rock 'n' Roll, sondern ihr Chronist. Er hat da und dort Anleihen gemacht und sie wenig attraktiv verarbeitet. Neues wird man vergeblich suchen.

Es bleibt abzuwarten, ob Springsteen mit seinen bevorstehenden Live-Auftritten wettmachen kann, was er mit »The River« verspielt hat. Auch wer Springsteen noch nie gehört hat, sollte ihn sich ansehen. Es gilt, eine Legende zu besichtigen und sie eventuell vom Sockel zu holen. Vielleicht erlebt man doch tatsächlich nie Dagewesenes, was schwer vorzustellen ist. Bis zu seinem ersten Auftritt hier hat Springsteen als begabter Rocker zu gelten. Es wird sich in den Konzerten erweisen, inwieweit seine Vorschusslorbeeren verdient sind.

J. J. Cale: Shades

Sein sechstes Album zeigt J. J. Cale auf dem Höhepunkt seines Schaffens. Kein anderer Künstler vermag derzeit so geschickt wie er, Rock mit Blues- und Countryelementen zu einer wohlklingenden Mischung zu verarbeiten. Erstaunlich schnell beginnt für seine Verhältnisse das Eröffnungsstück. Die anderen Melodien sind etwas zärtlicher.

Man kann sicherlich behaupten, dass sich der Barde seit »Troubadour« nicht mehr weiterentwickelt hat. Warum soll man ihm mangelnde Experimentierfreudigkeit vorwerfen, wenn die Variationen ein und desselben Themas in meinen Ohren immer noch aufregender klingen als so mancher pseudo-avantgardistische Versuch von Leuten, die halb so alt sind wie J. J. Cale?

Emmylou Harris: Evangeline

Die zarte, zerbrechlich wirkende Emmylou Harris mag auf viele wie eine Tranfunzel wirken. Das liegt dann sicher an ihrer etwas pläddrigen Stimme. Auf »Evangeline« interpretiert sie zumeist Evergreens aus den vergangenen drei Jahrzehnten, zum Beispiel »Bad Moon Rising« von Creedence Clearwater Revival und »Oh Atlanta« vom Keyboardspieler, der nun nicht mehr bestehenden Little Feat, Bill Payne, der auch auf dieser Platte mitwirkt. Es halfen außerdem zwei weibliche Countryrockstars aus, mit denen Emmylou Harris schon vor Jahren eine ganze LP rausbringen wollte, Linda Ronstadt und Dolly Parton. Outlaw Waylon Jennings singt ebenso mit.

Die nun nicht mehr ganz junge Emmylou präsentiert ihre Versionen der bekannten Titel mit derlei Überzeugungskraft, dass man annehmen könnte, sie seien ihr exklusiv auf den dünnen Leib geschrieben worden. Glanzstück für mich ist »How High The Moon«, das gut neben dem Original von dem legendären Duo Les Paul und Mary Ford aus dem Jahre 1951 bestehen kann. Die Zeitlosigkeit des attraktiven Gesangs von Emmylou Harris wird hier erneut bestätigt. Es ist erstaunlich, dass sie beim Publikum vergleichsweise mäßig ankommt.

Herbert Grönemeyer: Zwo

Ich wäre froh, wenn diese Scheibe (man könnte das b auch durch ein ß ersetzen) nicht »Zwo«, sondern »Die Letzte« hieße. Was sich der viel beschäftigte Grönemeyer, der demnächst in dem Monumentalstreifen »Das Boot« zu begutachten sein wird, hier geleistet hat, ist wie schon bei seinem Debüt vor zwei Jahren unter aller Sau. Ich war, was selten genug vorkommt, mit dem geschätzten Kollegen Christoph Biermann einig, dass nichts, aber auch gar nichts an dieser Platte stimmt. Zugegeben, der passable Schauspieler kann gut singen, nur passt seine Stimme nicht zu den Songs, deren Texte dämlich bis unzumutbar sind.

»Ich hab dich lieb« haben vielleicht noch unsere Opas zu ihren Angebeteten gehaucht. Heute klingt das albern und hilflos. Obwohl Grönemeyer erst circa 25 ist, gelingt es ihm nie, der Jugend von heute aufs Maul zu schauen, wie etwa Marius Müller-Westernhagen. Ich sehe überhaupt kein Publikum für dieses Erzeugnis. Es ist mir klar, dass der aus Bochum stammende Künstler kein Wort mehr mit mir sprechen wird, doch kann ich leider nicht lobhudeln, wenn mir mein Urteilsvermögen einen Verriss diktiert. Das tut umso mehr weh, da ich Grönemeyer persönlich sehr schätze.

The Who: Face Dances

Eine Stunde vor Redaktionsschluss, aber noch rechtzeitig zur »Rockpalast«-Nacht, erreicht uns die neue LP der Who. Die genaue Terminplanung lässt nur einen unverbesserlichen Nörgler vermuten, dass die Unbestechlichen vom WDR zu Erfüllungsgehilfen der Plattenindustrie geworden sind. Es war schon in der Vergangenheit ähnlich: Fast alle Künstler, die in der Grugahalle auftraten, veröffentlichten kurz vor oder kurz nach der »Rocknacht« neue Alben, die sich in der Regel horrende verkauften. Da die Who bislang in Deutschland nicht gerade mit Goldenen Schallplatten überhäuft worden sind, kommt ihnen natürlich der europaweit übertragene Auftritt in Essen gerade recht.

Nun aber zu »Face Dances«. Sie zeigt die Who in alter Form. Geradliniger Rock, perfekt vorgetragen, durch keinerlei Experimentierfreudigkeit in Frage gestellt. Roger Daltrey singt wie eh und je, die Riffs sind herkömmlich. Die Texte sind gut konstruiert und nicht weltfremd. Zwei der neun Nummern stammen von John Entwistle. Sie unterscheiden sich kaum von Pete Townshends Nummern. Nur heißt es bei dem Boss der Who: »You welcome me with open eyes and open legs«, während der etwas schüchterne Bassist mutlos bekennt: »Your arms are open but your legs are crossed.« Im Ganzen ein problemloses Hörvergnügen, ohne große Höhepunkte oder Fehltritte.

Sonny Curtis: Love Is All Around

»Hi, my name is Wolfgang. I come from Germany. May I have an autograph, please?« – »Sure, I appreciate that.« So etwa lief vor anderthalb Jahren meine Begegnung mit Sonny Curtis anlässlich der Buddy-Holly-Week in London ab. Der Texaner war früher musikalischer Partner Hollys und zeitweise Mitglied seiner Begleitband, der Crickets.

Endlich hat der gute Sonny ein Soloalbum veröffentlicht, das über Import hier erhältlich ist. Für einen gut Vierzigjährigen wirken die Songs erstaunlich unroutiniert. Klassiker, die er für andere schrieb sind dabei, »Walk Right Back« (Everly Brothers) und ein früher Punkklassiker, jawohl »I Fought The Law« (The Bobby Fuller Four). Glanzstück ist natürlich »The Real Buddy Holly Story«, die er unter Eindruck des missratenen Films erzählt.

Das Herz schlägt mir höher, ich vernehme starkes Klopfen, sicheres Anzeichen, dass ich Glücksgefühle habe. Da behaupte noch einer, mir gefiel keine Musik, die nach 1959 entstanden ist.

Stevie Wonder

Elvis Presley hin, Bob Dylan, John Lennon, Bruce Springsteen und alle anderen her, die Rockmusik hat bisher nur ein einziges Genie hervorgebracht: Stevie Wonder.

Er war wie Mozart ein Wunderkind und belegte bereits als Zwölfjähriger mit seiner dritten Single, »Fingertips-Pt. 2«, mehrere Wochen die Nummer eins der amerikanischen Hitparade. Man schrieb das Jahr 1963 und nannte den blind geborenen Sänger, dessen wirklicher Name von verschiedenen Quellen unterschiedlich angegeben wird (entweder Steveland Morris Hardaway oder Stephen Judkins), »little Stevie Wonder«.

Wahrscheinlich wollten die Bosse von Tamla-Motown, die ihn auf Empfehlung des einflussreichen Sängers Ronnie White von den Miracles unter Vertrag genommen hatten, einen schnellen Dollar mit ihm verdienen, wie es andere Firmen vorher (und nachher) mit anderen *little ones* gemacht hatten, als da waren Little Anthony and the Imperials, Little Caesar & the Romans, The Little Dippers, Little Esther Phillips, Little Eva und, nicht zu vergessen, die uns allen bekannte Little Peggy March.

Im Gegensatz zu den Genannten erwies sich der dunkelhäutige Stevie Wonder jedoch nicht als One-Hit-Wonder, sondern entpuppte sich im Laufe des Jahres als eine Bank in den Charts, der auch diesseits des Atlantiks, vor allem in England, zum Höhepunkt des Soul-Booms in den Jahren 66 und 67 mit solchen Klassikern wie »Blowin' In The Wind«, »A Place In The Sun«, »I Was Made To Love Her« und »I'm Wondering« fast ununterbrochen in den Top Ten vertreten war.

In der Folgezeit verschwanden viele kurzzeitig populäre schwarze Künstler wie Percy Sledge, Wilson Pickett, James Brown und Arthur Conley in der Versenkung. Otis Redding, der unbestrittene König des Soul, starb bei einem Flugzeugabsturz im Dezember 67. Damit waren die Tage der wahrhaft schönen Soulmusik, einer kommerziellen Fortentwicklung des Rhythm & Blues, zu deren Ziehvätern Ray Charles und Sam Cooke zählten, anscheinend vorbei. In der Tat kamen selbst vorher so konstante Hitmaker wie die Supremes und die Four Tops nicht mehr aufs Trapez. Allein Stevie Wonder (das »little« war längst abgelegt) wusste das Publikum weiterhin zu überzeugen.

Leuten, die Ende der sechziger Jahre und Anfang der siebziger Jahre schon regelmäßig Popmusik hörten, werden auch heute noch die Augen feucht, wenn sie sich an Titel wie »For Once In My Life«, »I Don't Know Why«, »My Cherie Amour« und »Yester-Me, Yester-You, Yesterday« erinnern.

Stevie Wonder hatte mittlerweile seinen eigenen Interpretationsstil gefunden, obwohl er erst knapp zwanzig war, und seine samtene Stimme hatte sich zu einem unverwechselbaren Markenzeichen im internationalen Showgeschäft entwickelt, doch zu wirklicher Größe, die ihn in eine Kategorie mit den Beatles und Bob Dylan erhob, fehlte ihm eine gehörige Portion kompositorischer Originalität. Bis dahin hatte er kaum selbst Songs geschrieben.

Erst mit der Entwicklung des Moog-Synthesizers vermochte er seine Möglichkeiten allmählich auszuschöpfen. Nach und nach wurden seine Lieder komplizierter, ohne jedoch ihre Eingängigkeit zu verlieren. Manche alten Fans aus den sechziger Jahren mochten ihm nicht mehr folgen. Dafür konnte er eine jüngere Schar von Anhängern für sich rekrutieren, vor allem Schwarze, die nach dem Tode Martin Luther Kings eine neue Leitfigur suchten.

Ganz im Sinne des Ermordeten, trug er kein Onkel-Tom-Selbstmitleid zur Schau, sondern erzeugte in seinen farbigen Landsleuten einen Drang nach Emanzipation, ohne dabei militant zu sein. Er produzierte eine Reihe von ganz hervorragenden Konzeptalben, die nicht ohne Einfluss, auch auf weiße Musiker, blieben. Nicht nur die Rolling Stones haben (unzulänglich) versucht, Mitte der siebziger Jahre seine komplexen Klanggebilde zu kopieren. Längst konnte ihm niemand mehr auch nur annähernd das Wasser reichen.

Dann zog er sich zwei Jahre von der Öffentlichkeit zurück, um sein Opus magnum im Studio einzuspielen. Gerüchteweise wurden von einigen Eingeweihten Wunderdinge über das work in progress verbreitet. Es sollte alles bisher Dagewesene in den Schatten stellen und die Rockmusik um eine ungeahnte Dimension erweitern. Im Herbst 76 war es endlich so weit: »Songs In The Key Of Life« wurde veröffentlicht.

Die Auguren hatten nicht zu viel versprochen. Tatsächlich war das neue Album ein Meilenstein in der modernen Musik, nicht nur in der Rockmusik. Es war ein Geniestreich, wie er nur einmal pro Jahrzehnt gelingt. »Songs In The Key Of Life« ließ sich von seiner Qualität her allenfalls mit »Sgt. Pepper« in einem Atemzug nennen, wobei der Vergleich wegen der mittlerweile fortgeschrittenen Technik noch zu Ungunsten der Beatles ausgehen musste.

Wie es die Art von Kritikern ist, wurde das Werk unmittelbar nach seiner Veröffentlichung zwar hoch gepriesen, doch erwiesen sich die meisten Rezensionen als zu oberflächlich. (Es bedarf schon einer Dissertation, um diesem Doppelalbum wenigstens halbwegs gerecht zu werden.) Es wird auf viele Jahre hinaus seine Wirkung behalten. Da es sich um ein wirkliches Meisterwerk handelte, blieb auch die Publikumsgunst nicht aus. Selten hat man eine so einhellige Zustimmung von der Presse und den Plattenkäufern erlebt.

Umso enttäuschter waren beide Seiten, als knapp drei Jahre später das Folgealbum »Journey Through The Secret Life Of Plants« herauskam. Natürlich hatten die meisten eine Platte im Stil von »Songs ...« erwartet. Stevie Wonder hatte jedoch inzwischen von seiner Firma alle Freiheiten ertrotzt, die sich ein Musiker nur wünschen kann. Er nutzte sie – Kosten spielten keine Rolle –, um sich seinen ganz eigenen Wunsch zu erfüllen und sich dabei wenig um den Geschmack der Fangemeinde zu scheren. Angeblich handelte es sich um eine Filmmusik.

»Die Reise durch das geheime Leben der Pflanzen« kam jedoch, zumindest in Europa, nie auf die Leinwand. Im Gegensatz zu seinem Vorgänger entsprach das neue Album keinesfalls den Ansprüchen eines auf Sensationen gepolten Publikums. Auch die Kritiker reagierten verstört. »Secret Life« ist aber ein Leckerbissen für Leute, die Esoterik in der Rockmusik nicht missen möchten. Es war erneut ausgezeichnet produziert, nur waren keine Hits darauf, nichts fürs Radio, also wurde es allzu schnell vergessen.

Ende letzten Jahres konnte Stevie Wonder einigen Boden wiedergutmachen, mit der Veröffentlichung von »Hotter Than July«, einem kommerziellen smash, von dem sich jeder Track als Single-Auskopplung anbot, was auch von Tamla-Motown noch heute ausgenutzt wird.

Dadurch ist Stevie Wonder nach fünf Jahren wieder zurecht in das Licht gerückt worden, das er nicht sehen kann. Er steht noch immer in einsamer Höhe, und kann es sich leisten, politisch für seine schwarzen Leidensgenossen einzutreten, ohne dabei peinlich zu wirken.

Nun kommt er zu vier lang erwarteten Konzerten in die Bundesrepublik. Es wird keiner Mache, keines Werbefeldzuges, keiner Sonderzüge bedürfen, um die Hallen zu füllen. Es wäre schön, wenn – wohl ganz im Sinne des blinden Stevie Wonder – Behinderte zu den Auftritten freien Eintritt hätten. Wie steht's damit, Herr Lippmann und Herr Rau?

Marius Müller-Westernhagen: Stinker

MMW ist heute zweifellos der populärste deutsche Rocksänger. Leider. Wenn so ein musikalisch armseliges Würstchen große Teile der Jugend hinter sich bringen kann, wirft das ein deutlich erschreckendes Bild auf den Zustand der Rockmusik in der Bundesrepublik und ihrer Zuhörer.

Was sich auf den letzten beiden Platten des auch als Schauspieler erfolgreichen Nichtsängers noch als originell erwies, die teilweise treffende Beschreibung postpubertärer Gefühle, wirkt bei ihrer dritten Wiederholung schmerzhaft langweilig. Seine permanenten Erektionen mögen ja auf manche Sechzehnjährige einen gewissen Reiz ausüben, ihre dauernde Zurschaustellung erzeugt bei abgeklärten Hörern ein Gähnen.

Aber das ist harmlos und mag als Obsession eines sexuell frustrierten Mannes gedeutet werden, der auf die 35 zugeht, im Vergleich zu dem gehässigsten Song, den die an Geschmacklosigkeiten wahrlich nicht arme deutsche Szene in den letzten 25 Jahren hervorgebracht hat.

»Von drüben«, ein Lied, dem auch der *Spiegel* schon vorab sein Plazet gegeben hat, ist ein mit brutal zu nennender Häme geschriebenes Pamphlet gegen Bettina Wegner, deren Name allerdings feige verschwiegen wird. Er unterstellt der DDR-Dissidentin Geldgier und plumpe Anbiederung an alternative Leute.

Kein Wort davon, dass sie in ihrer Heimat Schwierigkeiten mit den Behörden hatte und quasi unter einem Berufsverbot litt. Dieses Stück Scheiße ist an Erbärmlichkeit nicht zu übertreffen und dürfte im Auftrag von Axel Cäsar Springer verfasst worden sein. Gerhard Löwenthal und alle anderen Rechtsaußen werden sich freuen. Hier hört für mich der Spaß einfach auf. Hoffentlich verliert Müller-Westernhagen bald seine Stimme.

Stray Cats

Rockabilly war in den fünfziger Jahren ein bedeutender Strang der Rock-'n'-Roll-Musik. Heute erlebt er ein Revival, obwohl er sich jetzt meist antiquiert anhört, siehe Matchbox.

Weitaus moderner wissen die Stray Cats mit dieser musikalischen Form umzugehen. Sie vermengen die Grundstrukturen des alten Sounds mit Elementen der New Wave und erzeugen dadurch einen vollkommen ungewohnten Hörgenuss, der jedoch eher aufgeschlossenen Konsumenten als Hardcorerockern zusagen dürfte.

Was man nur noch selten erlebt, tritt hier ein: Keine schwache Nummer auf der ganzen LP, die teilweise von Dave Edmunds produziert wurde, dem vielleicht einzigen Mann am Schaltpult, der in der Lage ist, Alt und Neu so zu arrangieren, dass beide nicht vernachlässigt werden und eine Synthese von unerhörtem Reiz entsteht. Den Stray Cats gehört ein Teil der Zukunft.

Thommie Bayer Band: Kamikaze Bodenpersonal

Thommie Bayer ist kein Liedermacher im üblichen Sinne. Er lässt sich nicht mit solchen Dämlacks wie Reinhard Mey, Stephan Sulke und Klaus Hoffmann vergleichen. Man muss schon den englischen Ausdruck vom Singer-Songwriter benutzen, um ihn hinreichend zu charakterisieren. Nichts liegt ihm ferner, als schnödes Schielen auf den Publikumsgeschmack. Er liefert regelmäßig ausgefeilte LPs ab, die textlich wie musikalisch zum Besten gehören, was man, mit deutscher Zunge gesungen, hören kann.

Den Beatles steht er näher als Bob Dylan. Selbstbespiegelung betreibt er kaum, lieber beobachtet er die kleinen allzu menschlichen Schwächen seiner Mitbürger. Wie auf »Silchers Rache« und »Abenteuer« brennt er auf »Kamikaze« ein Feuerwerk markanter Rocksongs ab, deren intelligente Konstruktion mitunter an die besseren Nummern der weitgehend unterschätzten Gruppe Klaatu erinnern.

Es muss schon mit dem Teufel zugehen, wenn Thommie Bayer mit seinem Bodenpersonal nicht bald ein Star wird, auch wenn er das gar nicht werden will.

Unsere Platten 1980/1981

1. »The Complete Buddy Holly« (MCA Coral)

Dann, mit weitem Abstand, doch fast alle gleichwertig von mir geliebt:

2. Phillip Goodhand-Tait: »Good Old Phil's« (Gundog)

3. Fehlfarben: »Monarchie und Alltag« (EMI)

4. The Cure: »Faith« (Metronome)

5. Public Image Ltd: »The Flowers Of Romance« (Virgin)

6. Justin Hayward: »Night Flight« (Decca)

7. Duncan Browne: »Compilation« (Metronome)

8. Gene Pitney: »The Fabulous Gene Pitney« (K-Tel, as advertised on TV)

9. The Searchers: »The Searchers« (Sire, das 79er-Comeback-Album)

10. Bruce Cockburn: »Humans« (RCA)

11. Throbbing Gristle: »D. o. A.: The Third And Final Report Of Throbbing Gristle« (Industrial Records)
und weil's gerade so schön zu 11. passt:

12. Steve Forbert: »Alive On Arrival« (Epic)

13. Gerry Rafferty: »To Each And Everyone« (Metronome-Sampler mit nahezu allen guten Songs aus seiner prä-»Baker Street«-Zeit für den Preis einer Single.)

14. Willie Nile: »Willie Nile« (Arista)

15. John Martyn: »Grace And Danger« (Island)

16. The Lounge Lizards: »Lounge Lizards« (EG Records)

17. John Cale: »Honi Soit« (A&M)

18. Thommie Bayer Band: »Kamikaze Bodenpersonal« (Metronome)

19. Aj Webber: »Of This Land« (Gundog)

20. Robert Fripp: »God Save The Queen / Under Heavy Manners« (EG)

21. Kate and Anna McGarrigle: »Kate And Anna McGarrigle« (Warner Bros.)

22. The Crickets: »Cruise In It / Rock Around With Ollie Vee« (Rollercoaster, Single)

23. Peter Handke: »Wunschloses Unglück« (Deutsche Grammophon, gelesen von Bruno Ganz. Die Musik ist nicht gerade berauschend, aber der Text ist astrein.)

Mit Sicherheit wäre auch die Platte »Jeremy Spencer« (Reprise, 1970), das erste Soloalbum des ehemaligen Fleetwood-Mac-Gitarristen/-Sängers, auf dieser Liste erschienen, wenn ich sie je gehört hätte ...

(Stand: 12. Mai 1981, 18:15 Uhr)

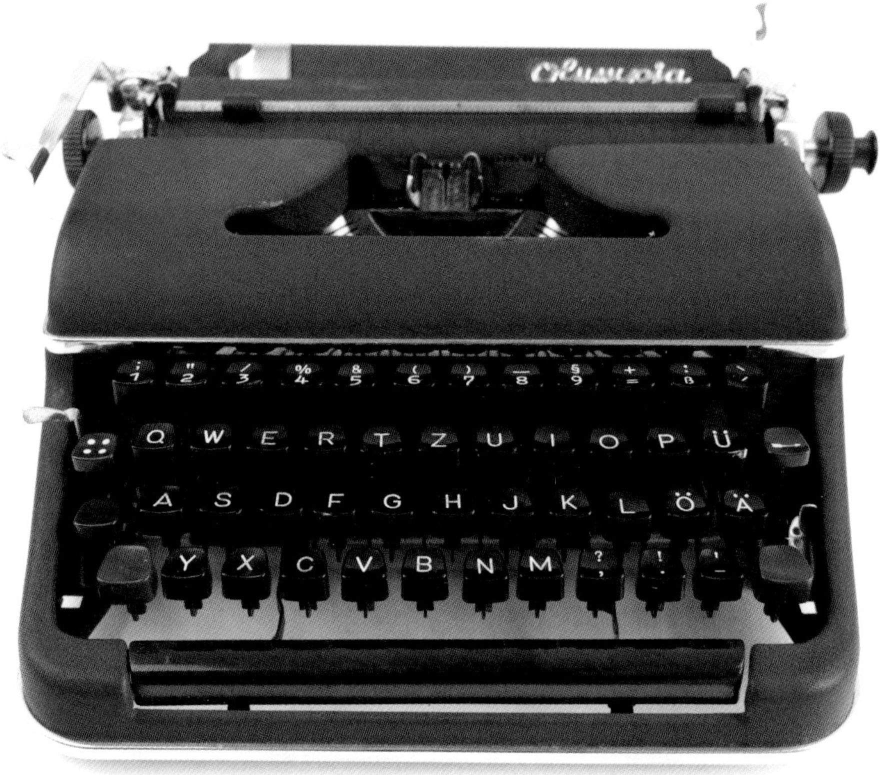

Welts Schreibmaschine in den frühen Achtzigern
(Modell: Olympia SM2)

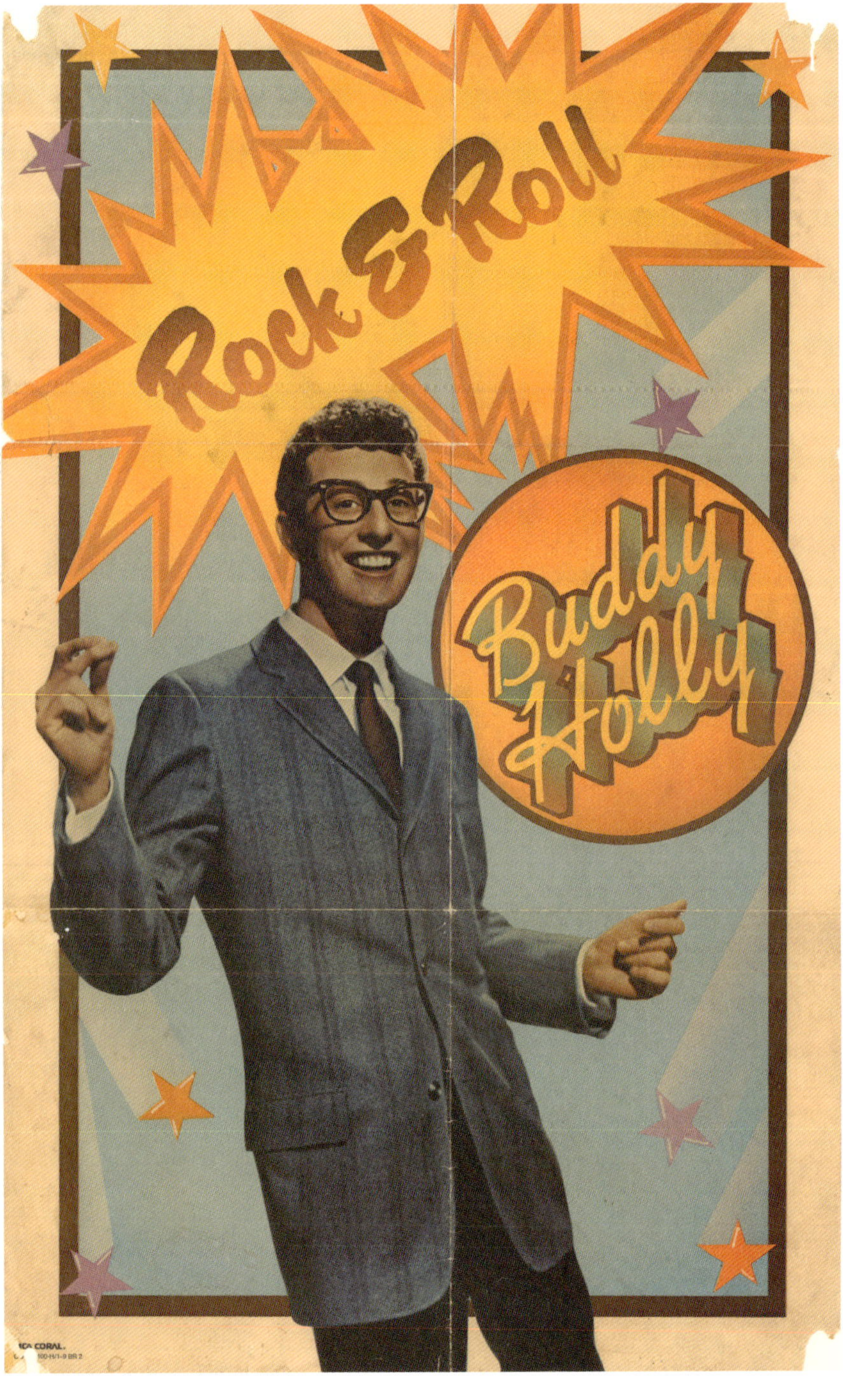

»Buddy Holly lebt«

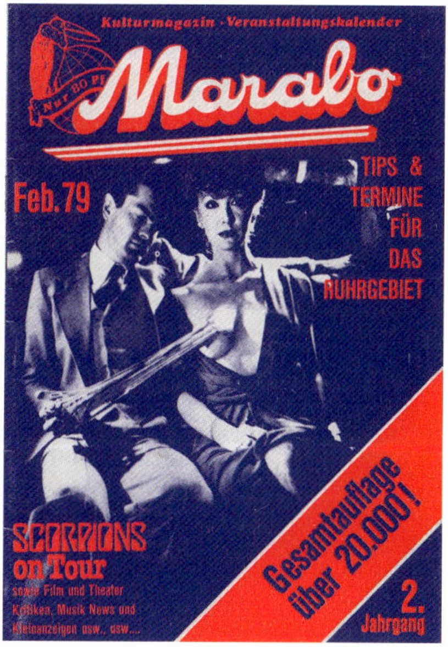

»Ich war drin!«
Februar 1979: Welts erste Musikstory erscheint

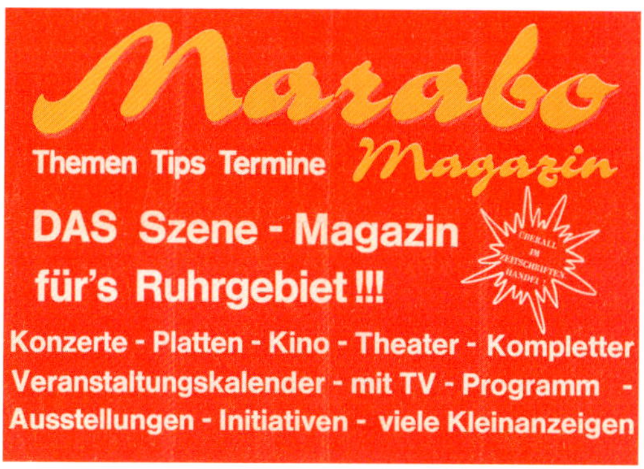

Von 1979 bis 1984 veröffentlicht Wolfgang Welt im *Marabo*

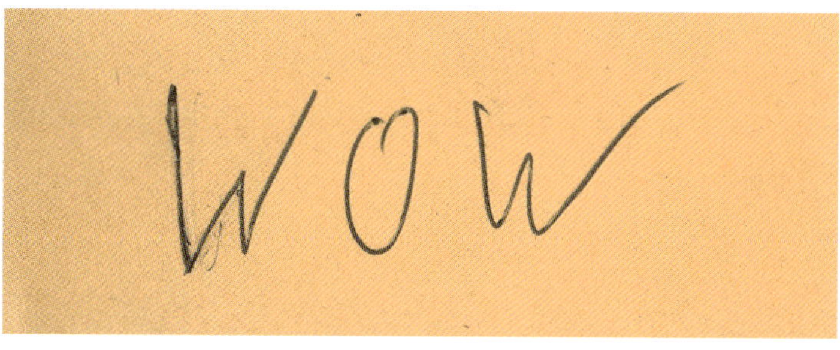

Das vielsagende Kürzel entsteht auf einem Notizzettel, Anfang 1980

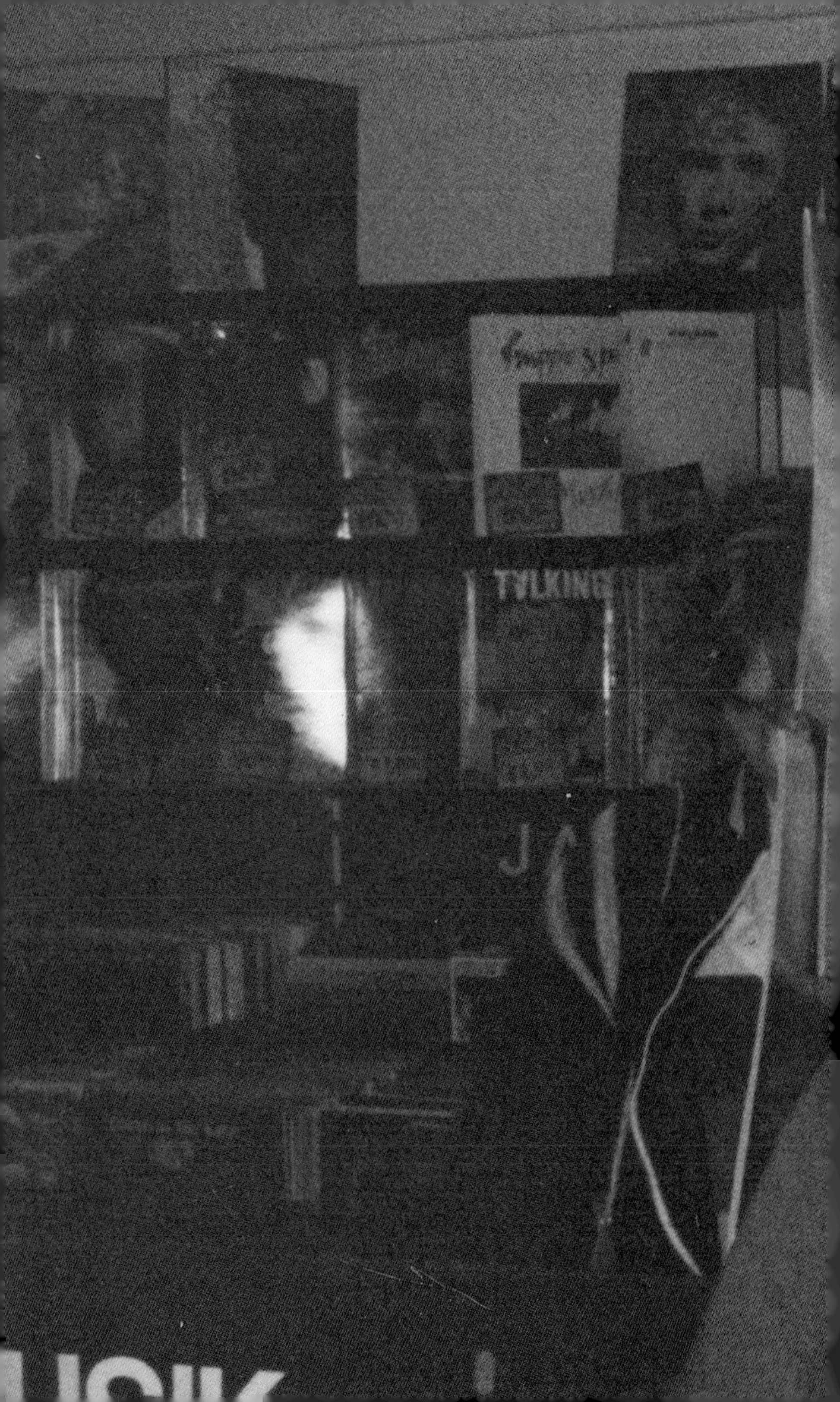
TALKING

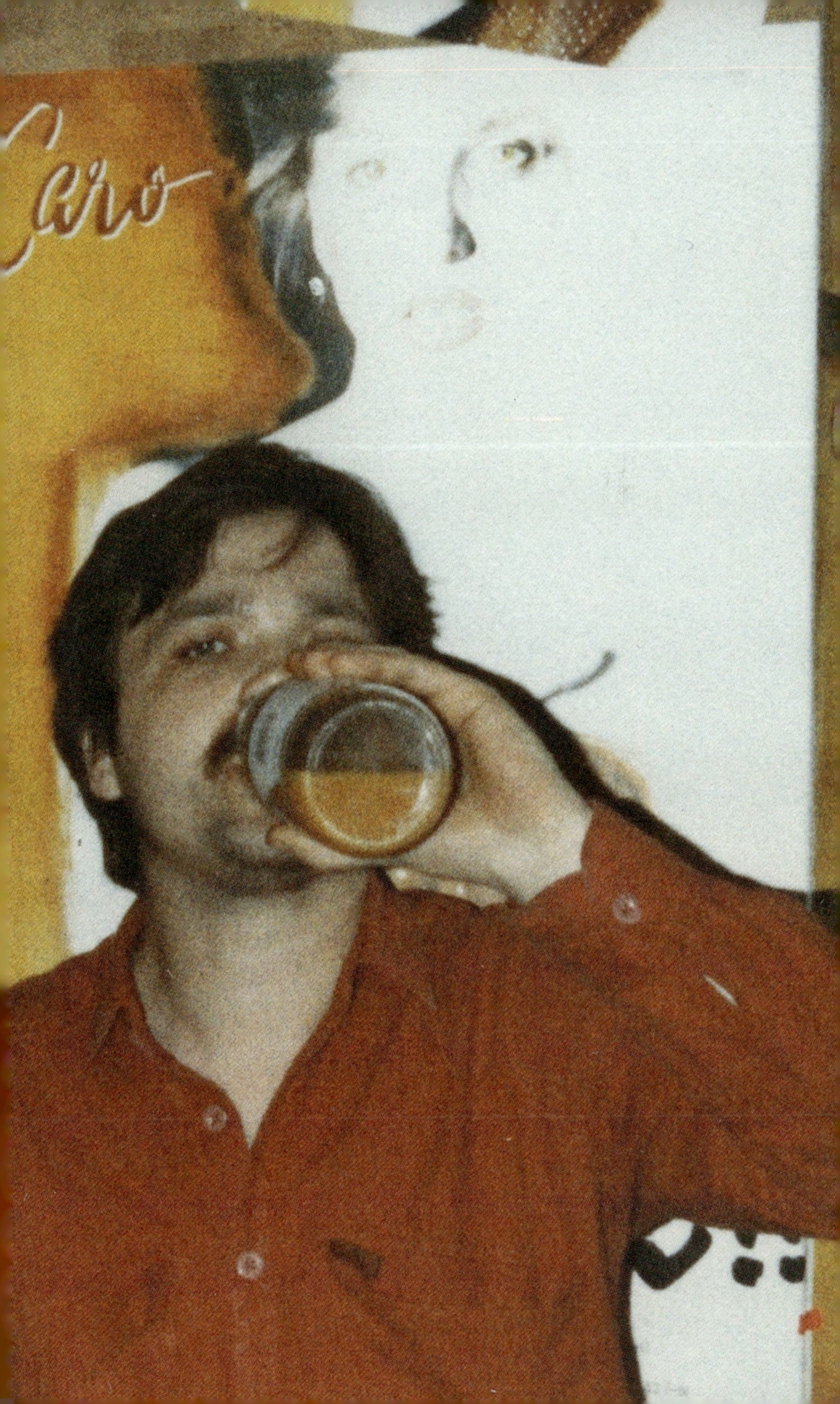
Caro

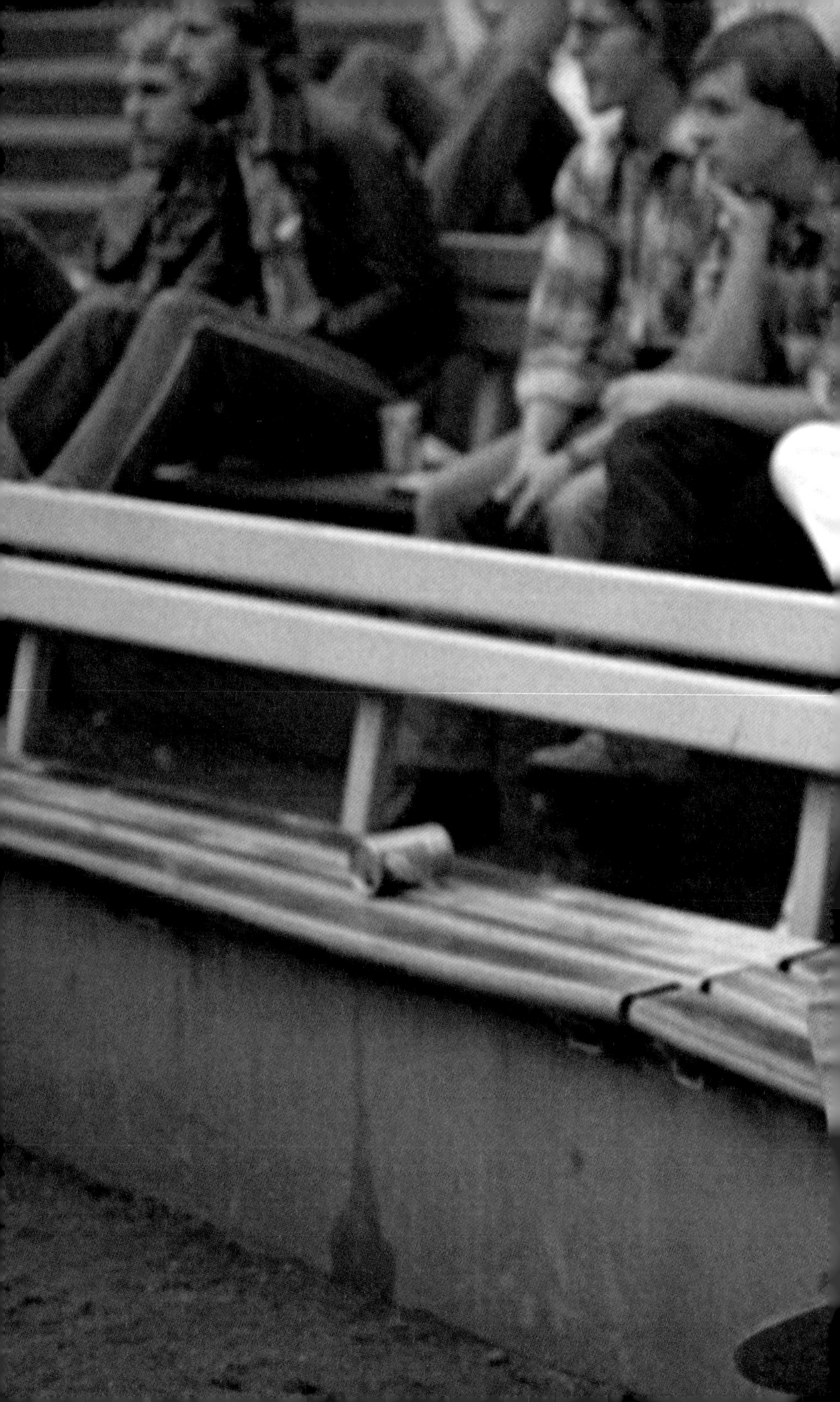

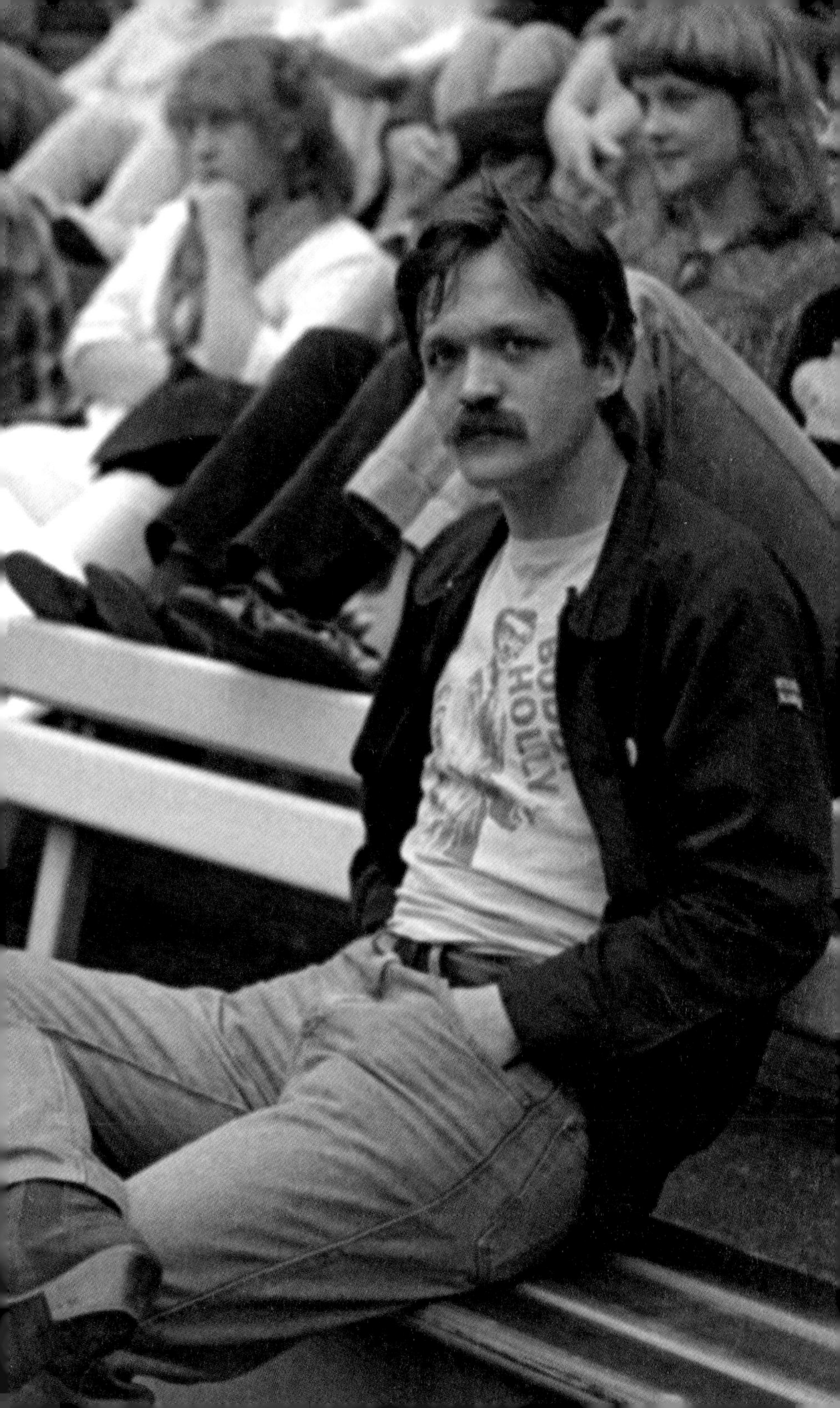
HOLLY

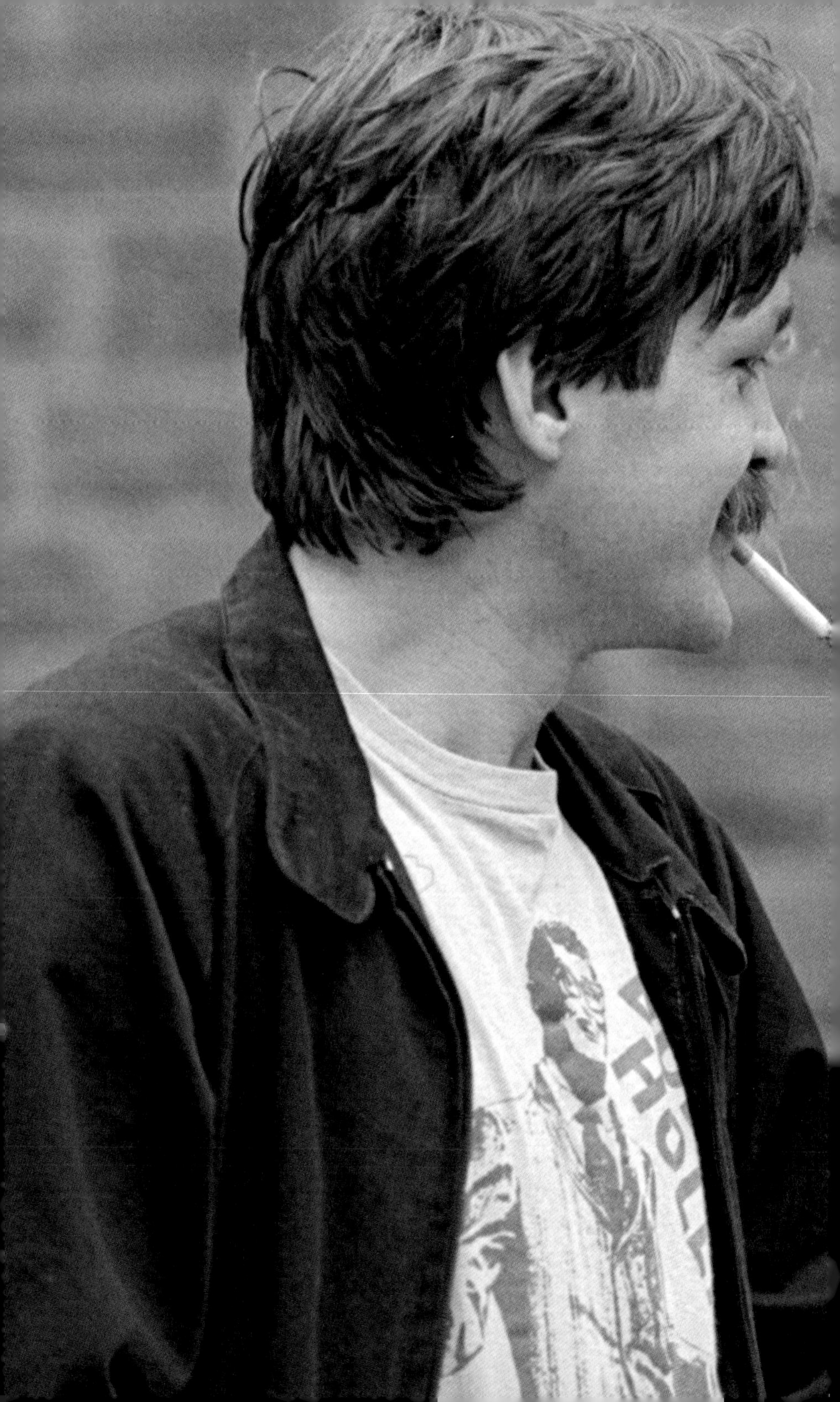

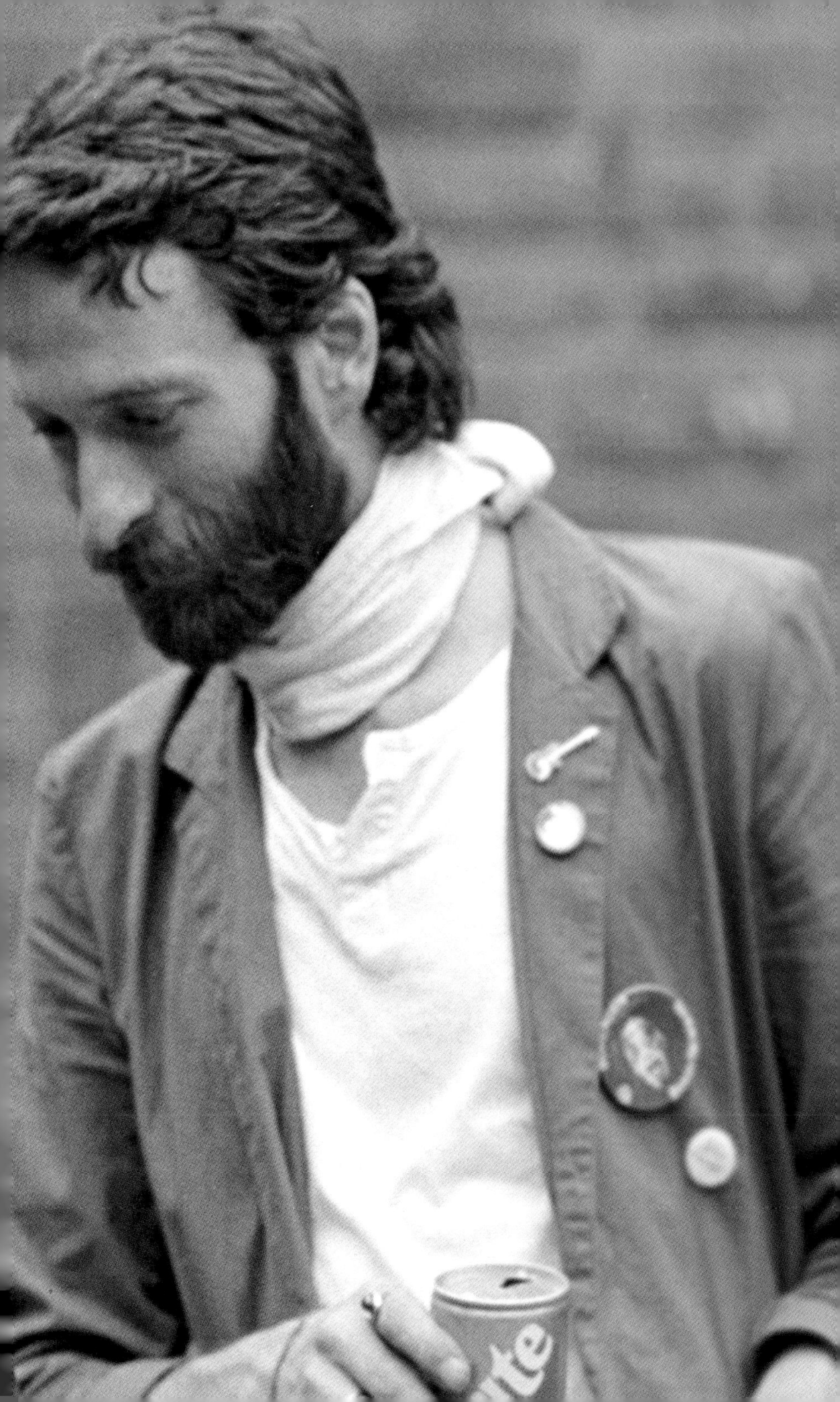

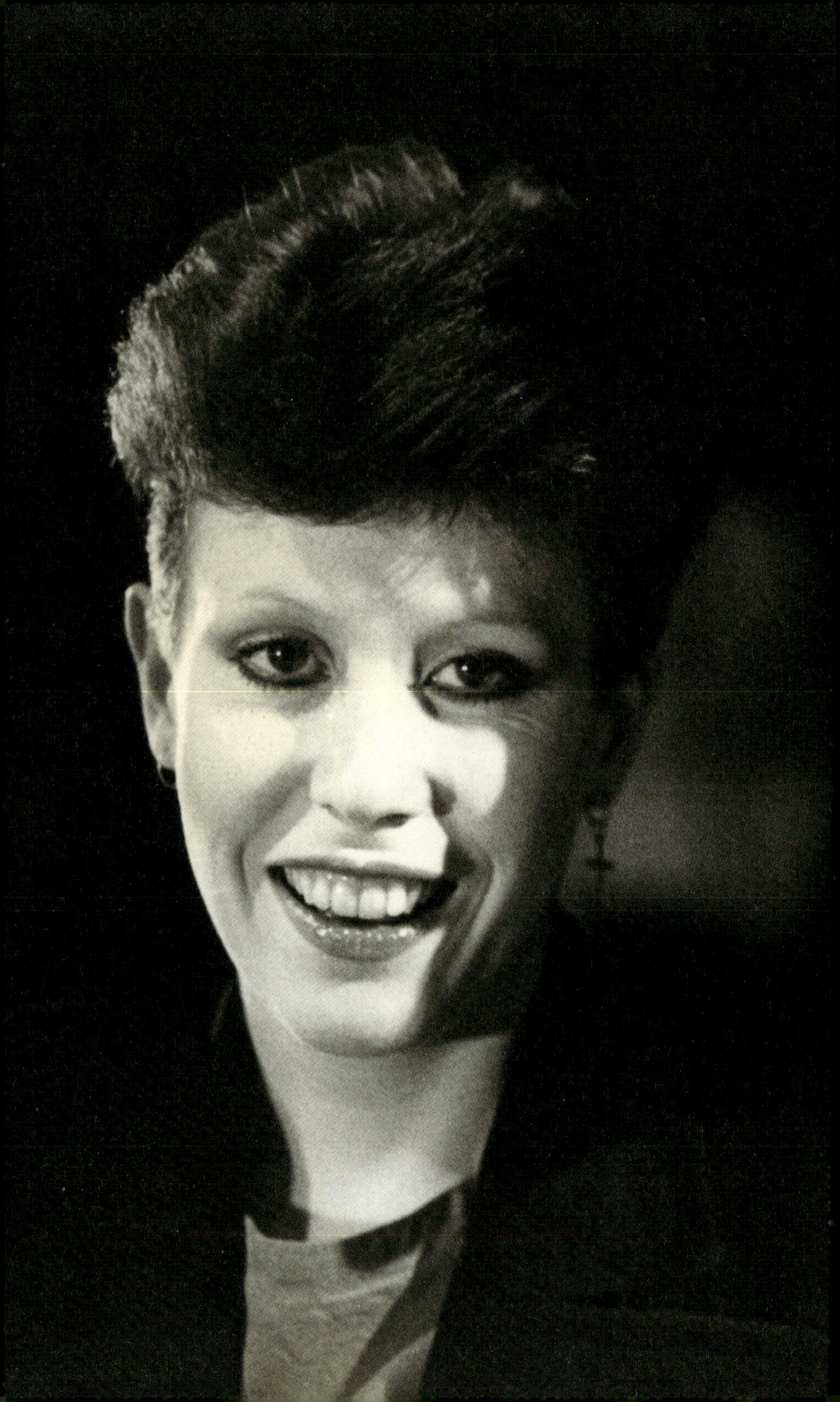

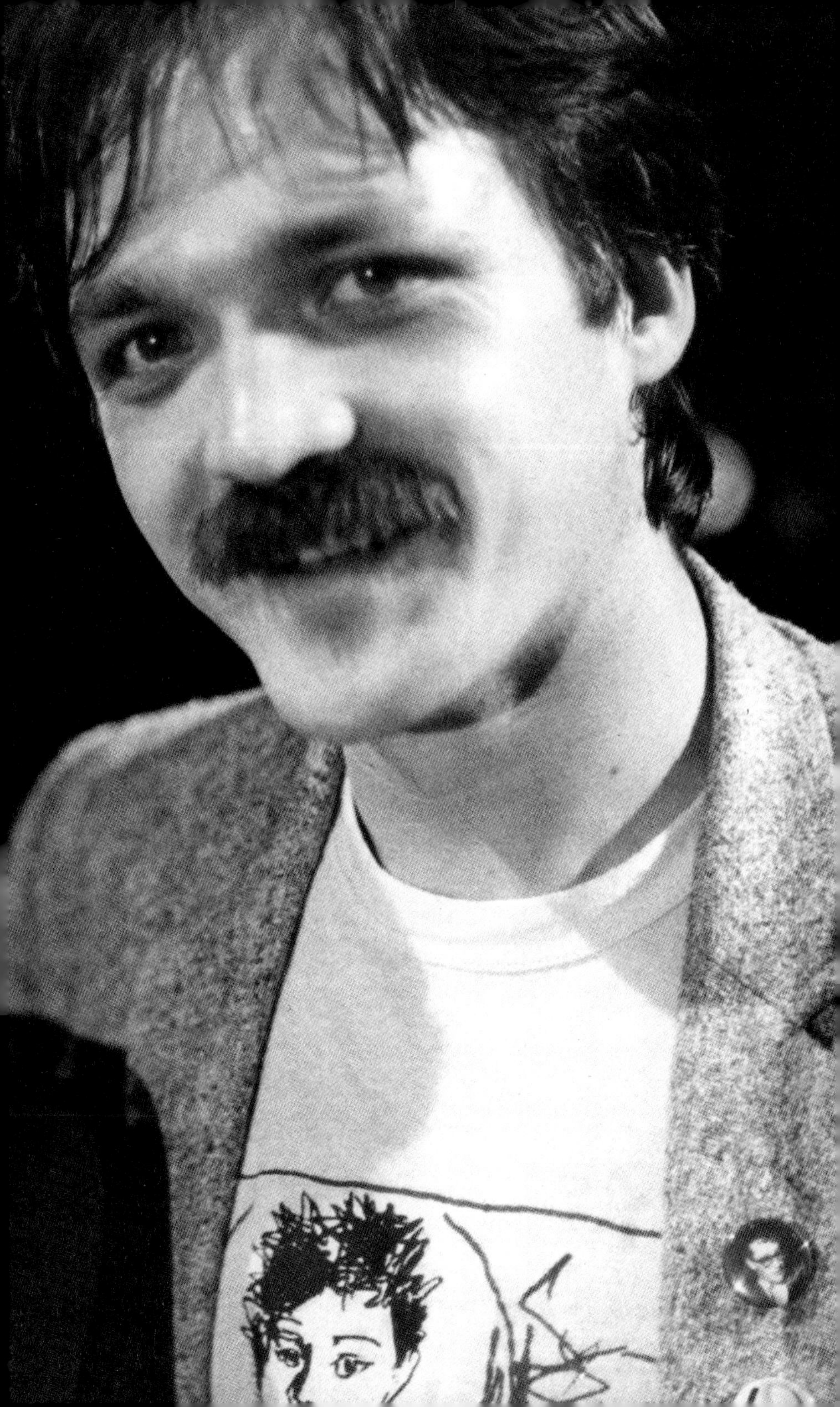

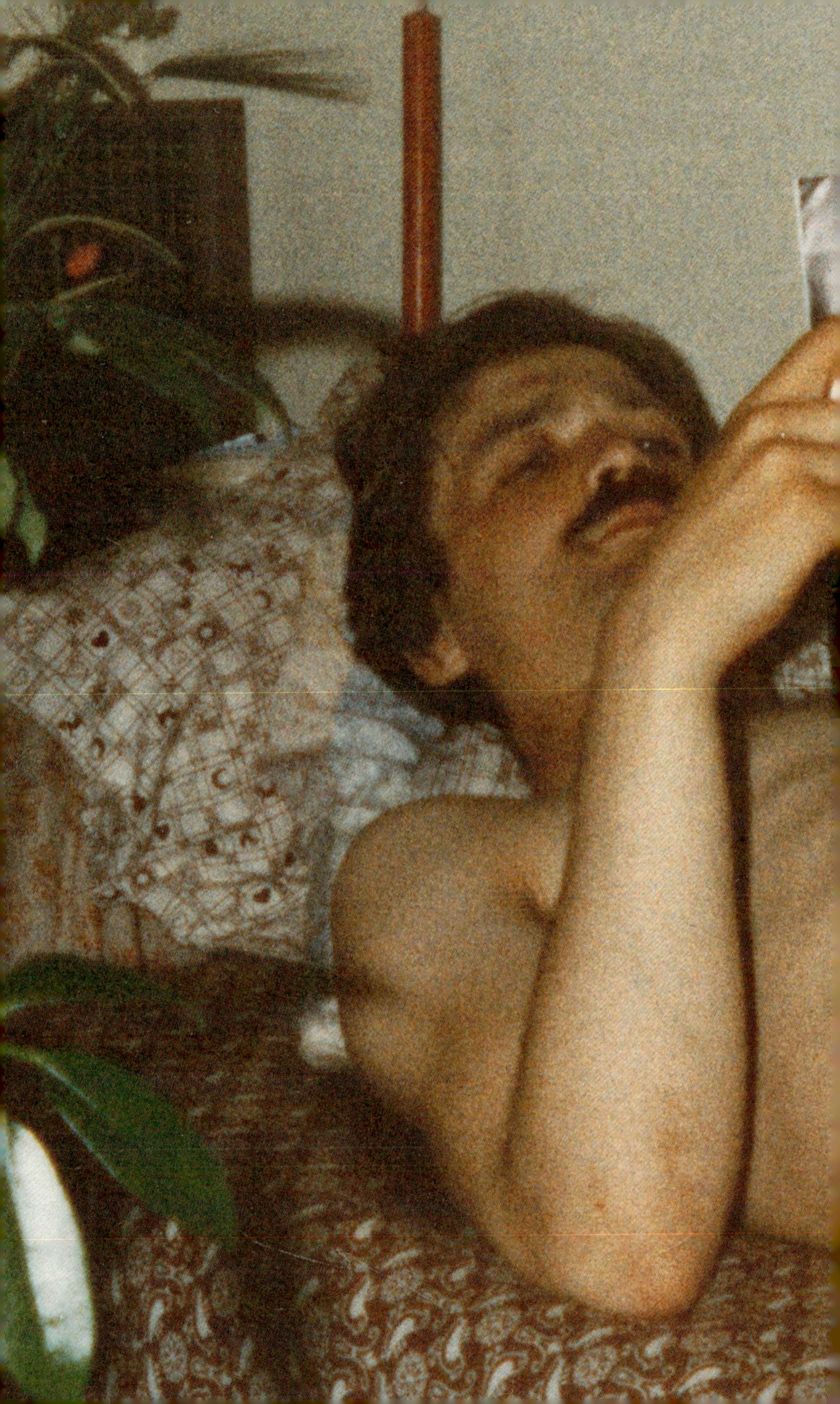

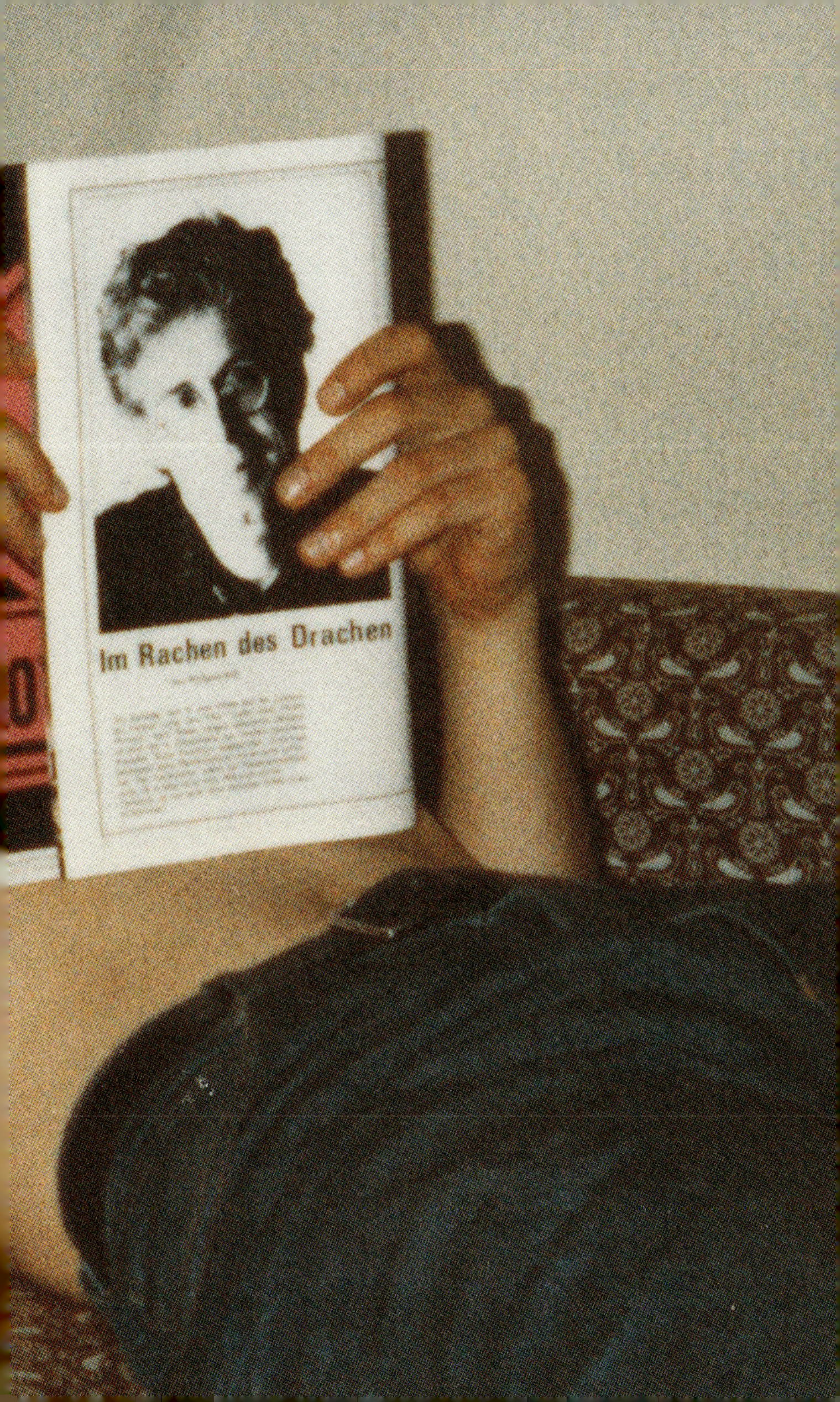
Im Rachen des Drachen

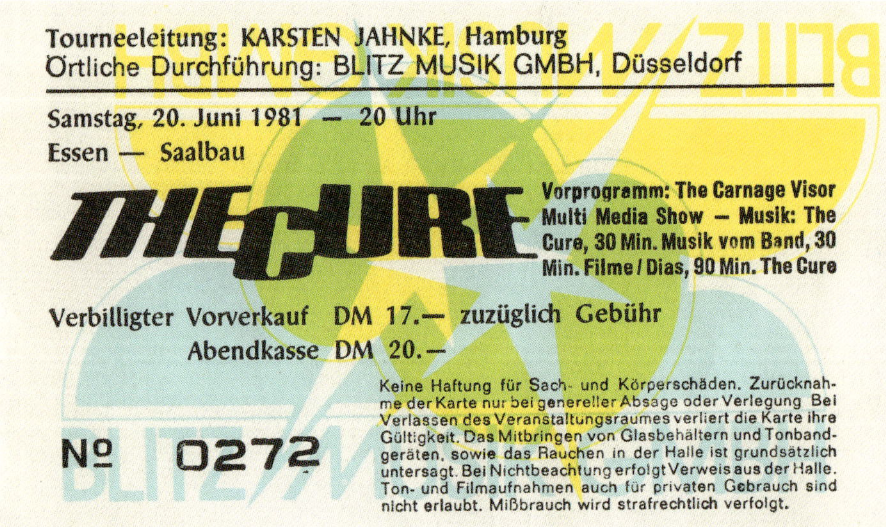

S. 84-85, ELPI-Filialleiter, Ende 1980

S. 86-89, Thommie-Bayer-Konzert, Freilichtbühne Wattenscheid, 23.5.1981 (Fotos: Andreas Böttcher)

S. 90-91, Mit Buddy-Holly-Button, Rimbaud-Shirt und Hazel O'Connor, Juni 1981

S. 92-93, Welt liest seinen Bruce-Cockburn-Artikel, Juni 1981

Oben, In Welts Jahrescharts 1980/1981 auf Platz 4: The Cure (Abbildung: Rolf Hiby)

Rechts, »Mein erster Held aber war Willy Hagara …«

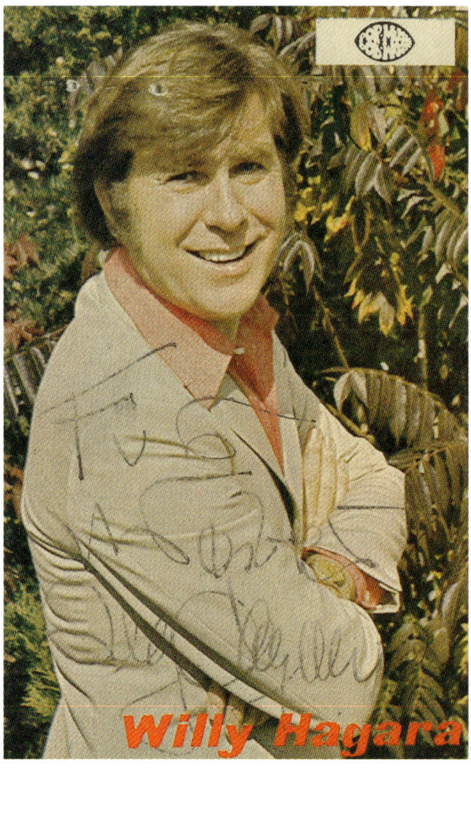

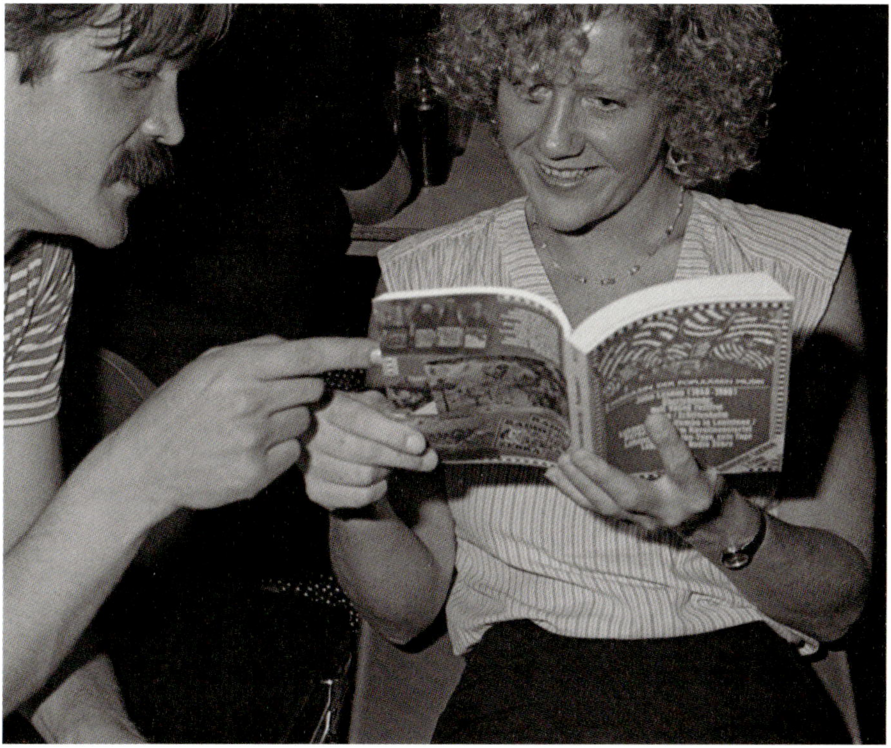

Oben, Mit Gilly Darbey (Waterfall), 8.7.1981 (Foto: Andreas Böttcher)

Rechts, »Erstmals wird von mir etwas in einem Buch veröffentlicht …«, Mai 1981

S. 96, »Popmusik und Literatur, derzeit mein Spezialgebiet …«, Juli 1981

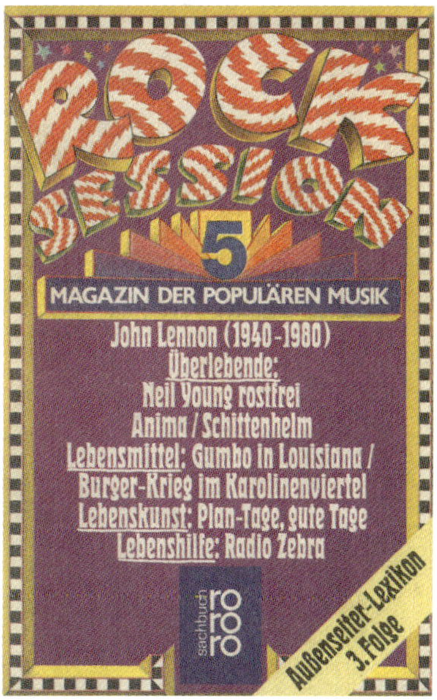

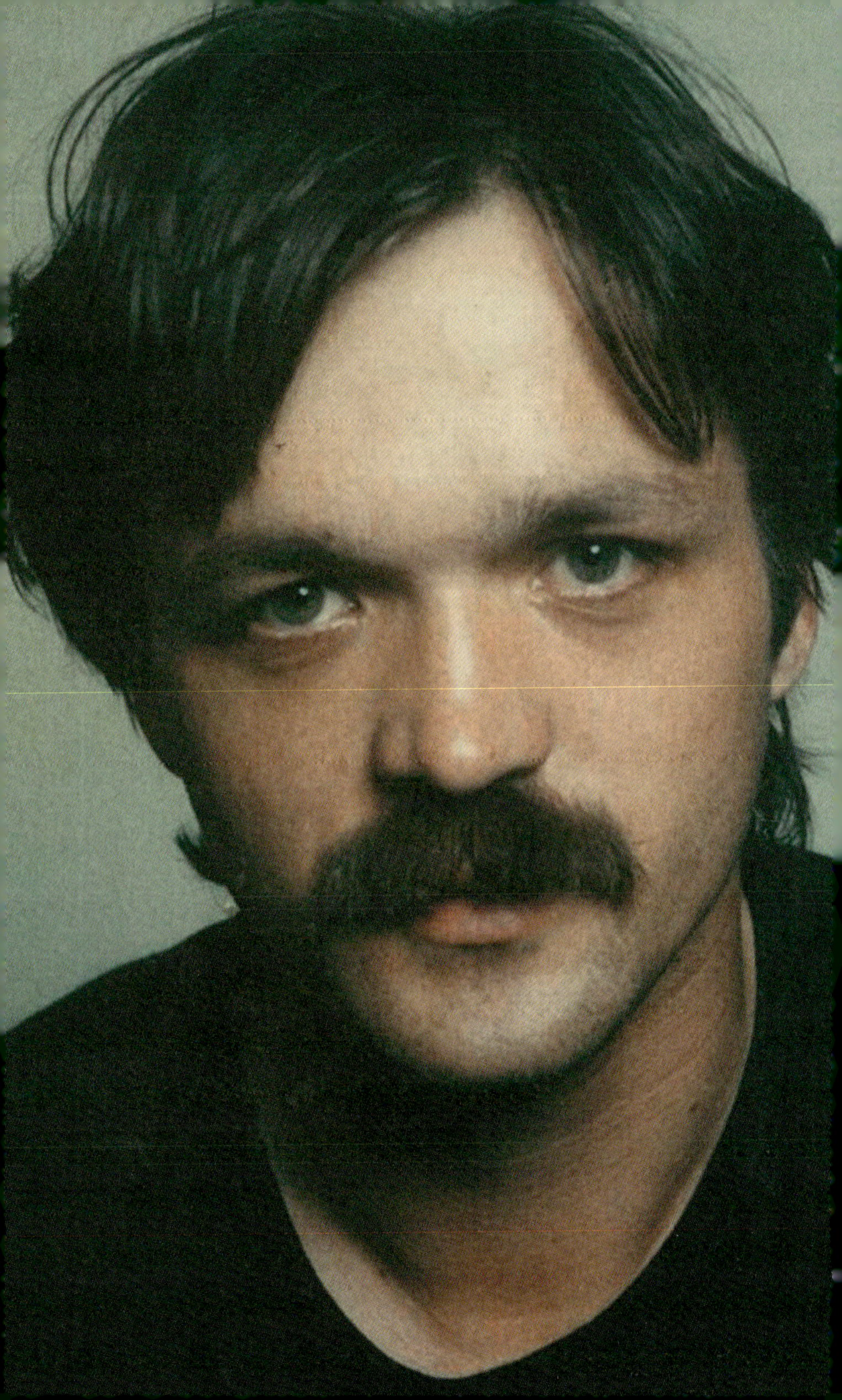

Phillip Goodhand-Tait

»They say I could have been someone / Well how do they know I'm not / Since they only label me / By what they see I haven't got«. So verkannt fühlte sich Phillip Goodhand-Tait bereits bei der Veröffentlichung des zweiten seiner bislang sieben Soloalben. Das war 1972. Vier Jahre später schrieb ein renommierter deutscher Kritiker, er hätte ein englischer Randy Newman werden können. Er wollte es nie sein. Newman ist dem Engländer zu politisch. Erwähnter Kritiker charakterisierte ihn auch als Troubadour. Das kommt der Wahrheit schon näher.

Phillip Goodhand-Tait singt in erster Linie Liebeslieder, die in ihrer Vorbehaltlosigkeit tatsächlich eher an die Romantik denn ans zwanzigste Jahrhundert erinnern. Er versichert seiner Geliebten Liebe über Meere hinweg: »Oceans Away« oder auch »Across The Centuries«.

Haben wir es also mit einem unheilbaren Träumer zu tun? Eigentlich schon. Sein Traum war und ist es, ein erfolgreicher Künstler zu sein, und ob dieser Wunsch in Erfüllung gehen wird für einen, der mit 35 Jahren jenseits des Alters ist, in dem man als Rock- oder Popsänger seine ersten Erfolge feiert, bleibt offen. Wenn man sich seine Platten anhört, erkennt man an sich keinen Grund, warum er es nicht schon längst geschafft hat.

Die meisten Titel sind eingängig, stehen in der Tradition von Buddy Holly, es sind auch viele Ohrwürmer dabei und hätte man seine Songs nur oft genug im Radio gespielt, wären wahrscheinlich Hits daraus geworden. Doch den Gefallen hat ihm keiner getan. So blieb er bis auf den heutigen Tag ein Geheimtipp, anerkannt von nur wenigen Kritikern (Franz Schöler, Ingeborg Schober und John Tobler, der früher mal bei *ZigZag* war).

Seine Karriere begann er in den frühen sechziger Jahren als Sänger und Pianist der Stormsville Shakers, einer in London damals populären R-&-B-Formation. Der Anfang 1980 verstorbene Larry Williams (»Bony Moronie«) ging 65 auf England-Tournee, begleitet von einem gewissen Johnny »Guitar« Watson. Als Einheizer dienten ihm die Shakers. Williams war von ihnen so begeistert, dass er nicht nur die von ihm engagierten Musiker nach einigen Auftritten flugs hinauswarf und durch Goodhand-Taits Truppe ersetzte, er nahm auch gleich zwei LPs mit ihnen in London auf, die heute zu horrenden Preisen gehandelt werden.

Trotz dieses Achtungserfolges wurde Phillip die ewige Herumzieherei leid. Die Stormsville Shakers wurden Circus, eine Undergroundband, deren Saxofonist Mel Collins war. Goodhand-Tait schrieb noch einige Titel für sie und stieg dann aus.

»Hit group needs hit songs« hieß es in einer Anzeige im *Melody Maker*, die er beantwortete. Die Gruppe hieß The Love Affair, und tatsächlich schrieb er für sie die drei Hits, die sie nach »Everlasting Love« hatten. Dadurch weckte er die Aufmerksamkeit von Dick James, einem Großmogul der englischen Plattenbranche.

Der gab ihm einen Vertrag. Ergebnis waren vier ausgezeichnete Alben in den Jahren 70 bis 73. Er wurde zu jener Zeit leichtfertig mit Elton John verglichen, der übrigens bei der gleichen Firma war. Gemeinsam hatten beide neben dem Arbeitgeber nur, dass sie Piano spielten. Goodhand-Tait ist doch wesentlich introvertierter als Reg Dwight. Seine Songs sind melancholischer. »When tomorrow comes I will loose my melancholy« singt er auf seinem Debütalbum »Rehearsal«, ein bescheidener Titel.

Wie auf fast allen seinen Scheiben verwendete er weibliche backing vocals (niemals männliche!), darunter P. P. Arnold. Auch die pedal steel guitar war schon dabei, die er heute gegen alle Moden noch gerne erklingen lässt. Dieses Debüt war verhalten, ohne Ausschweifungen, ein typisches Singer-Songwriter-Produkt.

Als nächstes spielte er ein Album mit drei Leuten ein, die wenig später Camel gründeten. Andy Latimer, Douglas Ferguson und Andy Ward. »I Think I'll Write A Song« nannte er es. Es war sehr country-orientiert, doch auch sehr modern, sehr rockig und offensiv. Ein Titel, »Medicine Man«, hört sich an wie Little Richard circa 56. Gleichwohl blieb der ersehnte Erfolg aus. Auch war für Goodhand-Tait diese Platte zu sehr ein Rückschritt in alte Zeiten.

Es folgte eine LP mit lauter Balladen, in denen er sehr genau die Gefühle seiner (enttäuschten) Generation schilderte. Die musste auch Bob Dylan gehört haben, denn zu einem seiner Konzerte in den Staaten besuchte er ihn. Glanzstück der Platte »Songfall« ist »Everyday«, die wahrscheinlich eingentümlichste Version, die je von einem Buddy-Holly-Song aufgenommen wurde.

Da sich auch diesmal der Erfolg nicht einstellte, zwang ihn seine Firma, ein kommerzielles Album zu produzieren. Sie bekam, was sie wollte. Phillip Goodhand-Tait erwies sich erneut als Meister des Dreiminutensongs. Er setzte sehr geschickt sein Harmonium ein, zum Beispiel auf »One More Rodeo«. Wieder waren einige Ohrwürmer dabei, doch auch diese Scheibe war ein Flop.

Sein Vertrag lief aus, Elton John, mittlerweile eigener Konzernherr, bot ihm einen neuen an, doch lehnte Phillip ab. Er verlegte sich eine Weile ausschließlich aufs Schreiben. Einen Titel nahm – für ihn finanziell wichtig – Roger Daltrey auf, »Oceans Away«, zu finden auf »Ride A Rock Horse«. Manfred Gillig schrieb damals in *Sounds*: »Roger sollte auf seiner nächsten Platte mit Phillip Goodhand-Tait zusammenarbeiten, dessen ›Oceans Away‹ mit Abstand das beste Stück dieser Platte ist.« Daltrey hielt sich daran und nahm für »One Of The Boys« gleich zwei Kompositionen von Phillip Goodhand-Tait auf, »Leon« und »Parade«, bei denen übrigens Hank B. Marvin zeigte, was in ihm steckt, bei den Shadows aber nicht geduldet wird.

Phillip machte einen neuen Vertrag klar, bei Chrysalis und debütierte mit einer LP, die er nicht sehr überraschend »Oceans Away« nannte. Sie war »predictably good« (J. Tobb). Manch einem erschien sie überarrangiert mit vielen Geigen. Doch streicht man sie einmal ab, überzeugte hier der Engländer zum wiederholten Mal als einfallsreicher Autor, wenn er auch bisweilen sentimental wirken mochte.

Eine Katastrophe wurde »Teaching An Old Dog New Tricks«, sein letztes Album für Chrysalis. In dem Bestreben möglichst kommerziell zu sein, riss ihn Produzent Muff Winwood in den Abgrund. Die Songs waren alle auf dem Niveau vom Grand Prix de la Chanson. Schwamm drüber.

Dann gab es eine jahrelange Pause, in der er unter anderem bei Chris de Burgh mitspielte. In einem Anfall von Wagemut gründete er seine eigene Firma, Gundog Records, um seine Platten herauszubringen. Endlich, im Frühjahr 80, meldete er sich wieder, mit dem selbst produzierten »Good Old Phil's«.

Sie bedeutet eine Rückkehr in die Muster der fünfziger Jahre (»Rough Diamond« und »Happy Song«), andererseits eine Rückbesinnung auf seine Fähigkeit, Balladen zu interpretieren (»I Breakdown«). Das Ganze ist makellos arrangiert, mit vereinzelten Geigenklängen von Robert Kirby. Er hat auch für diese Platte noch einmal seinen Lieblingssong aufgenommen, »One More Rodeo«. Er bekennt sich in ihm zu seinen Fähigkeiten: »I deal in songs that's all I know / I'm happy if I find a one night stand.«

Im Rachen des Drachen

Einige Plattenfirmen scheinen bisweilen gar nicht zu wissen, was für Genies sie unter Vertrag haben. Das merkt man am unzureichenden Vertrieb der LPs und an der mitunter mangelhaften Publicityarbeit für den betreffenden Künstler. Ein Beispiel dafür ist die Lieblosigkeit, mit der die RCA, die sich an Elvis eine goldene Nase verdient, den Singer-Songwriter Bruce Cockburn an den Mann (die Frau) bringt.

In der sage und schreibe 35 Zeilen umfassenden Biografie, die uns nach etlichen Telefonaten aus Hamburg zuging, stehen wenige Fakten, von denen auch noch die meisten verkehrt sind. Da wird fälschlich »Dancing In The Dragon's Jaws« als Cockburns Debüt-LP bezeichnet. Diese offensichtliche Irreführung hat bereits vor einigen Monaten der vielgelesene Journalist Franz Schöler angeprangert (*Playboy*, *Zeit*, *STEREO* etc.). Was auch er nicht genau beziffern konnte, war, dass der Kanadier zuvor nicht weniger als neun Alben veröffentlicht hatte. Trotzdem betreibt man den Schwindel auf dem Papier weiter. (Am Telefon ist man geständig.)

Hätte der zuständige »Öffentlichkeitsarbeiter« die ihm aus England gelieferte Vorlage nicht einfach stur übersetzt, sondern vorher wenigstens eine Plattenumdrehung lang »Dragon's Jaws« zugehört, hätte er uns wohl kaum Cockburn als Countrystar angedient. Genauso gut könnte man David Bowie als Opern-Buffo annoncieren. Aber wie man hört, ist das PR-Büro bei der RCA hoffnungslos unterbesetzt. Da dürfen sich die Heavies in den höheren Etagen nicht wundern, wenn ihre Künstler unter Wert verkauft werden. Aber mit solchen Problemen hat man es nicht nur bei der RCA zu tun; das sei fairerweise zugegeben.

Trotz der eben geschilderten unzureichenden Unterstützung durch seine Firma wollen wir Bruce Cockburn ausführlich vorstellen. Um an Informationen über ihn zu kommen, habe ich nächtelang ganze Jahrgänge von englischen und amerikanischen Fachblättern Seite für Seite abgesucht. Warum so viel Engagement meiner Wenigkeit gerade für Bruce Cockburn? Nun, ich halte ihn einfach für den derzeit aufregendsten Sänger, Gitarristen, Komponisten und Texter des Rock, und glaubt mir, ich höre mir 90% der Neuerscheinungen auf dem deutschen Markt an.

Geboren wurde Cockburn 1945 in Ottawa. (Das ck wird übrigens nicht ausgesprochen, lest also von nun an: Coburn.) Er hörte bereits in seiner Kindheit eifrig Jazz und Rock, lernte gleichzeitig Trompete, Klarinette und Klavier. Mit vierzehn besaß er seine erste Gitarre, auf der er Elvis, Ritchie Valens (»Donna«, »La Bamba«) und Buddy Holly (»Learning The Game«) zu imitieren versuchte. Die beiden Letztgenannten waren bekanntlich am 3. Februar 59 tödlich verunglückt (aber wem sage ich das!) und dadurch ironischerweise erst richtig populär in Amerika geworden.

Cockburns Eltern erkannten das Talent ihres Sohnes, bestanden jedoch auf einer gründlichen Ausbildung. So musste er sich fortan im Unterricht an den Nummern des eher konventionellen Gitarristen Les Paul orientieren, kopierte aber nebenbei Rocksoli und entwickelte ein offenes Ohr für Jazzstilisten wie Herb Ellis und Gábor Szabó. Auch beeindruckte ihn der Blues.

Noch als Teenager machte er einen Europa-Trip, der abrupt in Frankreich endete, von wo er ausgewiesen wurde, weil er dort auf der Straße musiziert hatte. Zurück in Amerika, komponierte er Instrumentals, hauptsächlich Jazzsachen. Nach der High School besuchte er in Boston eine renommierte Musikschule, aus der vorher schon etliche später erfolgreiche Musiker hervorgegangen waren.

Anschließend spielte er in seiner Heimatstadt Orgel und Harfe in Kapellen verschiedenster Stilrichtungen, von jug bis psychedelic. Privat legte er sein Augenmerk auf die Entwicklung eines eigenen Interpretationsstils auf der Gitarre. Er ließ sich dabei unter anderem von arabischer Musik inspirieren. Diese teils autodidaktische Ausbildung muss so ausführlich geschildert werden, damit man versteht, warum seine Musik heute so komplex (nicht kompliziert) klingt.

1969 gab ihm Bernie Finkelstein, der Inhaber des kleinen True-North-Labels, äußerlich ein Bukowski-Typ, der auch heute noch sein Manager ist, einen Plattenvertrag. Allerdings ging das Debütalbum, das lediglich den Namen des Künstlers trug, gründlich in die Hose. Es war ein Potpourri dämlicher Songs mit den damals üblichen Mitteilungen über die Drogenerfahrungen der aussterbenden Flower-Power-Generation. Negativ überraschte auch, dass von den musikalischen Einflüssen, die er aufgesogen hatte, nichts zu hören war.

Die waren erst – minimal – auf »High Winds, White Sky« (71) zu vernehmen. Ein Lied, »One Day I Walk«, übernahm Tom Rush, ein versierter, wenn auch hierzulande kaum bekannter Sänger. Der Rest war nicht gerade berauschend.

Bei den Aufnahmen zu seiner dritten LP, »Sunwheel Dance«, ein Jahr darauf, besann sich Cockburn endlich auf seine Fähigkeiten und wusste musikalisch wie mit den Texten wenigstens einigermaßen zu überzeugen, besonders mit »Dialogue With The Devil«, einem Song, den er als einen der wenigen aus seiner Frühzeit auch heute noch auf der Bühne bringt. Von da an (man achte auf den Titel) wurde auch Cockburns Religiosität spürbar, er ist gläubiger Christ. Zur gleichen Zeit begann er, verhaltene Protestlieder zu schreiben. Man befand sich auf dem Höhe- beziehungsweise Tiefpunkt des Vietnamkrieges.

Außerdem las Bruce Cockburn viel: Hierzulande dürften von seinen Lieblingsautoren nur Borges, Ginsberg und Lawrence Durrell bekannt sein, dem er auch sein viertes Album widmete, »Night Vision«, das einen großen Sprung nach vorn in seiner künstlerischen Entwicklung markierte. Die Trivialität vieler vorausgegangener Arbeiten war abgelegt.

Mitte der siebziger Jahre veröffentlichte er in rascher Folge vier hauptsächlich akustische Langspielplatten. Auf »Salt, Sun And Time« lieferte er Schnappschüsse seiner Erfahrungen in Europa. »Joy Will Find A Way« ist textlich eine Abkehr vom Konkreten hin zum Universellen, zum explizit Religiösen und Politischen, wobei die Musik im reizvollen Gegensatz dazu »zu explodieren schien« (Steve Lake im *Melody Maker* am 21.3.1981).

Für »In The Falling Dark« holte er sich erstmals Jazzmusiker ins Studio. Als nächstes ließ er 77 einen seiner Auftritte in Toronto mitschneiden, woraus das Doppelalbum »Circles In The Stream« entstand, eine Anthologie seiner bis dahin besten Songs, die er leicht modernisiert und jazzig arrangiert hatte. »Circles« empfiehlt sich für Anfänger als Einstieg in Cockburns Werk.

Im selben Jahr fand die Punk-Revolution statt, die den Kanadier nicht kaltließ. In einem Interview mit dem *Rolling Stone* lobte er besonders Tom Verlaine. Das spiegelte sich auch in seinen folgenden (bislang letzten) drei Alben wider. »Man könnte sich bestimmt vorstellen, dass Television ›Feast Of Fools‹ hätten spielen können« (Steve Lake, a. a. O.), eine Nummer aus »Further Adventures Of«, entstanden 1978.

Mit gemischten Gefühlen nahm die Kritik seine späten Werke auf, zumal er nun auch noch anfing, Reggae auf eigentümliche Weise zu verarbeiten. Doch brachte ihm dieses Wagnis nach einer bis dahin kommerziell kargen Karriere seinen ersten Top-30-Hit in den USA ein. Vorher war er in den Staaten nur gerüchteweise bekannt gewesen. Die erfolgreiche, im karibischen Rhythmus aufgenommene Single »Wondering Where The Lions Are« aus dem Album »Dancing In The Dragon's Jaws« war ein zärtlich vorgetragener Protestsong gegen die Ausrottung der Tierwelt, besonders der Löwen. (Deshalb nennt ihn die RCA auch ausdrücklich in ihrem Schrieb in einem Atemzug mit Brigitte Bardot, so was zieht natürlich.)

In den übrigen Nummern scheint erneut seine tiefempfundene Religiosität durch, wenn auch nicht so penetrant wie etwa die von Bob Dylan auf dessen Konversionsscheibe »Saved«. Das Plakative ist dem Kanadier fremd. »Dragon's Jaws«, der Rachen des Drachen, ist eine Metapher für unsere derzeitige Welt, in der Cockburn sich zwar nicht bequem eingerichtet hat, die er jedoch aufgrund seines Glaubens ohne Furcht vor dem Leben oder dem Tod mit Toleranz, wenn auch nicht ohne Bitterkeit, beobachtet und auf die er sich seine unvergleichlichen Verse macht, ja, im Titel fordert er uns ausdrücklich zum »Dancing« im Untier Welt auf.

Stilistisch griff er bei dieser Platte unter anderem auf seine Jazz-Einflüsse zurück. Wie immer zeigte er sich als Meister an der akustischen Gitarre, die er so genial beherrscht wie sonst wohl nur noch Leo Kottke und dessen Lehrherr John Fahey. Die Arrangements auf »Dragon's Jaws« erinnerten Don Shewey an die besten Aufnahmen von Joni Mitchell und John Martyn (*Rolling Stone*, Nr. 314), was ich voll (nein, ich bin nüchtern) unterschreiben kann. Die Musik versetzt mich mitunter in eine Art surrealistischen Rausch, und dann bin ich doch irgendwie voll.

Ähnlich wirkt auch »Humans«, seine bislang letzte Veröffentlichung. Die attraktive Kombination von Jazz, Folk, Rock, Reggae und allem Möglichen (nur nicht Country!) ergibt keinen Mischmasch, sondern eine einfallsreich erstellte Synthese, eine kenntnisreiche Aufarbeitung der vergangenen 25 Jahre Musikgeschichte, die Cockburn mit seiner unverwechselbaren Stimme um einen Meilenstein erweitert hat. »Humans« ist dankenswerterweise ein Textblatt beigelegt.

Seine Poesie ist ein wenig komplizierter geworden, seine Formulierungen schärfer (»I'd like to put a bullet through the world«). Sein Wortschatz ist sehr reichhaltig. Wer Englisch nicht wie seine Muttersprache beherrscht, wird die Texte mit dem Zeigefinger im Wörterbuch lesen müssen, um sie wenigstens im wortwörtlichen Sinne verstehen zu können. Aber dann bleibt immer noch einiges unklar, so verschwommen wie ein Traum. Stephen Holden bezeichnet »Humans« im *Rolling Stone*, Nr. 331, als »feverishly lovely«.

Wie immer ist Bruce Cockburn für Überraschungen gut. Der weiter oben zitierte Steve Lake, einer der wenigen Journalisten, zu denen Bruce Cockburn Vertrauen hat, weiß zu berichten, dass der Singer-Songwriter seine zwölf Jahre lang benutzte Gitarre gegen eine elektrisch verstärkte Fender Stratocaster eingetauscht hat, ein Modell, das – ich kann's nicht unterdrücken – Buddy Holly als einer der ersten Musiker benutzt hat, weiland 58. Vielleicht haben wir von Bruce Cockburn, diesem genialischen Virtuosen, demnächst eine astreine Rock-'n'-Roll-Platte zu erwarten. Zunächst erscheint jedoch ein »Resume« (geplanter LP-Titel) seiner bisherigen Arbeit.

Ich hätte ihn, wenn er gekommen wäre, gerne gesehen, gehört und interviewt. Aber wahrscheinlich hätten die Leibwächter von der RCA nur den Chefredakteur von *Country Corner* vorgelassen, den ich übrigens sehr schätze (Grüß dich, Manni!). Dem ist allerdings, wie er mir versicherte, der »Countrystar« (O-Ton RCA) Bruce Cockburn bis zu meiner telefonischen Nachfrage vollkommen unbekannt gewesen.

Stevie Wonder in der Westfalenhalle

Wie ich schon im letzten *Marabo* festgestellt habe, ist Stevie Wonder genial. Das konnte ich aber nur anhand seiner Platten belegen und war gespannt auf seinen (wohl) ersten Auftritt im Ruhrgebiet. Die riesige Westfalenhalle war überfüllt, etliche Leute saßen auf der Treppe, andere mussten mit billigeren Plätzen vorliebnehmen, als sie gebucht hatten (die Differenz wurde natürlich erstattet, wenn auch nicht immer automatisch). Der örtliche Veranstalter HPS sollte sich jedenfalls mal was mit seinem Umtauschscheinsystem einfallen lassen.

Mit geringfügiger Verspätung trat der blinde Sänger auf die Bühne, geführt von seiner Band Wonderland, einem guten Dutzend versierter Instrumentalisten und Sängerinnen. Noch bevor Wonder einen Ton rausgebracht hatte, tobte die Halle. Seine bloße Erscheinung löste so etwas wie Magie aus. Er setzte sich an sein Piano und eröffnete mit einem Set seiner bekanntesten Erfolge aus den sechziger Jahren (»For Once In My Life« etc.). Dann wurde es leise, und das Auditorium lauschte gebannt.

Anschließend durfte sich das Quartett seiner weiblichen Hintergrundsängerinnen, jede ein Star für sich, mit je einer Nummer profilieren. Stevie machte weiter mit den bekanntesten Sachen der letzten Zeit, unter anderem »Sir Duke«, »Superstition« sowie »Lately« natürlich, ich hab keine vermisst. Besonders gefiel mir seine rein instrumentale Mundharmonikaversion von Dionne Warwicks »Alfie«, »one of my favourite songs.«

Je weiter das Konzert lief, umso ergriffener wurden die Zuhörer, sie erhoben sich nach und nach von den Plätzen, klatschten, tanzten, so es eben ging, und steckten Wunderkerzen und Feuerzeuge an. Obwohl die Akustik in Dortmund bekanntermaßen hundsmiserabel ist, gelang es dem Künstler, seine Songs fast so perfekt vorzutragen, wie man sie von seinen Alben her kennt. Am Konzertende widmete er Bob Marley »Zimbabwe«.

Selbstverständlich ließ ihn seine Fangemeinde nicht ohne Zugabe in die Garderobe, und ich meinte auch, irgendein Lied hätte doch gefehlt. Schließlich kam er dann zurück und sang »Happy Birthday«. 15.000 stimmten ein. Nachdem sich Stevie Wonder davon überzeugt hatte, dass alle Anwesenden den schwierigen Refrain auswendig konnten, verließ er unauffällig die Rampe, irgendeine Maschine gab den Rhythmus vor und das Publikum sang weiter, glücklich, bis das Licht anging.

Ich hab nicht mitgesungen, dieser Chor behagte mir nicht. Mir wäre es lieber gewesen, ich hätte Stevie Wonder in einem Klub vor fünfzig Leuten gesehen. Warum? Eben so ein Gefühl. Massenveranstaltungen sind mir immer ein bisschen unheimlich. Aber den meisten wird's so recht gewesen sein. Ihr Star hatte sie nicht enttäuscht. Ob sie auch demnächst mal einem Blinden über die Straße helfen werden?

Sampler

Wenn ein Künstler oder ein Ensemble längere Zeit, aus welchen Gründen auch immer, nicht genug Material auf Lager hat, um eine neue Platte auf den Markt zu bringen, stöbert die betreffende Firma im Archiv rum. Sie will ihre Leute weiter im Bewusstsein der Leute halten; daher ist es wichtig, in regelmäßigen Abständen, manchmal über den Kopf der Musiker, sogenannte Sampler zu veröffentlichen, also Sammlungen von bereits bekannten Nummern. Da gibt es ganze Serien wie »Star Gold« oder »Pop Heroes«. Selten wird dabei dem Käufer lange Unzugängliches, Vergriffenes angeboten, sondern meist eine Kollektion von Hits, die man als Fan ohnehin schon hat.

Aus der Vielzahl der in den vergangenen Wochen mal wieder reichlich erschienenen Sampler habe ich mir drei rausgegriffen, um zu zeigen, wie solche Alben aussehen sollten, dürfen, und wie manche bloße Bauernfängerei sind.

»Sucking In The Seventies« präsentiert ein knappes Dutzend Nummern der Rolling Stones aus den siebziger Jahren. Einige von ihnen sind bereits auf einem anderen Sampler vor zwei Jahren erschienen, »Time Waits For No One«, schlimm genug. Um aber den Stones-Fan trotzdem zum Kauf zu animieren, hat man zwei bisher nicht auf LP erschienene Songs mitgeliefert, unter anderem einen Livemitschnitt. So wird also der um Vollständigkeit bemühte Anhänger dieser alternden Kapelle wegen ein oder zwei Drei-Minuten-Songs zehn andere mit in Kauf nehmen müssen. Das nenne ich nicht gerade Dienst am Kunden.

»Compilation« von Duncan Browne ist, wie der Titel schon andeutet, auch eine Zusammenstellung, die erste dieses streitbaren Sängers, der immer scharf am Kunstgewerbe entlangwurschtelt. Er war jahrelang Mitglied von Metro. Aus dieser Zeit sind einige, die besten Songs auf »Compilation«

zu finden, zudem die angenehmsten Nummern seiner beiden später erschienenen Soloalben. Die Firma ging in diesem Fall ganz subtil vor. Sie bringt nämlich einige Lieder in leicht veränderter Form, sogenannte remixed versions für den Kenner, die sicherlich auf Wunsch von Duncan Browne herausgekommen sind.

Da es nur wenige Leute geben wird, die Werke von DB besitzen, bietet diese Platte eine geeignete Einführung in seine Musik, wenn auch hier der Fan wegen der vom Original abweichenden paar Nummern bereits in seinem Schrank Stehendes miterwerben muss. Im Übrigen sollte seine frühere Firma sich endlich dazu aufraffen, die in der Bundesrepublik nicht mehr erhältlichen beiden ersten LPs »Give Me, Take You« (1968) und »Duncan Browne« aus dem Jahre 73 (mit Suzi Quatro!) in unsere Läden zu bringen.

»To Each And Everyone« von Gerry Rafferty ist eine willkommene Begegnung mit den gelungensten Kompositionen des scheuen Schotten aus der Ära vor seinem Welt-Hit »Baker Street«. Hauptsächlich wurde seinem Album »Can I Have My Money Back?«, vor zehn Jahren erstmals erschienen, seiner Zeit damals weit voraus und daher nicht recht angenommen, das Beste entnommen. Das eigentlich Sensationelle ist aber der Preis. Ich habe 5,95 DM dafür bezahlt, also etwa so viel Geld, wie man sonst für eine Single hinlegen muss. So sollte es immer sein.

Thommie Bayer: Der deutsche John Lennon?

In den fünfziger und sechziger Jahren gab es so gut wie keine deutschsprachigen Musiker, die auf dem Rock-Sektor internationalen Vergleichen standhielten. Eigentlich erst mit dem harterkämpften Publikumserfolg von Udo Lindenberg Mitte des vergangenen Jahrzehnts begann zumindest ein Teil der deutschen Rockfans, auch härtere Töne in der Landessprache zu akzeptieren.

Eine Reihe von Gruppen wie Franz K. und Grobschnitt – um nur zwei der regionalen Größen zu nennen – sprangen auf diesen Zug und hatten damit Erfolg. Auch unter den Solokünstlern regten sich einige, manche aus echter Überzeugung, andere aus rein kommerziellen Gründen. Marius Müller-Westernhagen versuchte sich auf seinen ersten drei LPs erfolglos als eine Art rheinischer Jacques Brel.

Da er damit keine Kohle machen konnte, stellte er sich auf eine Rock-Anbiederei um und erhielt mit seinen dämlichen, geschmacklosen Texten sowie hilflos konzipierten Kompositionen einen immensen, wenngleich unverdienten Zuspruch, nicht nur vom Publikum, sondern auch von einem Großteil der Kritik, die in diesem Fall den Namen nicht verdient. Ein Beispiel für diese Art der Füßeküsserei scheint mir die ehrerbietige Art zu sein, in der ein Mitarbeiter vom *Marabo* letztens seinem Schwarm MMW die Worte in den Mund legte.

Einer der bislang (leider) wenigen deutschsprachigen Künstler, die ernsthaft, überzeugend und aufrichtig versucht haben, die in den sechziger Jahren aufgesogenen Einflüsse von den Beatles, Stones und Bob Dylan mit originellen Mitteln in eine eigenständige Form zu bringen, ist der Tübinger Sänger, Komponist, Texter und Gitarrist Thommie Bayer. Zwar wurde ihm bislang nicht die Anerkennung seitens der Plattenkäufer zuteil, die ihm Goldene Schallplatten und ausverkaufte

Mammuthallen bescherte, doch gelang es ihm immerhin mit »Ich hol' dir keine Sterne mehr vom Himmel« und »Der letzte Cowboy kommt aus Gütersloh«, Radiohörern ein paar vergnügliche Minuten zu bereiten. Diese Songs kennt jeder Taxifahrer und jede Hausfrau, seinen Namen kaum jemand. Auch ist sein bärtiges Gesicht so gut wie unbekannt, da er selten Auftrittsmöglichkeiten im Fernsehen bekommt.

Wer ihn nur nach seinen beiden Singleerfolgen beurteilen wollte, würde ihm in keiner Weise gerecht, zumal ihn oberflächliche Zuhörer für einen deutschen Countrysänger halten, wenn sie sein Cowboy-Lied hören, das natürlich eine Persiflage auf von Zigarettenfirmen in ihrer Reklame propagierter Männlichkeitsideologie ist.

Thommie Bayer hat seit 1978 vier astreine Konzeptalben vorgelegt, die ihn weit abheben von dem durchschnittlichen Deutsch-Rock und die ihn sehr zum Leidwesen manch voreingenommener Kritiker nicht in die Liedermacher-Ecke drängen können. Von diesen LPs wurden bisher, über den Daumen gepeilt, nicht mehr als circa 10.000 pro Album verkauft, und so konnte er mit ihnen nicht mehr als ein Butterbrot verdienen, zumal er seine Band, die übrigens erstklassig ist für unsere Verhältnisse, uneigennützig am wahrlich nicht allzu großen Tantiemenkuchen teilhaben lässt.

Die Mitglieder der Thommie-Bayer-Band sollten hier nicht unerwähnt bleiben. Bei seinem Konzert in Bochum vor einigen Wochen bestand die Formation aus Reinhard Bärenz, Tommy Mammel, Uli Wagner und Pit Widmer, bis auf den Drummer und ehemaligen Lehrer Uli alles junge Spunde um die zwanzig, die gleichwohl ihre Instrumente (jeder ist in der Lage, mehrere zu spielen) wie alte Hasen beherrschen.

Da der schwäbische Singer-Songwriter auch für seine Konzerte nicht gerade horrende Summen kassiert, konnte er sich noch keine Villa im Tessin bauen, sondern wohnt ohne Kind mit seiner Frau in einer bescheidenen Wohnung. Einziger Luxus ist ein Mercedes, allerdings ein gebrauchter, den er, der 28-jährig noch ohne Führerschein ist, nicht selber fahren kann. So muss ihn seine überaus hübsche Gattin, die auf seiner LP »Abenteuer« abgebildet ist, rumkutschieren. Bis er dahin kam, hatte er ein wechselvolles Leben hinter sich.

Seine Eltern waren und sind Lehrer an einer Waldorfschule, die auch er besuchte. Kurz vor dem Abitur warf er seine Brocken hin, obwohl er die Reifeprüfung mit Glanz und Gloria bestanden hätte. Er stand in Oberprima (13. Klasse für die jüngeren Leser) immerhin auf Eins in Englisch, Deutsch und Religion. Alles schüttelte den Kopf, doch Thommie, auch ein überaus talentierter Maler, meinte, als Rockmusiker und bildender Künstler brauche man keine Universitätsausbildung.

Wie die meisten seiner Altersgenossen hatte er sein Aha-Erlebnis, als die Beatles mit ihrer Musik die Welt zumindest akustisch veränderten. Von seinem älteren Bruder hatte er bereits zuvor einige einfache Griffe beigebracht bekommen, und war zunächst als Pimpf auf dem Pfadfinder-Trip, bis die vier aus Liverpool (nicht nur) seinen musikalischen Geschmack total veränderten. Natürlich begann er einige ihrer Titel zu kopieren. Besonders lebhaft erinnert er sich an »I Should Have Known Better« aus dem ersten und besten Beatles-Film »A Hard Day's Night« (1964, Regie: Richard Lester). Auch andere britische Bands wie die Stones und später dann Procol Harum ließen ihn nicht kalt.

Es überrascht, dass er Bob Dylan nicht schon Mitte der sechziger Jahre entdeckte, sondern erst geraume Zeit danach. Er arbeitete diesen Nachholbedarf auf, wobei ihm nicht so sehr der vordergründige Dylan gefiel, sondern der sperrige, der »Just Like Tom Thumb's Blues« und vor allem »Desolation Row« intonierte.

Neben den bis heute noch unerreichten Lennon/McCartney und dem frühen Dylan gehört Paul Simon zu seinen Orientierungspunkten. Man könnte sie auch seine Vorbilder nennen. Er entgeht jedoch der Gefahr, sie vorbehaltlos nachzuahmen, gleichwohl lässt sich der Einfluss ihrer Kompositionen auf seine eigenen Arbeiten nicht verhehlen. Thommie Bayer wäre der Letzte, der das bestreiten würde. Oft baut er regelrecht ganze Passagen seiner Idole sehr subtil in seine Texte und Kompositionen ein, die einem erst nach intensivem Zuhören auffallen. Offensichtlich geschieht dies eigentlich nur auf »Kannibalen trinken Cola« (aus der LP »Abenteuer«), in dem eine Direktübertragung per Satellit aus der »Desolation Row« vorkommt.

Andere Songs enthalten Zitate von den Beatles. »Guten Tag« (aus »Kamikaze Bodenpersonal«, seiner neuesten Veröffentlichung) ist eine kaum für möglich gehaltene Adaption von »Penny Lane«, die jedoch nicht epigonal wirkt, sondern zeigt, wie man John Lennon auch noch in den achtziger Jahren interpretieren kann. Der Verblichene hätte sicher seinen Spaß an dieser eigentümlichen Nummer gehabt, die der Stadt Tübingen gewidmet ist.

»Nachsaison« aus demselben Album ist eine geschickte Kombination von Procol-Harum-Zitaten (unter anderem: »Du bist weißer als bleich«, eine kongeniale Übersetzung von »A Whiter Shade Of Pale«). Das Lied ist denn auch ausdrücklich eine Hommage an Gary Brooker und Keith Reid, zwei Mitglieder dieser legendären Gruppe, die nicht nur mit »A Whiter Shade«, sondern auch mit »Homburg« und »A Salty Dog« unsterblich geworden sind.

Um hier nicht einen falschen Eindruck zu erwecken: Thommie Bayer ist nicht nur ein Aufarbeiter seiner Lieblingssongs, er ist auch ein ganz eigenständiger Rockpoet. Allerdings verlässt er sich nicht nur auf seine eigene Schreiberei. Oft lässt er sich von seinem Freund Bernhard Lassahn Texte auf den dünnen Leib schreiben. Auch will er in Zukunft intensiv mit seinem Bandmitglied Tommy Mammel, einem Multi-Instrumentalisten, zusammenarbeiten.

Es gäbe noch viel über Thommie Bayers aufregende Vergangenheit, Gegenwart und Zukunft zu berichten. Material für ein ganzes Heft haben wir da, auf das wir bestimmt zurückgreifen werden. Aus Platzgründen konnte hier sein in Deutschland unvergleichliches Können nur angedeutet werden. Daher soll dieser Artikel mit der Aufforderung enden: Hört euch Thommie Bayers LPs an (»Silchers Rache«, »Abenteuer«, »Feindliches Gebiet« und »Kamikaze Bodenpersonal«). Zudem sollte man ihn sich live ansehen. Seine Konzerte sind, gelinde gesagt, ein Genuss. Übrigens muss er mit seinen Kollegen noch selber die Anlage mit allem Pipapo auf die Bühne schleppen.

Helen Schneider in Essen

Ich geb's zu: Ich alter Chauvi hatte bis zu Helen Schneiders Konzert im Essener Saalbau ein Plakat von ihr über meinem Bett hängen, erstens, weil sie so gut aussieht und zweitens, weil ich sie für eine überdurchschnittliche Sängerin hielt. Dann aber kam der Himmelfahrtstag.

Ihre Plattenfirma möchte Helen Schneider als Rocksängerin aufbauen. Dazu gehört es, dass man bei ihren Auftritten die Hallen vorher von der Bestuhlung befreit. Nun gehört aber ein Großteil von Miss Schneiders Verehrern der älteren Generation an. Viele ihrer Fans sind gut situiert und hatten sich für das Essener Konzert schick gemacht.

Als diese Leute im Saalbau für ein Eintrittsgeld von immerhin 23 Mark keine Sitzgelegenheit vorfanden, was aus den Tickets nicht zu ersehen gewesen war, verlangten einige zu Recht ihr Geld zurück. Zunächst stellte sich der Veranstalter stur und ließ sich auch nicht von der herbeigerufenen Polizei beeindrucken. Erst als dann unser Fotograf begann, den von erbosten Kartenkäufern umringten Tourneeleiter zu knipsen, lenkte er ein.

So war denn der nicht gerade riesige Saalbau nur mäßig gefüllt. Mit erfreulich geringer Verspätung betrat die New Yorkerin mit ihrer Begleitband The Kick die Bühne. Leider wurde das Konzert nicht nur für mich eine herbe Enttäuschung. Vor allem ihre Coverversionen von einigen meiner Lieblingssongs taten mir weh, zum Beispiel »The Price Of Love«, »Don't Let Me Be Misunderstood« und ein Medley der Kinks-Klassiker »You Really Got Me« und »Till The End Of The Day«.

Auch der Rest war größtenteils Humbug. The Kick versuchten sich vergeblich als Hardrocker zu profilieren. Nein, dann doch lieber Iron Maiden und Scorpions. Das minutenlange Solo des Schlagzeugers wirkte reichlich einfallslos.

Die Unentwegten vor der Bühne forderten dennoch eine Zugabe und erhielten ein Potpourri von lieblos aufbereiteten Rock-'n'-Roll-Songs, von denen ich »Rock Around The Clock« und »Rip It Up« mit größter Mühe wiedererkennen konnte. Dann war Gott sei Dank Schluss.

Anschließend fand in einem gerichtsähnlichen Kellerraum eine lange vorher angesetzte Pressekonferenz statt. Veranstalter HPS und Frau Schneiders Plattenfirma WEA wussten wohl nicht recht, wer für die Organisation zuständig war. Man verlangt ja nicht gerade ein opulentes kaltes Büfett, aber vielleicht hätten schon ein paar Salzstangen die Stimmung unter den circa 25 anwesenden Journalisten gehoben. Auch zu Trinken war nichts da. Außerdem fehlten Aschenbecher. Helen Schneider kam freudestrahlend in diesen Kabuff und wurde zu meiner Verwunderung von einigen Kritikern beklatscht.

Ein Herr, der sich nicht näher vorstellte, forderte die Pressevertreter auf, der Künstlerin Fragen zu stellen. Da sich minutenlang keiner rührte und sich Peinlichkeit breitmachte, ergriff ich die Initiative. Leider gehört es zu meinen Unarten, auch prominenten Leuten meine Ansichten knallhart an den Kopf zu werfen. So kam ich nicht umhin, meinem ehemaligen Schwarm, der nur einen halben Meter von mir entfernt saß, die Meinung zu sagen, nämlich: »You killed six of my favourite songs.«

Helen tobte: »What a fuckin' stupid question.« (Dabei war's gar keine Frage gewesen, sondern eine – zugegeben: subjektive Feststellung von mir.) Ich wollte dann trotz ihrer beleidigenden Äußerung fortfahren und ihr erläutern, was sie meines Erachtens falsch gemacht hatte. Dazu kam es jedoch nicht mehr. Ihr ergrauter Manager George Nassar verwies mich mit einem »Get outta here« des Saales.

Wie mir ein Dutzend anderer Plattenfirmen mitteilten, ist bei ihnen Ähnliches noch nie vorgekommen. Es handelt sich hier wohl um eine klare Einschränkung der Pressefreiheit, wenn man zunächst möglichst viele Journalisten einlädt und dann den ersten kritischen Fragesteller an die Luft setzt.

Die WEA hat es nicht für nötig befunden, sich bei mir zu entschuldigen oder sich von Mr. Nassar zu distanzieren. Man wollte mir weismachen, dass nicht ein einziger Vertreter der Firma bei dem Eklat zugegen gewesen war. Das halte ich für unglaubwürdig. Und wenn's tatsächlich so war, halte ich es für unglaublich.

PS: Das Helen-Schneider-Plakat an meiner Wand habe ich jetzt durch eins von Linda Ronstadt ersetzt, die übrigens bei derselben Plattenfirma unter Vertrag ist. Hoffentlich wird sie, wenn ich sie eines Tages interviewen darf, härter im Nehmen sein.

The Moody Blues: Long Distance Voyager

Der Teufel muss meine ehemalige Lieblingsgruppe (»Nights In White Satin«) bei ihren Aufnahmen im Studio geritten haben. Besonders die Keyboardtöne von Patrick Moraz sind unerträglich. Die Kompositionen sind einfallslos und altmodisch, die Texte nicht gerade hochstehende Poesie. Lediglich wenn Justin Hayward singt, spürt man so etwas wie Menschlichkeit. Der Rest strotzt nur so vor Sterilität. Es ist oft so, dass einmal aufgelöste Gruppen nach ihrer Wiedervereinigung nur schwer wieder ein Bein auf die Erde kriegen. Bei den Moody Blues ist es nicht mal der kleine Zeh.

Willie Nile: Golden Down

Nach seinem Debüt vor einem Jahr galt Willie Nile nicht nur für mich als eine der größten Hoffnungen auf dem Singer-Songwriter-Sektor, als eine Alternative zu Bruce Springsteen. Leider hat er sich diesem Superstar zu sehr angeglichen. Die Arrangements von »Golden Down« scheinen mitunter Takt für Takt von Springsteen übernommen worden zu sein. Ich nehme also hiermit meine schwärmerischen Äußerungen über Willie Nile aus dem Frühjahr des vergangenen Jahres mit größtem Bedauern zurück. Er war bislang ein Geheimtipp, er sollte es bleiben. Die erste LP werde ich mir noch oft anhören, die zweite verschenken.

Jean Michel Jarre: Magnetic Fields

Der französische Synthesizerspieler hat lange an dieser LP getüftelt und doch nur Kunstgewerbliches produziert. Auf die Dauer wirken seine Instrumentals unverschämt langweilig und steril. Sie wurden am Reißbrett entworfen, ohne jegliche Spontaneität, die doch gerade am Synthi unerlässlich ist. Es scheint, dass Jarre von seiner Maschine zu sehr abhängig geworden ist und nicht die notwendige Distanz zu ihr gewonnen hat.

Sein Debüt »Oxygène« wirkte vor drei Jahren noch erfrischend originell, und auch der Nachzieher »Equinoxe« war einigermaßen erträglich. »Magnetic Fields« ist nun nur noch ein Abklatsch vergangener Erfolge. Auf dem Gebiet der Elektronik ist JMJ von der Entwicklung überholt worden. Ohnehin war er immer nur ein passabler Imitator von Kraftwerk, Tangerine Dream und Walter (jetzt: Wendy) Carlos, der den bisher unerreichten Soundtrack zu »A Clockwork Orange« eingespielt hat. Ich glaube, wir können diesen Franzosen ad acta legen.

Aj Webber: Of This Land

Die 33-jährige Aj Webber hat von dem eigenbrötlerischen, gleichwohl erfolglosen Sänger, Komponisten, Produzenten und selbstmörderischen Plattenfirmenchef Phillip Goodhand-Tait endlich die Möglichkeit erhalten, auf einem Tonträger wenigstens teilweise einen Eindruck von dem zu vermitteln, was sie während ihrer langjährigen Karriere als Einheizerin von Max Bygraves über Kraftwerk bis Zappa ihren zahllosen Zuhörern eigentlich längst bewiesen hat: Dass sie zu den wenigen weiblichen englischen Singer-Songwritern gehört, die erwähnenswert sind (wenn es denn welche gibt).

Im Gegensatz zu etwa Judie Tzuke & Kiki Dee stammt sie nicht aus der backing-vocals-Ecke. Sie hat sich Ende der sechziger Jahre aus dem folk circuit gelöst und zu einer Art englischer Joni Mitchell (à la »Hejira«) fortentwickelt, was bislang nur wenige erkannt haben. Kein Wunder. Gundog ist ein winziges Label, eben ein Indie, ohne Promotion und allem Drum & Dran.

»Of This Land« ist ein Beispiel, dass man auch ohne prominente Koryphäen (Ausnahme in diesem Fall: Morris Pert) eine kraftvolle, handwerklich perfekte LP produzieren kann, wenn die sorgsam ausgewählten Songs mit einer Überzeugung vorgetragen werden, die einen vor lauter Eindringlichkeit einschüchtert. Selten ist mir eine Langrille untergekommen, die mir – wie diese – nicht nur auf Anhieb gefallen, sondern mich auf Dauer fast magnetisch zum immer wieder auflegen gezwungen hat.

Dieses Album von Aj Webber bezeugt ihre Fähigkeit, fast alle Einflüsse, die sie in ihrer fünfzehnjährigen Laufbahn absorbiert hat, irgendwie spielerisch, doch nicht leichtfertig zu verarbeiten und zu einer eigentümlichen Exkursion in unerforschte musikalische Gebiete zu machen, obwohl (oder weil?)

die nur dreitägigen Sessions unter einem schlechten Stern standen: Aj wusste im Studio bereits, dass es bald aus sein würde mit ihrem damaligen Geliebten und kongenialen Redston.

Darf man so was Privates mitteilen? Ich wusste es bis vor kurzem auch nicht. Jetzt seh ich noch klarer: Ihr sehr persönliches »I Can Only Love You Less«, unter dem Eindruck (oder der Befürchtung?) der bevorstehenden Trennung von ihr einsam geschrieben, gehört zu den ehrlichsten und leidenschaftlichsten Es-ist-aus-mit-dir-Songs, die ich kenne.

Und ihre Version von »Just Like Tom Thumb's Blues«, mit einer von dem völlig unbekannten Tony Arnold gewitzt eingesetzten Dobro-Fuzz-Guitar, ist schier unglaublich. »To outdylan« Dylan hat vorher so perfekt – übrigens mit demselben Lied – nur Judy Collins geschafft. Wir werden über Aj Webber noch genauer berichten.

Keine Frau nach Mas(ß)
Ein Porträt der amerikanischen Sängerin Carolyne Mas

In der Rockmusik gibt es eine ganze Reihe von beachtenswerten Sängerinnen, die mitunter schon jahrelang versuchen, nicht nur Insidern bekannt zu sein, sondern auch ein größeres Publikum von ihrem Können zu überzeugen.

Kim Carnes hat jetzt endlich ihren Durchbruch erreicht mit dem fantastischen »Bette Davis Eyes«, einer Komposition von Jackie DeShannon, die sich zwar als Autorin einen Namen machen konnte (bereits in frühen Jahren schrieb sie mit Sonny Bono den klassischen Popsong »Needles And Pins«), aber als Interpretin nie Erfolg hatte. Sonnys Ex-Frau Cher hat sich glücklicherweise entschlossen, doch nicht in Las Vegas zu versauern und nur durch ihre Liebesaffären Schlagzeilen zu machen. Mit den renommierten Musikern Dudek und Finnigan spielte sie eine überdurchschnittliche LP ein (Gruppenname: Black Rose).

In diese Kategorie der zwar hervorragenden, doch (noch) nicht recht akzeptierten Rockladys gehört auch die zierliche Carolyne Mas. In diesen Tagen erschien in Deutschland ihr viertes Album. Es heißt »Modern Dreams« und bestätigt, dass Miss Mas nach der wohl unerreichbaren Joni Mitchell derzeit die einfallsreichste Singer-Songwriterin in Amerika ist.

Bis sie dahin kam, hat es ein wenig gedauert. Es ist eben in der fast hundertprozentig von Männern beherrschten Plattenbranche für eine Frau schwierig, die Herren in den höheren Etagen zu überreden, dass man nicht nur »just a pretty face« ist, sondern auch ein Gehirn und Gefühle hat, die man selbst formulieren und musikalisch gekonnt umsetzten kann. Oft führt der Weg zu dem ersehnten Vertrag bei einer Firma nur über eine oder meist mehrere erniedrigende Nächte im Los Angeles Hilton.

Carolyne Mas brauchte sich Gott sei Dank nicht zu prostituieren. Sie stammt auch aus einem *anständigen* Elternhaus. Ihr Vater ist Erfinder, unter anderem entwickelte er das Batterieladegerät, eine für ihn lukrative Sache. So konnte sich die Familie Mas auf dem vornehmen Long Island niederlassen, wo in der Mehrzahl begüterte Juden wohnen. Diese boten ihr, die selbst katholisch ist, bei den zahlreichen jüdischen Festen die Gelegenheit, erste Erfahrungen auf der Bühne beziehungsweise in geräumigen Wohnzimmern zu sammeln.

Obwohl sie eine klassische Gesangsausbildung erhielt, galt ihre Liebe immer dem Rock, spätestens seit sie von einem Freund »Sgt. Pepper« geschenkt bekam. Als erste Platte vom eigenen Taschengeld kaufte sie sich das »White Album« von den Beatles, die sie dann auch neben Elton John zu ihren größten Vorbildern zählt.

Bob Dylan respektiert sie, mag aber seine mitunter komplizierten Texte nicht, ähnlich geht es ihr bei Joni Mitchell. Von Joan Baez hält sie überhaupt nichts. Ebenso wenig sagt ihr die ganze West-Coast-Scene zu. Lediglich der eigentümliche und noch immer verkannte Warren Zevon weiß ihr zu gefallen, aber Linda Ronstadt: no, thanks.

Da wir gerade bei Zu- und Abneigungen sind. Carolyne Mas ist wiederholt mit Bruce Springsteen verglichen worden, sicher von der Qualität beider Künstler her vertretbar, obwohl Loose Windscreen derzeit eher auf dem absteigenden Ast ist, während Carolynes Karriere erst richtig loszugehen scheint. Im Übrigen ärgert es sie (und mich), dass sie (auch von ihrer Firma) als »weiblicher Springsteen« apostrophiert wird. Warum kommt eigentlich nie jemand auf die Idee, den Spieß umzudrehen und beispielsweise Neil Young den männlichen Rickie Lee Jones zu nennen?

Aber wir kommen vom Thema ab. Carolyne Mas verließ frühzeitig das Elternhaus und ließ sich im Staate Pennsylvania nieder. Von da aus folgte sie ihrem Freund nach Kalifornien, wo sie ihn in den Armen einer anderen fand. Musikalisch war diese Reise jedoch fruchtbar, da sie hier intensiv Blues studieren konnte, den sie bis dahin nur aus dem Radio kannte. Zudem wurde sie damals politisch bewusst; einer ihrer Freunde war gar Mitglied der ominösen und militanten Weathermen. In ihren Texten schlug sich das nicht nieder, die sie bewusst einfach halten will. Sie spielte in jener Zeit jedoch bei zahlreichen Solidaritätsveranstaltungen für streikende Arbeiter und andere Unterprivilegierte.

Zurück in New York, versuchte sie jahrelang, einen Plattenvertrag zu ergattern. Ihre Klub-Auftritte waren für die damals armselige New Yorker Szene sensationell, und zu jedem ihrer Konzerte tanzte auch irgendein von der Industrie aus geschickter Talentsucher an. Aber offenbar waren alle von ihnen taub. Außerdem konnten sie sich schwer daran gewöhnen, dass eine Frau, noch dazu eine so zerbrechlich wirkende wie Carolyne Mas, ganz offensichtlich Boss der Band war und bestimmte, wo's musikalisch langging.

Schließlich fand sie doch einen einsichtigen Produzenten, Steve Burgh, der schon den auch nicht üblen Steve Forbert (»Alive On Arrival«) gefördert hatte. Ihr Management übernahm Faris Bouhafa, der für sie einen Vertrag aushandelte, der ihr alle künstlerischen Freiheiten ließ, und die nutzte sie aus.

Es gelang ihr, ein hervorragendes Debütalbum einzuspielen, das sich allerdings nur kurz in den Top 100 platzieren konnte, wahrscheinlich wurden die ausgezeichneten, für eine Frau ungewöhnlich harten Songs zu selten im (den Plattenverkauf weitgehend beeinflussenden) amerikanischen Radio vorgestellt.

Die Nachfolge-LP »Hold On« gelang weniger gut, lag aber noch immer über dem Durchschnitt der Arbeiten ihrer Kolleginnen. Allenfalls Pat Benatar und wenigstens mit ihrer ersten Platte Ellen Foley konnten ihr das Wasser reichen. Eine Art Durchbruch in Deutschland erlebte sie mit »Mas Hysteria«, einer Live-LP, die sich, zunächst in limitierter Auflage veröffentlicht, nach ihrem Auftritt im »Rockpalast« zu einem heimlichen Bestseller entwickelte und daher die Begrenzung auf einige tausend Exemplare schnell aufgehoben werden musste.

Tatsächlich muss man die New Yorkerin wohl live erleben, um ihr Potenzial voll erkennen zu können. Sie geht vor Publikum noch mehr aus sich heraus als im Studio. Am 3. August ist/war sie im ZDF in »Rockpop« zu erleben, leider nur mit dem noch immer angewandten Playback-Verfahren. Außerdem waren bei der Aufzeichnung nur Statisten an den Instrumenten.

Sie selbst ist auch eine versierte Gitarristin und benutzt in der Regel eine Les Paul Telecaster. Mit ihrem Leadgitarristen Rick De Sarno ist sie nicht mehr zufrieden und will ihn durch den schon jetzt legendären Brinsley Schwarz ersetzen, der nach seiner Arbeit mit Nick Lowe jahrelang dafür sorgte, dass die Gruppe The Rumour nicht nur ein Gerücht blieb, sondern als Begleitband von Graham Parker, ebenfalls ein Sänger den Carolyne mag, Weltruhm erreichte.

Leider hatte ihr Brinsley Schwarz erzählt, wie gut deutsche Erbsensuppe schmeckt. Wir klabastern also in München zig Restaurants nach der für Ausländer als Delikatesse geltenden Mahlzeit ab, war aber nix zu wollen. Pfannkuchensuppe überall, nur kein heißes Wasser mit Erbsen und Porree, das ist eine Geschichte für sich. Bestellt euch in München auch nie Eiskaffee! Ihr bekommt dann einen Becher Vanilleeis mit Kaffeekrümeln! Wollt ihr einen heißen Kaffee, wird eine Coca-Cola geliefert! Ich hab's mit eigener Zunge nachgeprüft.

Diese bajuwarische Tortur ertrug die Amerikanerin sehr gelassen, obwohl sie furchtbar verkatert war, nachdem sie in der vorangegangenen Nacht bis sechs Uhr die fast vollzählig angetretenen Mannen von Queen unter den Tisch gesoffen hatte.

Sie war, während ich sie dann beim Kofferpacken interviewte, sehr offen und ehrlich, obwohl wir uns gerade erst zwei Stunden kannten. Auch unbequemen Fragen nach ihrem Privatleben wich sie nicht aus. Ihre früh geschlossene Ehe scheiterte, als ihr Gatte Bernie Shanahan merkte, dass er als Musiker weniger Aussicht auf Erfolg hatte als seine nun mal talentiertere Frau. Tja, das kann eben so mancher Mann nicht ertragen, wenn die Angetraute mehr drauf hat als man selbst. Immerhin widmete Carolyne Mas als Trost ihrem Ehemaligen ihr Debütalbum.

Jetzt treibt sie sich meist mit einem »comedy writer« in New York rum. Sie sucht bewusst die Gesellschaft solcher Leute, und am liebsten würde sie in einem Woody-Allen-Film mitwirken. Sie kann auch wirklich eine komische Nudel sein und einem das Zwerchfell zum Platzen bringen.

Mit ihrer neuen Scheibe »Modern Dreams« hat sie sich einen (modernen?) Traum erfüllt. Nun will sie nicht mehr einseitig als härteste Frau im Rock gelten, sondern auch als Balladenschreiberin und -interpretin anerkannt werden. Das mag nicht ganz im Sinne ihrer Firma sein.

Tatsächlich lernen wir auf »Modern Dreams« eine andere, wie ich meine, sehr interessante Seite von Carolyne Mas kennen. »Little Baby Of Mine« ist einer der überzeugendsten und am feinfühligsten vorgetragenen Lovesongs dieses Jahres. Es gibt absolut keine schwache Nummer auf der LP, man muss sich nur in sie reinhören.

Ich hab vielleicht nicht die Zukunft des Rock in München gesehen, als die fälschlicherweise Springsteen immer verkauft wurde, aber eine Lady, die noch viel Furore machen wird, hoffentlich nicht als einzige Dame im Rock. Nieder mit dem Männerwahn! Übrigens hat sie keine »Bette Davis Eyes«.

Willy Hagara in Dortmund

Beim Sonntagsbraten erfuhr ich so nebenbei von meiner Mutter, dass der gebürtige Wiener und heute im Rheingau ansässige Charmeur Willy Hagara nachmittags ein Open-Air-Konzert im Dortmunder Westfalenpark geben sollte. Ich setzte mich sofort in meine Karre und kam pünktlich an. Wegen der ungünstigen Witterung fand der »Bunte Nachmittag« in der Parkhalle statt, die gleichzeitig eine Gladiolenschau beherbergte und auf tropische Hitze erwärmt war. Der Gig war gratis, und der Saal war proppenvoll, etliche Leute mussten sich mit Stehplätzen begnügen.

Als der Stargast auf die Bühne trat, brauste einhelliger Applaus auf. Die circa 500 Zuschauer kannten natürlich ihren Wiener – genau wie ich. Nur, als er seine Hits hatte, in den fünfziger und frühen sechziger Jahren, waren sie so alt wie ich heute und ich damals so jung wie ihre Enkel, die jetzt auf AC/DC oder ABBA stehen. Mein erster Held aber war Willy Hagara gewesen.

Er eröffnete seinen Auftritt mit dem Titelsong aus dem Musical/Film »Cabaret«, worauf der Eurovisions-Hit »Halleluja« folgte. Als versierter Entertainer mit 35 Jahren Berufserfahrung brachte der Österreicher seine Fangemeinde dann mit Parodien in Laune. (Luis Trenker zu einem Bergsteigerkollegen nach dessen Absturz: »Hast was g'brochn?« – »Nah, nur den Kartoffelsalat.«)

Anschließend holte er seine größten Erfolge aus der Versenkung, die das Publikum aus der Zeit kannte, als noch nicht auf jedem Dach eine Fernsehantenne die Unterhaltung aus Konserven ins Wohnzimmer holte: »Eine Kutsche voller Mädels«, »Mandolinen und Mondschein«, »Casetta in Kanada« und und und. Das war für mich und die anderen der Höhepunkt des Tages.

Seine Heimat ehrte er mit ein paar gängigen Operettenmelodien, unter anderem mit »Im weißen Rössl«, »I bin halt a Weaner«. Nach einem »Flascherl Wein«, so einfallsreich vorgetragen wie von Paul Hörbiger, war der erste Set zu Ende.

Ich hatte keine großen Schwierigkeiten, Herrn Hagara in seiner Garderobe zu einem Kurzinterview zu überreden. Kein Leibwächter hinderte mich, kein Groupie fummelte dem 54-jährigen am Reißverschluss rum. Aus seinem (gefärbten?) blonden Haar perlte ein Schweißtropfen nach dem andern.

Einen Plattenvertrag hat er nicht mehr. Ab und zu tritt er noch im Fernsehen in Nostalgieshows auf, zum Beispiel bei Lou van Burg oder letztens in einem Willy-Berking-Memorial. Früher, da war alles anders, da ging er monatelang auf package tours mit Peter Frankenfeld und Hans Joachim Kulenkampff, sang mal im Radio und später dann in einschlägigen TV-Sendungen, oft im »Blauen Bock«, noch zu Otto Höpfners Zeiten.

Das Alter forderte seinen Tribut. Willy Hagara gelang es nicht, sich vom jungenhaften Mädchenschwarm zum Hans Albers der achtziger Jahre zu entwickeln; d. h. er ist reif geworden, nur haben ihn wohl die Medien zu lange verheizt, bis er als Betörer unglaubwürdig wurde.

Er wirkt denn auch gar nicht unglücklich und weiß, dass ihn bei jedem Auftritt ein dankbares Publikum erwartet, das beim Verlassen der Halle Tränen der Sehnsucht nach schöneren Schlagerzeiten und mithin nach der eigenen Jugend in den Augen hat. Willy Hagara ist mit Anstand ergraut und ein integrer Mann seit seiner »Entdeckung« 1946 geblieben.

Vielleicht fehlt ihm heute der verdiente Erfolg, weil er nie Skandale hatte wie der CSU-Säufer Harald Juhnke. Schade, ich würde ihn gerne alle vier Wochen im ZDF sehen (und vor Weihnachten statt der Nappsülze Peter Alexander), am besten im Duett mit dem lachenden Vagabunden Fred Bertelmann.

»Früher war alles besser. Da brauchte man auch nicht immer von früher zu reden.« (Peter Handke, Schriftsteller, wohnhaft in Salzburg.)

Die Conditors in Hamburg

Ich traute meinen Augen nicht, als ich am letzten Juli-Wochenende in einer Hamburger U-Bahn-Station ein Plakat von Onkel Pös Carnegie Hall sah, auf dem die Conditors aus dem Ruhrgebiet für eben die beiden Tage angekündigt waren, die ich eigentlich auf der Reeperbahn verbringen wollte. Vom Jungfernstieg aus also nix wie hin ins Onkel Pö.

Plakate von Helen Schneider und Al Jarreau, die hier ihren deutschen Durchbruch erlebt hatten, gaben dem Ganzen einen Hauch von Weltläufigkeit, und vor ihrem ersten Auftritt machten die vier Bäckerburschen auch einen reichlich nervösen Eindruck. Gegen zehn ging's los. Sie spulten dasselbe Programm ab, wie ich es vorher in Lütgendortmund, im Rotthaus und in der Alten Mensa an der Uni Bochum erlebt hatte, eine Mischung aus Eigen- und Fremdkompositionen, die so perfekt dargeboten wurden, wie man es sonst von unseren lokalen Größen leider nicht kennt.

Käme man von einem anderen Stern, wüsste man echt nicht, welche Nummern von den Conditors selbst und welche nun von Joe Jackson, Elvis Costello, Eddie Floyd (»Knock On Wood«) und Bo Diddley (oder war's Dave Dudley?) stammen. Sie persiflieren handwerklich versiert mit sonst nur von Engländern so vorgetragener Selbstironie die Reggae-Verhunzer Police u. ä. Der im Publikum anwesende Chefredakteur von *pardon*, Henning Venske, erhielt hier eine Lehrstunde darüber, was Satire ist.

Es sei noch hinzugefügt, dass das Quartett sein Programm vollkommen umstellen wird auf deutsche Texte mit radikalem politischem Inhalt, unter anderem ist auch der legendäre »Kriminal-Tango« in der Diskussion, 1959 ein Top-Ten-Hit für Ralf Bendix und das Hazy-Osterwald-Sextett.

T-Bone Burnett: Truth Decay

Also den möchte bestimmt keine Mutter als Schwiegersohn haben. Der mir bis dato vollkommen unbekannte, nach dem gleichnamigen Steak benannte Mr. Burnett aus den USA sieht wirklich furchterregend aus, und er macht eine Musik, die voll reinhaut.

Ich muss mich sehr zusammenreißen, um nicht nur Superlative zu gebrauchen. Erst mal: Statt der heute gebräuchlichen Anzahl von zehn Songs sind ein Dutzend auf »Truth Decay«. Es fängt an mit »Quicksand«. Nach fünf Takten steh ich vom Schreibtisch auf und tanz erst mal 'ne Runde. Ich setz mich hin und schon bin ich wieder ganz gefangen von T-Bones nasalierender Stimme, die er so ohne Hemmungen einsetzt, dass sie schon auf ihre Art perfekt wirkt.

»Talk Talk Talk Talk Talk«, wie alle anderen Nummern eine Mischung aus Country und Blues mit leichtem Merseybeat-Einschlag, wird von David Mansfields Gitarre bestimmt, die an »I Don't Wanna Be A Soldier, Mama« von John Lennons LP »Imagine« erinnert. Dann »Boomerang«, ein Fetzer aus dem Bilderbuch. »Love At First Sight« lebt in erster Linie von David Miners Bass, bis Herr Burnett in die Zeilen ausbricht: »the black eyes flashed against the night.« »Madison Avenue« wird ausnahmsweise mit Pianobegleitung, und nur mit ihr, balladesk vorgetragen, Burnett auf Dylan-Kurs. »Driving Wheel« sollten mal die Stray Cats und andere Rockabilly-Imitatoren genau studieren. Hier hört sich Burnett so an, als sei er 1956 von Carl Perkins oder Gene Vincent nach einer durchzechten Nacht mit Wanda Jackson gezeugt worden.

Seite zwo: »Come Home«. Viele hübsche Mädchen sitzen rechts und links von ihm, vor denen er Angst hat. Ein schon fast genial durchschnittlicher Song. »Power Of Love«

ist meine persönliche Lieblingsnummer, mit einem Text, der von mir stammen könnte, wenn ich schreiben könnte: »the power of love can make a blind man see, can bring a man to his knees, can make a sceptic believe.« Mann, wie kann ich da zustimmen. Anschließend wird mit der Basstrommel das »House Of Mirrors« drohend eingeführt. T-Bone Burnett beschränkt sich auf Sprechgesang, in bester Country-Tradition.

»Tears Tears Tears«: Seit Ken Dodd im Jahre 65 hat kein Sänger mehr diese ätzende Flüssigkeit so leidenschaftlich besungen. »Pretty Girls«: Die Stones lassen nicht nur im Text grüßen. Mir fällt schon nix mehr ein. Und dann noch, zum guten Schluss, »I'm Coming Home«: Könnte man sich auch gut von den Everly Brothers intoniert vorstellen.

Sämtliche Nummern stammen aus der Feder des Interpreten. Dass die Kompositionen dann auch durchweg ohne Makel vorgetragen werden, liegt nicht nur an der sauberen Arbeit von dem Produzenten Reggie Fisher und seinem Toningenieur Geoff Gillette. T-Bone Burnett konnte im Studio eine Reihe von zwar landläufig unbekannten, doch von Eingeweihten geschätzten Sessionmusikern versammeln: David Miner (wie T-Bone Burnett früher in der unterschätzten Alpha Band und Bassist von Leon Russell), sein Namensvetter Kemper schlug die Trommeln für so unterschiedliche Damen wie Joan Armatrading (auf »Show Some Emotion«), Elkie Brooks und Linda Ronstadt (»Prisoner In Disguise«). Auch Dion and the Belmonts bedienten sich seiner, genau wie Andrew Gold, ein ehemaliger Freund der Ronstadt.

David Mansfield, ebenfalls ein ehemaliger Alpha-Bandit, griff für Bob Dylan auf »Hard Rain« und »Street-Legal« in die Saiten. Ohne Angaben von Instrumenten waren dabei: Jerry McGee (früher mal bei Kris Kristofferson), Stephen Bruton – er profilierte sich bei unter anderem Gene Clark (Ex-Byrds) und Carly Simon (»You're So Vain«). Last not least sei der Veteran Billy Swan in den Himmel gehoben, der mir die treibende Kraft hinter dieser LP gewesen zu sein scheint. Sein »I Can Help« ist wohl noch in jedermanns Ohr.

Mir wird »Truth Decay« bis an mein Lebensende Spaß machen. Ich werde sie als Discjockey immer wieder spielen. Es ist die Platte, die ich mir immer gewünscht hatte.

Desmond Dekker: Compass Point

Noch vor Bob Marley hatte Desmond Dekker Hits in Europa, bereits 1967 mit »007 (Shanty Town)«, als hierzulande noch niemand den Begriff Reggae kannte. Diese Single lief dann auch unter der Rubrik Ska beziehungsweise Blue-Beat.

Nun gehört Desmond Dekker bereits zu den Reggae-Veteranen (neben Max Romeo, auf dessen neue LP mit Keith Richards wir in der nächsten Ausgabe zu sprechen kommen). Er wirkt gereift, weiß seine nicht gerade überwältigende Stimme gekonnt einzusetzen. Allerdings ist das Arrangement (Produzent: der Engländer Robert Palmer, zuletzt erfolgreich mit »Clues«) enttäuschend. Es wirkt zu geglättet und auf Disco-Auswertung abgestimmt. Die den Reggae so reizvoll machende unverfälschte Ursprünglichkeit kommt hier leider nur sehr selten durch.

Vielleicht sollte Desmond Dekker seine nächste LP wieder – statt wie diese auf den Bahamas – im heimischen Jamaika aufnehmen.

Der Favorit: Mea Culpa

Leadsänger dieser Gruppe ist Papst Johannes Paul II. Es handelt sich um Livemitschnitte von Auftritten in Rom (Urbi et orbi) und von seiner erfolgreichen Deutschland-Tournee im vergangenen Jahr. »Mea Culpa« ist teils auf Deutsch, teils auf Lateinisch intoniert, mit Chorgesang. Es kommen hier deutlich die Schwächen von Karol Wojtyla (so sein Mädchenname) zum Vorschein. Es gelingt ihm nicht, das Publikum so anzuheizen, dass es ihm zu Füßen liegt, außerdem kann er seinen polnischen Akzent nicht unterdrücken, was sich in der Rockmusik schon in der Vergangenheit als verkaufshindernd auswirkte (siehe die Ladenhüter SBB).

Zu loben ist die Begleitgruppe, bestehend aus Bodo Dretzke, Gitarre & Orgel, Marc Chung, Bass, und Axel Dill, Schlagzeug, die in Hamburg die Overdubs einspielten, wodurch die Platte durchaus tanzbar wirkt. Es ist ein diskutabler Versuch, den Papst vom Stigma des fortschrittfeindlichen Pillenfeindes zu befreien.

Allerdings muss ich die Plattenfirma, die unter einem Dach mit *Sounds* sitzt, kritisieren. Vermutlich wurden »Mea Culpa« und »Gott schütze die Bundesrepublik Deutschland« erst nach dem Attentat auf den Heiligen Vater eingespielt, als sein Leben noch am seidenen Faden hing, damit man diese Single als Schnellschuss zur Beerdigung gewinnbringend veröffentlichen konnte. Das war wohl nichts.

So wirbt man jetzt mit einer Schlagzeile der *Bild-Zeitung* von Anfang Juni, nachdem der Nachfolger Christi erstmals wieder einen Wodka zu sich genommen hatte: »Vierzehn Tage war er krank, jetzt säuft er wieder – Gott sei Dank.« So was nennt man exploitation single.

Funkadelic: The Electric Spanking Of War Babies

Otto Normalverbraucher und Lieschen Müller verbinden mit dem Begriff Funk in der Regel nur Gruppen wie Mother's Finest und Johnny »Guitar« Watson. Besser als beide zusammen sind Funkadelic, die aber meines Wissens in Europa noch nie aufgetreten sind und so gut wie nie im Radio gespielt werden. Auch sind ihre zahlreichen LPs hier nur schwer zu bekommen. Clevere Discjockeys lassen sie aus dem Ausland kommen, denn Funkadelic garantieren eine volle Tanzfläche.

Funkadelic sind sozusagen das andere Ich von Parliament, eine Formation, die bereits in den sechziger Jahren von George Clinton gegründet wurde, als The Parliaments.

Unter diesem Namen hatten sie 68 ihren ersten und bislang einzigen Top-Twenty-Hit in den Staaten, »(I Wanna) Testify«. 69, mittlerweile war von Clinton eben auch Funkadelic gegründet worden, waren beide Gruppen kaum noch auseinanderzuhalten. Diese Bands spielten eine Reihe hervorragender, bisweilen bizarrer Alben ein, die Clinton (Dr. Funk) zusammengenommen als »A parliafunkadelicment thang« bezeichnete. Als Beispiel einige Titel: »America Eats Its Young«, »The Clones Of Dr. Funkenstein« oder »Funkentelechy vs. The Placebo Syndrome«. Wie gesagt, alles hier so gut, so schlecht wie unbekannt.

Das neue Werk zeichnet sich aus durch seine enorme Bandbreite an technischen Finessen, mit der ein eingängiger, gleichwohl nicht einfacher Sound produziert worden ist, der sich wohltuend von dem abhebt, was etwa aus deutschen Küchen unausgegoren auf den Tisch kommt. Giorgio Moroder ist im Vergleich zu »Dr. Funk« Clinton doch ein Amateur, auch wenn er mit Donna Summer Diskutables geleistet hat.

Funkadelic jedoch sind eine Kategorie für sich. »Electric Spanking« fällt einem, anders als andere Disco-Produkte, nicht nach oftmaligem Hören auf den Wecker. Die Gruppe verschließt sich auch nicht Reggae-Einflüssen, die in den Staaten nur sehr zögernd angenommen werden.

Wer Funkadelic noch nicht gehört hat, sollte sich umgehend um diese in Deutschland erschienene Platte bemühen, wenn er vielleicht vor zehn Jahren gerne Sly & the Family Stone gehört hat (»Dance To The Music«). Diese legendäre Formation kann man noch am ehesten mit Funkadelic vergleichen. Es überrascht dann auch nicht, Sly Stone bei einigen Nummern als Drummer beziehungsweise Co-Produzenten verzeichnet zu finden.

Ich schlage Funkadelic/Parliament für die übernächste »Rocknacht« vor, auch wenn's ein wenig kostspielig werden dürfte, denn allein als Vokalisten dieser Platte sind an die zwanzig Leute angeführt.

Rolling Stones: Tattoo You

Ich bin erst 28 und erwische mich jetzt immer öfter dabei, von meiner Jugend zu reden, als sei ich schon mit einem Bein unterm Torf.

Also: Früher gehörten die Stones zu meinen Lieblingsgruppen, von »Not Fade Away« (64) bis »Sympathy For The Devil« (68). Danach interessierten sie mich nicht mehr, und ich hörte mir ihre Platten nur noch widerwillig auf irgendwelchen Partys an. Die neue LP jedoch lässt mich nicht so kalt wie die Alben der siebziger Jahre. Nostalgie?

Ums kurz zu machen: »Tattoo You« ist musikalisch wie textlich nicht nur einwandfrei, nein, die Stones stellen mit diesem Werk das meiste in den Schatten, was derzeit so von Nachwuchskapellen veröffentlicht wird. Wie die rocken und hotten, wie Mick Jagger noch auf die alten Tage singt, Keith Richards trommelt, Ron Wood dies ergänzt und Bill Wyman nach wie vor fehlerfrei am Bass zupft, sucht immer noch oder wieder seinesgleichen. Ich war nie Stones-Fan wie ich einst Buddy-Holly- oder Beatles-Anbeter war. Ich möchte mich aber jetzt, auf die alten Tage, den Herren Jagger und Co. zu Füßen legen.

Im Übrigen würde ich gerne noch in deren Alter so gut Fußball spielen können, wie die Musik machen, eben »Like A Rolling Stone«.

Richard Anthony: Les Grandes Chansons

Zu einer Zeit, als ich weder so noch so Französisch konnte, war Richard Anthony der einzige Sänger jenseits des Rheins, den ich neben den Beatles und Stones akzeptierte, vielleicht noch Johnny Hallyday, den aber auch nur, weil er mit den Rattles die deutsche Version von Del Shannons »Keep Searchin'« sang: »Lass' die Leute doch reden«.

Sänger englischer Zunge hatten es, aus welchen Gründen auch immer, schwer, in Frankreich in den Hitparaden zu landen. So nahm Richard Anthony die Originale von den Engländern und Amerikanern, frenchte sie ein und hatte Erfolg damit. »Donne moi ma chance« (»Too Late To Worry«), »C'est ma fête« (Lesley Gores »It's My Party«); Dusty Springfields »I Only Want To Be With You« nannte er etwas verfälschend »A présent, tu peux t'en aller«, Cilla Blacks »You're My World«, eigentlich eine italienische canzone (»Il mio mondo«) beschrieb er dann als »Ce monde«, womit er wahrscheinlich mich meinte.

Später suchte er dann weiteren Erfolg mit französischen Versionen von »Sunny«, »Let's Go To San Francisco«, »Little Arrows« und »Lily The Pink«, mit mäßigem Erfolg. Am bekanntesten in Deutschland aber wurde das schönste Lied dieser Platte: »J'entends siffler le train«. Sowohl das französische Original wie die deutsche Version (»Und dein Zug fährt durch die Nacht«) wurden damals auch von eingefleischten Fans des Liverpooler Merseybeats akzeptiert. Seine Stimme besaß einen betörenden Charme, und ich kann mir gut vorstellen, wie verliebt sich junge Leute in die Augen sahen, wenn dieses Lied aus der Musikbox kam. Ich hatte die Sachen von Richard Anthony seit gut fünfzehn Jahren nicht mehr gehört.

Als ich mir die LP neulich fürn Zehner im divi kaufte, war ich skeptisch. Doch im Gegensatz zu manch anderen Oldies, die ich jahrelang nicht gehört hatte, klangen diese Chansons, diese wirklich großen, noch genauso frisch wie damals. Es kamen mir schöne Erinnerungen hoch, und nicht nur sie.

Kevin Coyne: Pointing The Finger

Kevin Coyne hat nie einen Hehl aus seinen Depressionen gemacht, allerdings ging er nie mit ihnen hausieren. Vielmehr setzt er sie (hier einmal mehr) in malerische, musikalische und poetische Kunstwerke um, die mehr über das Innenleben eines hypersensiblen Menschen aussagen als manche Doktorarbeit eines Psychiaters. Dabei ist ja nicht der englische Singer-Songwriter reif für die Klapsmühle; unsere Welt als Ganzes ist eine Irrenanstalt und Kevin Coyne eigentlich ein normaler Mensch, der das Gefühl einer Generation besingt oder eher beklagt, die sich in ihrer Zeit und Umgebung nicht heimisch fühlt.

In »some notes on this album« liefert er dankenswerterweise einige Bemerkungen zur Entstehung der zehn Songs von »Pointing The Finger«, wobei man erfährt, dass das Titellied bereits vor vier Jahren entstanden ist. Auch ohne diese Erläuterungen kann man sich in die mitunter melodramatischen, doch nie ins Sentimentale abgleitenden Balladen reindenken und -fühlen.

Die musikalische Ausführung von »Pointing The Finger« ist traumhaft professionell, insbesondere Steve Lambs Bass, der an John Giblin, wenn nicht gar Jaco Pastorius ranreicht. Über der gesamten LP liegt ein mitunter schmerzhaftes Gefühl von Spannung, für das ich im Moment noch kein Ventil gefunden habe. Diese Platte macht einen gereizt und wird dadurch reizvoll.

Spätestens mit »Pointing The Finger« hat sich Kevin Coyne in eine Kategorie mit Peter Hammill, Peter Gabriel und John Martyn gehievt.

Liebe und Hass
Geschichte, Gegenwart und Zukunft der Wanner Vorgruppe

Der 25. Februar 1981 war ein besonderes, fast historisch zu nennendes Datum im sonst eher provinziellen Kulturleben des Ruhrgebiets. Keine weltbewegende Peymann-Inszenierung oder die Eröffnung eines neuen Museums war zu feiern, nein, als erste New-Wave-Band des deutschen Industriezentrums hatte die Vorgruppe aus Wanne-Eickel (bürokratisch seit einigen Jahren: Herne 2) eine LP veröffentlicht: »Im Herzen von Nielsen 2«.

Schon wenige Tage später lobten die Kritiker Alfred Hilsberg und Kurt Thielen, denen vorab eine Kassette zugegangen war, das Debüt in *Sounds* beziehungsweise im *Marabo*. Am 11. April zeigte sich auch der Deutschland-Experte des *NME*, Chris Bohn, begeistert von »the very wonderful Herne Townfolk«. Zwar glaubte er, generell ein wenig Verzagtheit zu erkennen, doch würde die durch lebendigen Zynismus und witzigen Sarkasmus in Schach gehalten.

Bei so viel Zustimmung seitens der Presse konnte nicht überraschen, dass die vom Ein-Frau-Laden H'art vertriebene Platte alsbald auf rege Nachfrage stieß, überall in der BRD, nicht nur bei Insidern. Schnell gingen die ersten tausend Exemplare über den Ladentisch. Somit waren schon mal die Produktionskosten von circa 4000 Mark eingespielt. Allmählich wurde die Scheibe auch in Holland, England und in der Schweiz verkauft. H'art erhielt sogar eine Bestellung von einem Sender in Manitoba (Kanada). Bis Ende April konnte die Verkaufszahl verdoppelt werden.

Zu diesem Zeitpunkt verließ Bernd »Omo« Schäumer, einer der Mitbegründer der Vorgruppe, seine Kollegen. Das letzte gemeinsame Konzert in der LP-Besetzung fand vor einem begeisterten Publikum in der Bochumer Spelunke Underground am 26.4. statt. Knapp zwei Wochen danach absolvierte Omo seinen ersten Auftritt ohne seine ehemaligen Mitstreiter. Mit zwei anderen befreundeten lokalen Musikern improvisierte er eine Stunde lang an seinem kleinen Synthesizer (Korg MS-10) in Anwesenheit der Rest-Vorgruppe im Wanner Saalbau.

Drei Tage später fand in der Mansarde des Bochumer Möchtegernjournalisten Wolfgang Welt (WoW) ein Gespräch statt, zu dem er auf Bitten von »Rock Session« alle ehe- und damaligen Mitglieder der Vorgruppe eingeladen hatte. Es erschienen neben Omo (Ex-Student und Schallplattenverkäufer) der Gitarrist Volker Stigge (»Ich bin noch eingeschrieben in Anglistik und Pädagogik«), der Drummer Waldemar »Waldi« Hayduk (arbeitsloser Abiturient) und der Bassist Wolfgang Hemprich (beim selben Konzern wie Omo beschäftigt, übrigens zu dem Hungerlohn von 7 DM brutto).

Dabei war auch Christoph »chb« Biermann (Student und Miteigner des Nielsen-2-Labels), der wesentlich am technischen Zustandekommen von »Im Herzen …« beteiligt gewesen war. (Nielsen 2 ist übrigens ein Begriff aus der Werbebranche für ein Gebiet, das sich etwa mit NRW deckt, in dessen Zentrum Wanne-Eickel liegt, got it?) Bei Zigaretten, Bier und Mettschnittchen unterhielten sich die sechs von acht bis eins über die Entstehung, Gegenwart und Zukunft der Vorgruppe.

Aus Platzmangel kann die vor allem gegen Schluss kontrovers geführte Diskussion nicht auch nur annähernd vollständig wiedergegeben werden. Der unerfahrene Interviewer und Transkribent (er hatte vorher lediglich mal eine halbe Stunde lang Cliff Richard auf den Zahn gefühlt!) musste für diesen Artikel vieles zusammenfassen oder gar unterschlagen, zum Beispiel Frauengeschichten. Einiges wird wortwörtlich zitiert. Die Unterscheidung von Wesentlichem und Unwichtigem fiel ihm schwer. Er möchte sich für eventuelle Unkorrektheiten und Missverständlichkeiten entschuldigen, vor allem bei der Vorgruppe selbst.

Kindheit

Omo und Volker (beide Jahrgang 60) waren vom 1. Schuljahr bis zum abschließenden Abitur auf dem Wanner Jungengymnasium (»Da war auch der Heinz Rühmann drauf«) in einer Klasse, die auch der erste Sänger der Gruppe, Detlef »Pompf« Ritz besuchte, bis er pappen blieb. Omos Vater ist Schlosser, Volker lebt als Einzelkind im Hause seiner begüterten Eltern (»Als ich zwei war, habense gedacht, das schaffense nich mehr, so einen großzuziehn wie mich. Ich hab mit fünfzehn mein erstes Stück Fleisch gegessen«). Omo (»Ich esse Fleisch«) lernte auf dem Weg zur Schule Waldi kennen, der eine Klasse tiefer war. (»Der Omo wollte mich aussem Bus schmeißen. Wann dat war, weiß ich nich mehr«.) Omo: »Das Jahr? Keine Ahnung. Ich weiß nur, dasses 'n Freitag war.«

Waldi stammt aus Gleiwitz (Oberschlesien) und sprach mit drei Jahren Deutsch und Polnisch. Der Sohn eines Chemiearbeiters (»Asbest oder so was«) wurde aber nach der Umsiedlung kein Außenseiter, weil er immer der Beste im Fußball war. Einer seiner Klassenkameraden war neben dem sitzen gebliebenen Pompf Matthias »Eddie« Brauckmann, der spätere erste Bassist der Vorgruppe.

Aus Wolfgang Hemprich, dem ältesten Mitglied der Kapelle, war während des Gesprächs nicht viel rauszuholen. Nach einem arbeitsreichen Tag im Plattenladen nickte er im Verlauf des Gesprächs im Schaukelstuhl ein und wachte erst kurz vor der Abfahrt wieder auf. So viel lässt sich nachvollziehen: Er wurde 56 in Gelsenkirchen geboren, von wo aus er bald mit seinen Eltern nach Wanne-Eickel zog. Der Vater verdiente immer gut.

Erste Musik

WoW: Was habte denn damals so in eurer Jugend gehört?

Volker: Alles, watt die andern auch damals gehört haben, Supertramp, Genesis, Queen, Nazareth, Slade und T. Rex, Doors auch.

Omo: Wir waren damals schon bored teenagers!

Waldi stand mehr auf Discomusik und Santana. Der etwas ältere Wolfgang hörte Mitte der siebziger Jahre lieber Undergroundmusik (»Can, Amon Düül, Gong und solche Sachen«).

Punk

WoW: Wie und wann kam denn dann der Sprung zum Punk?

Volker: Ich ging ja bei Omo ein und aus. So Ende 76 brachte sein Bruder Michael, der beim Bund in Hamburg war, die erste Clash-LP mit, und wir war'n begeistert. Hier konnte man ja so was nich kriegen. Das Ruhrgebiet war schon immer 'ne Provinz. Ich hab aber auch noch die alten Sachen ab und zu gehört. Die hab ich dann später doch verkauft, bis auf so Sachen wie Magma.

Omo: Ich hab alles kritiklos aufgenommen. Adverts und so weiter.

Omo versöhnte sich damals mit Waldi, mit dem er seit jener Rauferei im Schulbus nichts mehr zu tun gehabt hatte, und konnte auch ihn für Punk begeistern.

Wolfgang: Ich kannte die Jungs ja damals noch nich. Als ich bei einem Bekannten die »Dub Housing« von Pere Ubu das erste Mal gehört hab, hab ich gemerkt, dass es was anderes gibt.

Auf 'ner Party (»Wir haben uns überall eingeladen, das war die große Fetenzeit«) lernten Volker, Omo und Waldi ihren späteren Bassisten erstmals kennen. »Unser Sänger Pompf hatte 'n Schwung Platten unterm Arm, die er verkaufen wollte. Der Wolfgang hat ihm den Sampler ›Business Unusual‹ mit Throbbing Gristle und Cabaret Voltaire abgenommen. War 'n harter Sampler für damalige Verhältnisse.«

Entstehungsgeschichte

WoW: Tja, und wie kam's dann zu der Vorgruppe?

Volker: Wir hatten vor, 'ne Band zu machen, noch nich konkret musikalisch, im Frühjahr 79.

Omo: Da hab ich mir gedacht, ich muss berühmt werden. Ich hab Sex Pistols und was anderes gehört und gemerkt, dass ich das auch kann.

Waldi war mittlerweile ein hervorragender Fußballspieler (Omo: »Der stand eher in der Zeitung als ich!«) und mit dem DSC Wanne-Eickel westdeutscher Jugendmeister geworden. (»Ich hab mir sowieso immer gedacht, entweder Fußballer oder Schlagzeuger. Bis 77/78 hatte ich auch den Traum von der Bundesliga, aber dieser Verein ... bei manchen meinste wirklich, das sind Nazis, Disziplin und so«.)

Dann fiel Omo der Name ein (»Beim Kacken oder ... was weiß ich«). Den fanden die andern so genial, dass sie ihn nicht ungenutzt lassen wollten. Zunächst klebten sie überall Schildchen mit Vorgruppe auf. So waren sie in Wanne-Eickel schon populär, bevor sie je einen Ton zusammen gespielt hatten.

Es geht voran

Volker hatte sich zuerst eine akustische Gitarre schenken lassen und später eine elektrische mit einem Miniverstärker. Waldi kaufte sich für fuffzig Mark auf'm Flohmarkt ein Kinderschlagzeug. (Wolfgang hatte nach seinem 10. Lebensjahr zwei Jahre Gitarrenunterricht und konnte sich erst wesentlich später 'ne elektrische Gitarre leisten, aber er war damals ja ohnehin noch kein Mitglied der Geister-Vorgruppe.)

»Wir wussten auch noch gar nich, wer was spielen sollte. Wir hatten ja alle keine Ahnung.«

Pompf beschränkte sich auf den Gesang, Eddie griff zum Bass.

WoW: Du hast vorhin gesagt, du hast Sex Pistols gehört und daraufhin beschlossen, Musik zu machen, Omo. Nun sind die Sex Pistols ja sehr synthilastig gewesen.

Omo: Ich hatte mal dieses, mal jenes Instrument probiert. Erst als ich einen Synthi gehört hab, war ich total fasziniert.

WoW: Walter Carlos?

Omo: Wer iss datt denn?

Wolfgang: Der hat doch den Soundtrack zu »A Clockwork Orange« gemacht.

WoW: Der heißt ja jetzt Wendy und iss 'ne Frau.

Wolfgang: Sag bloß. Iss das der von »Shining«?

WoW: Die. Aber erzähl weiter, Omo.

Omo: Ich hab nach'm Abi bei Hertie in der Parfümerie gearbeitet und hatte dann genug Geld zusammen, mir einen zu kaufen.

Waldi: Das war wie Weihnachten.

Omo: Ich hab auch nich lange geguckt. Das war schon total gut im Musikgeschäft. Also ich mein, »Ich will 'n Synthi haben«. Hatte auch schon 'n Namen, »Den will ich haben«. Ich hab dann auf'ne Taste gedrückt und gesagt, »klingt gut«, und der Verkäufer meinte, »wills'n nich mal ausprobieren?« und ich: »Nee, nee, pack ma ein.«

So hatten im Herbst 79 alle ihre Instrumente zusammen, die sie so beherrschten wie ein Blinder die Zeichensprache. Omo wusste damals »weder, wie man den Verstärker in das Instrument steckt noch umgekehrt. Ich wusste auch nich, dass man überhaupt 'n Verstärker braucht.«

Auch die anderen hatten keinen Schimmer. Sie fanden in Recklinghausen einen »psychedelischen« Proberaum. Sie probten zehn-, fünfzehnmal (»Die ersten fünf kannste vergessen – eh wir mal die Steckdosen gefunden hatten ...«) bis zu ihrem ersten offiziellen Auftritt. (Vorher waren bei einem Mittagspause-Gig Rufe nach der ja durch die Graffiti bekannt gewordenen Vorgruppe laut geworden, und sie sprangen auf die Bühne und legten unbekümmert los.) Ihren ersten gebuchten und natürlich unbezahlten Auftritt hatten sie als Vorgruppe der Fliegenden Onkel Band am 15.2.80 in der Jugendkunstschule Wanne-Eickel, und bekamen Höflichkeitsapplaus.

Single

Von Anfang an hatte sie vor, 'ne Platte zu machen. (»Wir haben dann einen kennengelernt, der hatte in Wanne 'n 4-Spur-Studio, Uli Galonska.«)

WoW: Wie fühlt man sich denn so, wenn man das erste Mal 'n Studio betritt? Geht einem da einer bei ab oder watt?

Omo: So ungefähr. Wenn du die Rohabmischung das erste Mal hörst. Totale Härte.

Die Jungs hatten durch Omos Bruder (»Ein früher Aussteiger«), der nun in Berlin lebte, zu dem dort ansässigen Monogam-Label Kontakt bekommen. Es presste die drei Songs »Menschenkinder«, »Liebe oder Hass« und »Langer Abend« auf eine Single und brachte sie in die einschlägigen Läden. Sensationell spielte John Peel in seiner BFBS-Show »Menschenkinder«, allerdings siedelte er »the Worgruppe« in »Börlinn« an. Hilsberg fand die Texte »nicht weit weg von Banalität, aber darin schon fast genial«. Chris Bohn stellte sie in seiner Kolumne über Mania D.'s »Track 4«: »the sort of pop Soft Machine used to make before they got serious«. Die Abbildung des Covers nahm fast eine halbe *NME*-Seite ein.

Dies und das

Es folgten einige Auftritte. Doch gab's auch erste Probleme. Eddie stieg aus privaten Gründen aus. Beim Monogam-Festival am 17. Juni 80 in der alten Reichshauptstadt spielten sie ohne Bass. Sie engagierten daraufhin Wolfgang, den sie mal wieder getroffen hatten und der schon immer mit ihnen spielen wollte

(»Und sei's das Tamburin«). Konzerte mit Mania D., Abwärts und KFC folgten.

Waldi: Wir waren oft frustriert. Irgendwas war immer falsch.

WoW: An wem habter euch denn damals orientiert? Hattet ihr irgendwelche Vorbilder?

Volker: Django Reinhardt.

WoW: Aber dem ham doch 'n paar Finger gefehlt.

Volker: Och, wusst ich noch gar nich. Welche denn?

WoW: Musse ma in dem Jazzbuch von Joachim-Ernst Behrendt nachgucken. Da steht das bestimmt drin.

Omo: Hasse dat nich hier? Musse sofort morgen bestellen.

Waldi: Für mich ist der ideale Musiker einer, der aus'm Busch kommt und trommelt.

Wolfgang: Schnarch ...

Omo: Ich hab keinen Lieblingsmusiker, nur eine Lieblingsgitarristin.

WoW: Wen denn?

Omo: Wie viele gibt es denn?

WoW: Ich kenn nur die von den Liverbirds, Suzi Quatro. Und Joan Baez.

Waldi: Juliane Werding?

Omo: Der Christoph weiß das.

chb: Cosey Fanni Tutti!

WoW: Wo spielt die denn?

Omo: Bei Throbbing Gristle.

WoW: Ich hab zwar die »D. o. A.«, aber wie die im Einzelnen heißen, weiß ich auch nich.

chb: Außerdem ist der Omo sowieso in die verliebt. Der Omo hat ma gesehn, wie der Genesis P-Orridge Cosey Fanni Tutti geküsst hat. Da war der Omo am Ende.

Auch der Sänger Pompf stieg aus, wollte andere Musik machen, wurde seitdem nicht mehr gehört und tauchte in der alternativen Szene unter.

LP

Christoph Biermann kannte die Band seit ihren Anfängen. Er hatte Omo in einem Plattenladen kennengelernt, wo Christoph jobbte. Sie kamen ins Gespräch. Kurz und gut, Christoph wurde ein Fan der Vorgruppe und setzte sie auf eine Stufe mit dem von ihm angebeteten VfL Bochum. So, wie er von diesem zumindest jedes Heimspiel verfolgte, blieb er der Vorgruppe auf den Fersen. Er schrieb wiederholt enthusiastische Artikel über sie in dem damals prosperierenden Stadtmagazin *Marabo*, dessen Musikredakteur er, knapp 19-jährig, geworden war.

Als die Band eine LP plante, griff er auf sein reichliches Taschengeld zurück (sein Vater ist HNO-Arzt), warf es mit Volkers Ersparnissen und einem Zuschuss von Klaus Uschmann zusammen, pikanterweise damals Redakteur von *Marabos* hart bekämpfter Konkurrenz *Guckloch*. Zu jenem Zeitpunkt war Uschmann nicht nur ein kenntnisreicher New-Wave-Experte, sondern auch Konzertveranstalter, dem Herne gar nicht genug danken kann für die Leute, die er dahin geholt hat. Christoph war es, der in der *Marabo*-Redaktion auf den Begriff »Nielsen 2« kam, als er dem Anzeigenleiter über die Schulter sah.

Am Jahreswechsel 79/80 ging man also in ein 8-Spur-Studio in Herne und nahm an vier Tagen die dreizehn Songs auf. Das Ergebnis konnte sich hören lassen und lag für deutsche Verhältnisse weit über dem Durchschnitt. Den Vertrieb, immer eine schwierige Sache, übernahm Carola Radau, die gerade aus einem Großhandel ausgestiegen war, um ihren Spezialladen H'art am Rande der Bochumer Innenstadt aufzumachen, wo man auch längst vergriffene Sachen noch kriegen kann, aber das nur am Rande. Christoph lernte sie über ihren Freund kennen. Sie mochte die Musik und »wollte immer schon mal so was machen«.

WoW: Wie läuft der Vertrieb denn so?

Omo: Ich mein, da könnte mehr gemacht werden.

chb: Das kannse nich sagen. Da gibt's so 'n Kernpublikum, die kaufen alles, dann so 'n zweiten Ring, die alles hörn und sich Fehlfarben, Abwärts, KFC und vielleicht noch Wirtschaftswunder kaufen. Die Rockfans holen sich garantiert erst KFC. Die machen wesentlich populärere Musik als ihr – ob das nun 'n Schweinetrupp iss oder nich.

Omo: Ich find auch total schrecklich, dass sich von 2000 Käufern nur vier gemeldet haben.

WoW: Wat wollten die denn? 'n Autogramm?

Omo: Nee, ein Auftritt war dabei, in Frankfurt, aber erst im Herbst. Die andern wollten die Platte.

WoW: Du meinst also, jetzt iss Sense?

Omo: Ich bin ja ma gespannt, ob mehr Leute die Platte kaufen, wenn dieses Machwerk rauskommt.

WoW: Kommt drauf an, was ich draus mache.

Omos Weggang

WoW: Aber jetzt zu deinem Ausstieg, Omo. Warum bist du abgehaun?

Volker: Das konntest du doch am Samstag hörn.

WoW: Du meinst Omos Solokonzert?

Omo: Ich hab mich echt gefragt, warum die ganzen Auftritte? Die ganze Arbeit vorher und nachher. Zehn Stunden unterwegs für einen Auftritt. Und die Leute. Die raffen das nich. Die sehn gar nich, was dahintersteckt. Und dann das regelmäßige Proben.

WoW: Aber das letzte Konzert war doch gut mit der Gruppe. War das was wie Opas letzte Nummer?

Waldi: Da wollte der Omo es uns noch mal zeigen.

WoW: Und jetzt? Wie findet ihr, was er jetzt macht?

Waldi: Du setzt dich nich mehr mit den Leuten auseinander, Omo, du beeinflusst die nur noch.

Omo: Ja, iss logisch. Genau das machen Throbbing Gristle und The Residents. Genau das!

chb: Wohin denn? Throbbing Gristle iss klar. Die präsentieren masochistische Todessehnsüchte und wollen den Leuten einen vor'n Latz haun.

WoW: Das hat der Omo aber nich gemacht.

Waldi: Meine Freundin hat sich gefühlt wie'n Versuchskaninchen.

WoW: Das findet der Omo natürlich ganz toll!

Omo: Ja, sicher, genau richtig. Vor allem genau da, in der Atmosphäre und in der Umgebung, in Wanne-Eickel. Das hätt ich irgendwoanders gar nich so gemacht.

WoW: Wie fandest du's denn, Volker?

Volker: Ich hatte meine eigenen Vorstellungen, bei der Besetzung. Etwas härter als Kraftwerk.

Omo: War rein technisch nich möglich.

WoW: Siehst du da eine Verwandtschaft?

Omo: Ich find Kraftwerk toll.

Volker: Ich hab da keine Beziehung zu gehabt.

Omo: Dann versteh ich nich, warum du Cabaret Voltaire und Throbbing Gristle hörs.

Waldi: Wenn du Throbbing Gristle gut findest, wirst du genauso ausgemistet wie die, die du ausmistest, wenn man an normale Leute denkt.

Omo: Die kaufen Marius Müller-Westernhagen.

WoW: Was wolltest du denn erreichen?

Omo: Total abwandelbare Musik.

WoW: Warst du denn zufrieden mit dir?

Omo: Zufrieden mit den Leuten, die blieben, und denen, die rausgingen. Die dazwischen sind furchtbar, die den Arsch nich hochkriegen.

Weiter

WoW: Und wie soll's mit der Vorgruppe weitergehn? Seid ihr zuversichtlich? Oder niedergeschlagen?

Volker: Jetzt iss ja der Eddie wieder eingestiegen für den Omo, als zweiter Gitarrist. Der iss ganz enthusiastisch, ein ganz anderer Typ, ruhiger, nicht so zerstreut. Ich seh da 'ne positive Entwicklung. Wir wollen auch 'ne Live-Kassette rausbringen und im Herbst 'ne neue LP machen.

WoW: War der Omo so was wie 'n Hemmschuh?

Volker: Eigentlich schon. Nich in menschlichen Sachen. Aber Omos Geschmack iss anders. Es iss für ihn besser und für uns.

Christoph und Omo blätterten zu nun vorgerückter Stunde in einem modernen Aufklärungsbuch und kicherten über die Position »Fünf Pfennig für den Tanz«.

Volker: Wir ham einen Stellungswechsel vorgenommen, um beim Thema zu bleiben.

Waldi: Das iss wie Freundschaft! Die wird irgendwann langweilig und dann geht jeder seinen Weg.

WoW: Nich wie Liebe. Doch. Liebe geht auch ma zu Ende, oder auch nich.

Volker: Das iss ja sowieso die Frage – Liebe oder Hass? –, die wir uns schon lange stellen.

Aj Webber

Es gibt nur eine Handvoll weiblicher Singer-Songwriter, die trotz mangelnden Erfolges ihren einmal eingeschlagenen Weg weiterzugehen versuchen. Viele geben frühzeitig auf, heiraten lieber und kriegen Kinder. Nicht so die 1948 geborene Aj Webber. Sie hat eine nunmehr gut fünfzehnjährige Karriere hinter sich, die sie in fast alle Kontinente geführt hat, doch nie in irgendeine Hitliste. Trotzdem lässt sie sich nicht entmutigen.

Sie stammt aus Bristol. Die Musik von Peter, Paul and Mary, die 1963/64 in Europa mit einigen Dylan-Titeln bekannt wurden, animierte sie, selbst zur Gitarre zu greifen. Offensichtlich hatte sie Talent. Jedenfalls brauchte sie nach der Schule nur ein Jahr als Sekretärin zu arbeiten und konnte sich dann von Auftritten in Folkclubs rund um ihre Heimatstadt ernähren. Dabei traf sie auch Paul Simon, der – Experten werden es wissen – zwischen der Aufnahme und der Veröffentlichung von »Sounds Of Silence« (mit Art Garfunkel) in England lebte. Beide absolvierten gemeinsam Konzerte vor mitunter wenigen Zuhörern.

1970 hatte Aj so viel Geld gespart, dass sie in die Staaten reisen konnte. Eigentlich wollte sie dort nur ein wenig rumschnuppern, doch »suddenly I fell in work« (Aj Webber telefonisch). Sie ging auf College-Tourneen mit den alten Bekannten: Paul, Gordon Lightfoot, den Everly Brothers und Crosby, Stills, Nash & Young.

Zurück in England, wurde sie eine beliebte Einheizerin; vielleicht sollte man besser sagen, sie brachte das Publikum als supporting act mit ihrem typischen West-Country-Humor in eine gute Stimmung. (Sie ist, by the way, stolz darauf, dass das Electric Light Orchestra einmal, als es noch nicht berühmt war, vor ihr antreten musste.)

Musikalisch hatte sie sich mittlerweile weg vom Fleck zum Blues hin orientiert. Weibliche Interpretinnen eigener Songs waren in England nie besonders populär. So musste sie sich weiter im Vorprogramm berühmterer Kollegen aufreiben, um über die Runden zu kommen. Sie trat vor so unterschiedlichen Leuten wie Max Bygraves, Leo Sayer, David Gates (Ex-Bread), den Eagles, Neil Sedaka und, kaum zu glauben, Frank Zappa auf.

Wenn man die eher zurückhaltende Aj kennt, wird man sich vorstellen können, dass sie ein wenig Angst vor den Fans des großen Zampano hatte. Wahrscheinlich wirkte ihr stage act so, als würde vor einem Boxkampf im Ring als Einstimmung eine Schachpartie ausgetragen. Das ganze fand 1973 statt, überraschenderweise wurde sie nicht von der Bühne gebuht. Zappa war »fantastic to me« (AW) und sah sich fast jeden ihrer Auftritte an. So gestärkt, entwickelte sie ein neues Selbstbewusstsein. Sie wurde nun auch eine beachtenswerte Rocksängerin. 1974 engagierte sie der Marquee Club in Soho für nicht weniger als 28 Auftritte, wahrscheinlich ein Rekord.

Im Jahr darauf erhielt sie einen Plattenvertrag. Anchor Records investierte horrende 12.000 Pfund in die Produktion dieses Debütalbums. Die Backup-Musiker konnten sich sehen und hören lassen: Unter anderem waren (von Heads Hands & Feet) Albert Lee, heute bei Eric Clapton & Tony Colton, Mike d'Abo (Ex-Manfred Mann) und Maggie Bell (Ex-Stone the Crows) im Studio zugegen. Neben selbst geschriebenen Songs enthielt der Erstling auch Kompositionen von Lee, d'Abo und Jimmy Webb.

Das Ergebnis war ein vom West-Coast-Sound inspiriertes Werk, das dann auch über Import in Amerika besser verkauft wurde, wo es bessere Kritiken erhalten hatte als im heimatlichen England, obwohl sie nach der Veröffentlichung von »Aj Webber« einige Male in der renommierten TV-Sendung »The Old Grey Whistle Test« zu sehen war. Die Platte spielte lediglich die Produktionskosten ein. Anchor ging wenig später pleite. Aj stand ohne Firma da.

Im September 1975 trat sie mit einer Band, deren Bassist der versierte Phil Chen war (Rod-Stewart-Fans werden ihn kennen), ausgerechnet vor Kraftwerk auf. Die Deutschen zeigten sich wenig freundlich, nur der Blonde (wer?) soll zugänglich gewesen sein. Der Unterzeichnete saß bei einem der Konzerte der Tour in der ersten Reihe und sah Aj Webber zum ersten Mal. Sie strahlte eine ungewohnte Lebensfreude aus, die ansteckend wirkte. Die eher introvertierten Elektronik-Freaks in Croydon applaudierten ihr nicht nur aus Höflichkeit, sondern weil sie blendend unterhalten worden waren.

Auf der ominösen Playlist von BBC Radio 1, die verfügte, was über den Äther ging, tauchten ihre Titel nie auf. Daher blieb der ersehnte Erfolg aus. Sie verdingte sich bei kommerziellen Stationen und beim BFBS, dem Soldatensender (nicht die Nase rümpfen: John Peel arbeitet ebenso dafür), als Produzentin und Alleinunterhalterin. Auch trat sie in Kindersendungen im Fernsehen auf. Zudem beteiligte sie sich an Sessions mit Justin Hayward (»Songwriter«), den o. a. Heads-Hands-&-Feet-Leuten und Tony Hazzard, dem Autor von »Ha! Ha! Said The Clown« und »Fox On The Run«.

Erst 1980 gab ihr langjähriger (platonischer) Freund Phillip Goodhand-Tait (siehe »Rock Session 5«) Aj die Gelegenheit, für sein gerade gegründetes Gundog-Label wenigstens eine EP aufzunehmen. Der Titelsong »Clevedon Pier« ist eine zärtlich vorgetragene Liebeserklärung an diese abbruchreife Pier, auf der sie als Kind oft gespielt hatte und die nun demoliert werden sollte, ein verhaltenes Protestlied, mit viel Leidenschaft. In ihren anderen Eigenkompositionen bezieht sie sonst kaum eine politische Stellung, sondern verarbeitet darin eher persönliche Erfahrungen. Allerdings heißt das nicht, dass die in ihren Liebesliedern besungenen Männer tatsächlich alle existieren.

Anfang 1981 erschien endlich, nach sechsjähriger Pause, ihr zweites Album, »Of This Land«, mit einem schlichten Schwarzweiß-Cover, auf dem ein Bauer ein pflügendes Pferd führt. Von ihrem Firmenchef höchstpersönlich produziert, spiegelt die Platte Ajs breites Spektrum ihrer interpretatorischen Fähigkeiten wider. Man höre sich einmal ihre Version von Bob Dylans »Just Like Tom Thumb's Blues« an. Ihr eigenes »Child Of This Land« ist ein frappierendes Plädoyer fürs Leben auf dem Land. Selten ist mit so wenigen Worten das Dasein in der Stadt so abschreckend beschrieben worden: »If you take a breath there / you're one step nearer death there.«

Dieses weitgehend Folkrock-orientierte Album mit wenig bekannten Leuten im Hintergrund (nur Perkussionist Morris Pert und Geigen-Arrangeur Robert Kirby haben einen Namen) bringt ihre interessante Persönlichkeit eher zum Vorschein als ihr Debüt, bei dem sie sich manchmal zu viel von ihrer prominenten Begleitung einschüchtern ließ.

Man ist immer leicht mit Vergleichen bei der Hand. Aj Webber ist denn auch im *Melody Maker* im Zusammenhang mit Joni Mitchell genannt worden. Das mag nicht ganz verfehlt sein. Doch bei genauem Hinhören wird man feststellen: Aj Webber hat in ihrer mitunter leidvollen Karriere einen dermaßen originellen Gesangsstil entwickelt, dass oberflächliche Hinweise auf diese und jene Kollegin in die Irre führen müssen, sie ist eine Klasse für sich.

Die unverheiratete Aj, die neben der Gitarre auch Klavier und Blockflöte spielen kann, hat fünfzig bis sechzig Songs selbst komponiert. Darüber hinaus verfügt sie über ein Repertoire von circa hundert Nummern anderer Autoren. Sie scheint sich damit abgefunden zu haben, dass sie den großen Hit nicht mehr landen wird.

Auch ohne Goldene Schallplatte fühlt sie sich ganz wohl, vor allem weitab von London, wenn sie auf dem Lande reitend und spazierengehend vor sich hinpfeifen kann. Am meisten freut sie sich, dass die Tantiemen ihrer EP ein wenig dazu beigetragen haben, die Clevedon Pier vor dem Abbruch zu retten.

Country à gogo

In den kommenden Monaten zeigt das ZDF eine Reihe Countryshows, die hoffentlich endlich die Vorurteile abbauen helfen, dass aus Nashville nur reaktionäre Parolen kommen. Während der TV-Aufzeichnungen in Recklinghausen hatte ich Gelegenheit, mit drei Künstlern einiges zu bereden und mich in die Countryszene einweihen zu lassen.

Max D. Barnes hatte gleich bei mir gewonnen, als er angesichts meines Buddy-Holly-T-Shirts meinte, er habe in den fünfziger Jahren mit »Peggy Sue« auf der Klampfe angefangen. Er gehört zwar nicht zur ersten Garnitur der Nashviller Interpreten, hat sich jedoch als Songwriter einen exzellenten Ruf erworben.

Zwei Tage vor unserem Gespräch hatte – wie vorher Conway Twitty – Sonny Curtis einige seiner Songs in Nashville eingespielt. Auch schrieb er Musik für den preisgekrönten Film »The China Syndrome«. »Rough Around The Edges« ist nicht gerade ein Meisterwerk, aber allein schon das seiner netten Frau Patsy gewidmete selbstironische Lied »Patricia« ist den Erwerb der Platte wert, die mir die verdammte Intercord einfach nicht zuschickt, sodass ich mich nur auf die Kassette beziehen kann, die mir Max D. Barnes eigenhändig vom Hotelzimmer geholt hat.

Gastgeber der Countryshows ist der – man will's kaum glauben – schon 50-jährige Freddy Quinn. »Get Me Back To Tennessee« hat er in eben diesem Staate mit dortigen Sessionroutiniers aufgenommen und, oh boy, ich fiel fast aus meinem Schaukelstuhl. Der Freddy kann was. Er singt so akzentfrei, als sei er in Lubbock/Texas geboren. Schade, dass viele ihn immer noch für einen ehemaligen Matrosen halten. Die musikalische Kompetenz, die er hier an den Tag legt, verdeutlicht, dass er sich nach langem weg-vom-Fenster-sein endlich wieder gefangen hat und aus seinem Talent das Beste rausschlägt: viel besser als Truck Stop oder Gunter Gabriel.

Hank Williams, Jr. hat ein bewegtes und bewegendes Leben hinter sich, obwohl er erst inne dreißig ist. Sein Vater war der Shakespeare des Country, zu seinen Lebzeiten eine Legende und früh vom Tod gezeichnet, der den 29-jährigen in seinem Cadillac 1953 dann auch nicht mehr überraschte. Seine Witwe war danach ein Wallfahrtsort für viele ehemalige Kollegen und Idole von Hank Williams. Hank, Jr., der sich an seinen Alten nicht mehr erinnern kann, da er bei dessen Ableben noch in den Kindergarten ging, saß oft bei Perry Como, Johnny Cash und auch Elvis auf dem Schoß, die ihm die ersten Gitarrengriffe beibrachten. Danach schickte ihn seine geschäftstüchtige Mutter auf viele Bühnen, wo die Hillbillys von ihm die Klassiker seines Vaters (zum Beispiel »Jambalaya«) hören wollten.

Er litt nie darunter, immer mit seinem Vater verglichen zu werden, vielmehr entwickelte der Sohn ein starkes Selbstbewusstsein, spielte viel Southern Rock, unter anderem mit den Allman Brothers, mit denen er nicht nur Reyno Menthol qualmte.

Dann schien auch er eines tragischen Todes zu sterben. Vor einigen Jahren erlitt er einen schweren Bergsteiger-Unfall, der ihn fast zwei Jahre ans Krankenbett fesselte. Er musste acht komplizierte Operationen über sich ergehen lassen. Sein Gesicht besteht heute zu einem Großteil aus transplantierter Haut. Der Blick in seinem rechten Auge ist leer: Wir dürfen mit Hanks Zustimmung mitteilen, dass es aus Glas besteht. Er nahm ohne Aufforderung seinen Cowboyhut für uns ab: äußerlich ein Wrack. Unser Fotograf ist nicht von der *Bild* und hielt diesen erschreckenden Anblick nicht fest.

Hank Williams, Jr. gilt bei Experten als der kommende Mann in der Countryszene, der – eine Frage der Zeit – die Nachfolge von Johnny Cash, Willie Nelson und Waylon Jennings antreten wird. Mit Letzterem (Buddy Hollys letztem Bassisten) hat er oft zusammengearbeitet – genau wie Tim

Hinkley von Chapmans Shortlist. »The New South« wurde von Jennings vor fünf Jahren produziert und ist jetzt wieder im Katalog, ein beeindruckendes Crossoveralbum, das in keine Schublade passt.

»The Pressure Is On« ist nach einigen Rock-Ausflügen wieder eindeutig country-orientiert, aber eben outlawful, indem er sich beklagt: »All My Rowdy Friends (Have Settled Down)«, der beste Song der LP. Ich weiß auch nicht, wo Waylon jetzt bechert, und Willie jetzt filmt.

Ich weiß nur, dass Hank, wenn er so weitermacht, selbst bald auch eine Legende sein wird, aber eine, die nicht unnahbar ist, vielmehr jemand, der so frei von Allüren ist, wie es nur einer sein kann, der das Leben liebt, weil er dem Sensenmann sehr tief in die Augen geguckt hat.

Viel kompetenter als ich liefert Informationen, das beste Musikfachblatt, das ich in der BRD kenne: *Country Corner*. Vielen Dank auch an Herrn Gröppner, der fürs ZDF die Shows produziert hat und an Claudia und Barbara von der WEA, die mich nach Recklinghausen zum Interview eingeladen haben. Kisses to Kip Kirby (*Billboard*).

The Rockats: Live At The Ritz
Stray Cats: Gonna Ball

»The music editor doesn't approve of any music made after '57«, Leserbrief an *Time Out* vor drei Jahren.

Ich brauch kein Rockabilly-Revival, da ich die Klassiker aus den fünfziger Jahren alle bei mir im Regal stehen habe: Gene Vincent, Carl Perkins, die frühere Wanda Jackson (»Fujiyama Mama«), die Sun-Sachen, Glen Glenn etc. pp. Deshalb lassen mich auch so Leute wie die Stray Cats kalt, alles schon mal da gewesen. Sie erfüllen wohl eine Funktion für jüngere Semester, indem sie den Jugendlichen zeigen, was für Musik vor 25 Jahren gemacht wurde, die nun weitgehend aus den Katalogen gestrichen worden ist. Für die Teenies also durchaus empfehlenswert, die Stray Cats.

Mehr für Experten ist schon das Livealbum der Rockats, weil nämlich aus den ersten Rock-'n'-Roll-Jahren kaum Konzertmitschnitte überliefert sind. Hier gibt's sozusagen erstmals live aus den Staaten Rockabilly on stage, bei dem man mitkriegt, wie das Publikum drauf abfährt. Mir gefällt dieses Quintett viel besser als die etwa gleichaltrigen Stray Cats, zumal sie eine kongeniale Version von Eddie Cochrans »My Way« mitliefern.

Alan Vega: Collision Drive

Alle meine Freunde mögen diese Platte. Selbst eingefleischte Suicide-Puristen, die Alan Vegas erste Solo-LP für einen einmaligen Rockabilly-Fehltritt hielten, sind jetzt ganz auf meiner Seite, zumal ich ihnen im vergangenen Herbst als DJ dauernd das jetzt schon legendäre »Jukebox Babe« um die Ohren geknallt habe.

Alan Vega braucht nicht wie die epigonalen Stray Cats und die besseren, aber unbekannteren schottischen Shakin' Pyramids in Raritätenshops nach Vorbildern zu suchen. Während des Koreakrieges geboren, sah er in den fünfziger Jahren alle seine Helden noch zu ihren Lebzeiten im Fernsehen. Besonders taten es ihm anscheinend Gene Vincent und seine Blue Claps an, zweifelsohne die härteste Rockcombo der ersten Generation.

So verwundert es nicht, dass der eher als Iggy-Pop- und Reed-Fan bekannte Alan bei seinem zweiten (wenn man so will: psychoanalytischen) Solo-Ausflug »Be-Bop-A-Lula« virtuos nachsingt. Er hat seine Version gegenüber dem Original von 56 um genau 21 Sekunden kürzer gehalten, da er wohl nicht so langanhaltend zu schluchzen vermag wie der vor gut zehn Jahren elendig verreckte »Sweet Gene Vincent« (Ian Dury). Nicht nur deshalb beansprucht er das Copyright an dem Song, denn er hat in ihn auch gleich noch Henry Mancinis (!) Titelmelodie der hier nie gelaufenen TV-Serie »Peter Gunn« eingebaut.

Über fast die gesamte LP könnte man als Motto »a-doo-wop-a-wop-a-doo-wop-a-wop« stellen. Seite eins spricht allein durch seine Titel schon Rock-Bände: In »Outlaw« fordert der durch das amerikanische Elend stark politisierte New Yorker vehement »more, more, more, more for the poor«, in »Raver« geht er auf ausdrücklichen »Collision Drive«!

»Ghost Rider« variiert sehr modern das alte Thema vom selbstmörderischen Motorradfahrer. Seine (tatsächlich existierende) Freundin Magdalena, die er gleich auf beiden Seiten besingt, wird von nun an so unsterblich sein wie »Tallahassee Lassie«, »Bony Moronie«, »Peggy Sue«, »Mary Lou«, »Long Tall Sally« und »Sweet Jane«.

Die sperrigste Komposition, die noch am meisten an die übrigens weiterhin existierenden Suicide erinnert, ist das Schlussstück »Viet Vet«, in dem der Vietnam-Veteran Alan Vega, der 68/69 in Südostasien ein »Deer Hunter« war, das verdrängte Kriegstrauma in einem über zwölfminütigen Urschrei weitaus eindringlicher verarbeitet, als es vor Jahren der mehrstündige Schmachtfetzen »Coming Home« tat. »Viet Vet« ist für mich die bislang einzig diskutable musikalische Botschaft eines im Kriege geistig oder körperlich Versehrten seit »Ruby, Don't Take Your Love To Town«.

Wie seine musikalischen Ahnen zeigt Alan Vega, dass man auch in den achtziger Jahren nur eine Stimme (von ihm selbst), eine Gitarre (Mark Kuch), einen Bass (Larry Chaplan) und ein Schlagzeug (Sesu Coleman) braucht, um die Fetzen fliegen zu lassen.

Die Bewertung der Platte überließ ich einem alten Bekannten: Mister Spock. Nach einem Zug durch die Gemeinde, bei dem er Elvis, Johnny Burnette, Buddy Holly, den Big Bopper, Johnny Kidd, Eddie Cochran und nicht zuletzt Gene Vincent auf Cloud No. 9 bei einer Jamsession traf, gaben sie ihm mit auf den Weg, er möge »Collision Drive« so viele Sterne wie möglich geben, wenn er mal wieder zurückkehrt. Ich möchte ihm nicht widersprechen.

Die Wüste lebt

Diese LP wird vom *Guckloch* präsentiert, einem Szenemagazin im Ruhrgebiet, das viele Fehler enthält (da wird zum Beispiel behauptet, Mickey Jupp habe seinen Song »Short List« nach Roger Chapmans Gruppe benannt) und »ein Scheißblatt« (Holger Czukay) geworden ist. So verwundert es nicht, dass diese Bierzeitung nun auch noch à la *Bild am Sonntag* angebliche »Ruhrpotthits '81« präsentiert.

Das seit meinem Ausstieg im vergangenen Jahr stark verbesserte Konkurrenzblatt *Marabo*, das es bislang lediglich zu Erwähnungen in *Twen* und *Zeit* gebracht hat und zunächst diese Scheibe sponsern sollte, lehnte von vornherein die vom Wunschklang-Label erbetene Werbetrommelei ab.

Viele der beteiligten Gruppen kenne ich persönlich, saß mit einigen Künstlern sogar im Schulchor (wo ich mich bei »Die Gedanken sind frei« als früher Punksänger entpuppte) und saufe mit vielen so manche Nacht im Appel durch.

Keine Band ist mit diesem Machwerk zufrieden, zumal nicht geklärt ist, wer daran verdienen soll (Verträge existieren nicht). Wie auf einem Sampler von Arrrrcade enthält jede Seite mehr als zwanzig Minuten Musik, was den Sound schier unerträglich macht. Darüber hinaus wurden Songtitel von der Dreimannjury, die sich selbst gewählt hatte, eigenmächtig umbenannt (wie bei der beachtlichen Bad Luck Blues Band).

Auch schürt das Cover, das ohne Rücksprache mit den Conditors (meinen Lieblingen), Tollwut oder Geier Sturzflug gestaltet wurde, alte Vorurteile gegen das Ruhrgebiet: auf schwarzem Untergrund ein Förderturm. (Der mäßig begabte Fotograf muss weit gefahren sein, denn hier in der Gegend sind die Pütts schon lange dicht.) Im Interesse der beteiligten Gruppen möchte ich mich nicht zu dem äußern, was da gepresst worden ist.

Wer sich ein echtes Bild vom Rock im Ruhrgebiet machen will, hole sich lieber die Platten der hier nicht vertretenen Vorgruppe, Salinos und die EP von Disque Omo beziehungsweise die Einzelwerke der auf diesem wüsten Sampler verhunzt vorgestellten Formationen.

»Wenn«, wie mir der Boss der populären Dschungelband, der wahrhaftig weiß, dass ich seine Abifeten-Kapelle nicht besonders mag, letztens sagte: »Wenn man von dieser Platte ausgeht, lebt unsere Wüste hier tatsächlich – aber sie besteht nur aus Sand.«

Der Achim-Reichel-Blues in Blond
20 Jahre Rock auf Deutsch

»Never let the facts spoil a good story«
(Phillip Goodhand-Tait, Bournemouth am 9. Februar 1982)

Für Günther Weiß, der damals Schlaggitarre spielte in Gerthe

Viele werden nicht wissen, dass die Rattles bereits im Herbst 63 auf England-Tournee gingen, auf eine der sogenannten package tours, wie sie damals üblich waren und vor einigen Jahren von dem Stiff-Label wiederbelebt und beliebt gemacht wurden: ein halbes Dutzend Acts spielte jeweils eine halbe Stunde. Anschließend ging's ab ins Hotel, und am nächsten Morgen fuhr der Omnibus dann weiter von Sheffield nach Wolverhampton.

Headliner der damaligen Tournee waren die Everly Brothers (»When Will I Be Loved«) und Little Richard (»Tutti Frutti«), die zu dem damaligen Zeitpunkt bereits ihren künstlerischen Höhepunkt überschritten hatten und in England von dem Ruf lebten, den sie sich in den fünfziger Jahren mit ihren klassischen Hits erworben hatten. Dementsprechend waren die Namen der Amerikaner auf den Plakaten dick und fett gedruckt, während die Einheizer quasi unter ferner liefen firmierten.

Das waren in diesem Fall neben den Hanseaten ein paar Rotznasen, die mit ihrer ersten Single so gerade mal das Ende der Top 30 erreicht hatten. Ihr Mini-Hit war die Chuck-Berry-Nummer »Come On«, und die Kapelle nannte sich The Rolling Stones, von der vielleicht der ein oder andere schon mal was gehört hat.

Ich habe mein Pop-Album zu meiner Plauderstunde in die Hallerstraße in der Nähe vom HSV-Stadion mitgenommen – mit aus der *BRAVO* ausgeschnittenen Fotos und den längst eingegangenen Gazetten *Musik Parade* beziehungsweise *ok*.

Ich blättere es am 9. Februar mit Achim durch, und beim Anblick eines Bildes von dem verstorbenen Rolling Stone Brian Jones, meint der Ex-Rattle: »Also was der mit den Frauen gemacht hat! Der schlug die die Treppe runter, sprang hinter ihnen her, legte sich zu ihren Füßen, entschuldigte sich und war vollkommen fertig wegen seiner Unbeherrschtheit.« »Und Little Richard?« »Der kam morgens immer mit dem Finger in der Bibel in den Bus eingestiegen und schwärmte von Gott. Die Everly Brothers waren einfach perfekt. Das war vollkommenes Showbusiness. Bei dreißig Konzerten haben die jeden Abend nicht auch das kleinste Bisschen außer Kontrolle gelassen. Tag für Tag dieselben Bewegungen, einfach klasse.«

Ich erzähle Achim, dass ich damals die Rattles als Zehnjähriger live in Brian Matthews »Saturday Club« samstagmorgens im BFN (heute: BFBS) gehört habe, wie sie »Zip-A-Dee-Doo-Dah« spielten. »Kann sein. Aber das kommt heute oft vor, dass sich damalige Rattles-Fans noch an jeden Furz von uns erinnern können. Neulich traf ich einen in Berlin, der mir sagte, er wüsste mehr über mich als ich selber.« Wir blättern weiter.

»Aha, die Liverbirds. Der Frank Dostal, mit dem ich ja schon lange eng zusammenarbeite, hat eine von denen geheiratet. Eine andere lebt jetzt in München.«

»Jaja, die waren damals oft in Mike Leckebuschs ›Beat-Club‹«, schwärme ich. Dreieinhalb Stunden intensives Quatschen & Fachsimpeln, mit Betonung auf simpeln, lassen sich nicht auch nur annähernd vollständig wiedergeben, zumal ich mal wieder den archaischen *Marabo*-Hausrekorder in der Hattinger Straße gelassen hatte.

Wollen wir ein wenig von den Rattles ablenken und auf Achim Reichels Sololeben eingehen. »Also, ich hatte damals, Anfang der sechziger Jahre, als ich Kellnern lernte, während mein Vater zur See fuhr, zwei Helden: Chuck Berry und Buddy Holly!« Ich fühl mich ein bisschen unwohl dabei, schon wieder mit meiner Buddy-Holly-Manie hausieren zu gehen, deshalb lieber O-Ton Achim Reichel: »Also meine absolute Lieblingsnummer war und ist ›Wait 'Till The Sun Shines, Nellie‹«. Ich werfe ein: »Brian Eno hält diesen Song auch für vollendeten Pop und wurde stark gerade von Buddy Holly beeinflusst.« Achim läuft raus und kommt mit einem Foto zurück. »Hinter der Platte bin ich seit zwanzig Jahren her.« Es zeigt Buddy Holly, Jerry Allison (der mit Peggy Sue verheiratet war), Niki Sullivan und Joe B. Mauldin, circa 1958.

Ich muss lachen: »Die hab ich mir vor zehn Jahren bei ihrer Wiederveröffentlichung in Soho für unter einem Pfund gekauft: ›The Chirping Crickets‹«. Später spielten wir dann natürlich auch »Brown Eyed Handsome Man« von Buddy Holly, die aber eigentlich von Chuck Berry stammte, und und und.

Natürlich kamen wir in diesem Zusammenhang auf die Beatles zu sprechen, die damals gerade auf St. Pauli acht Stunden pro Nacht durchpleckten. »Da konnte man sofort merken, dass die was konnten! Die haben bekanntlich nicht nur im Star Club gespielt. Durch Epstein, der sie dann ja entdeckte, und dessen Verbindungen nach Hamburg bekamen wir auch unsere ersten Gigs in England, wo wir auch im Cavern Club gastieren durften.«

Ich zeige ihm Bilder aus meinem Erinnerungsalbum: Die Rattles bei einer Schuhanprobe, so um 64. »Das war in so'm Laden in der Charing Cross Road. Wir waren ganz geil auf diese halbhohen Dinger gewesen. Aber laufen konnten wir nicht da drin und haben sie nach dem Fototermin wieder ausgezogen! Zu der Zeit hatte der [...] übrigens auch 'ne Zwölfjährige angebockt. Das war natürlich ein Riesenskandal.«

Die Rattles waren damals, zum Höhepunkt der Beatlemania, ohne Zweifel die einzige deutsche Band, die den Vergleich mit den Gruppen aus dem Merseydelta von Liverpool aushalten konnte (wie zum Beispiel Gerry & the Pacemakers, die Dave Clark Five oder die Searchers). Da sie aber eben Englisch sangen und der deutsche Konsument den Propheten im eigenen Lande lieber verhungern ließ und gleich nach britischen

Originalen griff, erhielten die Rattles, die damals von dem jetzigen WEA-Boss Siegfried Loch produziert wurden, nicht wie heute drittklassige Möchtegernrocker Goldene Schallplatten.

Achim Reichel wurde nach dem verunglückten Film »Hurra, die Rattles kommen« zum Bund geholt, weshalb die Band dann auch eine fest geplante Amerika-Tournee abblasen musste. Achim sollte beim Barras für das Bundesverteidigungsministerium als Uffz. ein Aushängeschild werden, wie sich Elvis in den fünfziger Jahren von Uncle Sam als Alibi hatte missbrauchen lassen. Aber Achim riss nur so seine Zeit als Gefreiter ab.

Nach seiner Entlassung stieg er nicht wieder bei den Rattles ein, sondern gründete mit einigen Freunden die hippie-angehauchte und dopegeschwängerte Formation Wonderland, bei der auch James Last seine Finger mit im Spiel hatte, bevor er uns dann als Orchesterleiter zur Last fiel. Auch ein späterer Steuerhinterzieher war Mitglied: Les Humphries. Man stelle sich das vor: Eine deutsche Flower-Power-Band! Unter anderem gingen sie damals mit den Bee Gees auf Tour und gastierten im November 68 in der Ruhrlandhalle.

Die Egotrips der einzelnen Mitglieder und die Unausgegorenheit des Konzepts der Formation verhinderten einen Durchbruch. Achim Reichel führte von da an eher ein obskures Leben, auch musikalisch, und lenkte seine Aktivitäten in eine neue Richtung. Er gründete nicht nur die A. R. & Machines, wenn man so will, eine Art Vorläufer der dann erfolgreichen Elektroniker-Kaste, die in den siebziger Jahren weltweit reüssierte. Achim: »Ich sprach darüber letztens noch mit Edgar Froese von Tangerine Dream.«

Auch fing Achim nun an, zu produzieren. Weil sein erstes Projekt Ougenweide war, das nicht nur für meine Wenigkeit alles andere als eine Ohrenweide war, wurde er zu diesem Zeitpunkt nicht gerade als Phil Spector gehandelt. Dennoch leitete die Arbeit mit dem Verballhornen altdeutschen Liedgutes (aus meiner Warte) eine Wende zum Guten für Reichel ein.

Ich war damals vollkommen vonne Pötte, als ich hörte, wie er sich mit seinem Album von Shantys (für Nicht-Hanseaten: Seemanslieder) von der Watercunt meldete. Ganz toll, wirklich ganz toll, wie er die Stürme liebte. Manch einer schimpfte darauf: »Die meinten, das könne ich doch nicht machen. Das hatten doch auch die Nazis geröhrt!«

Vollkommen zurecht ließ sich Achim Reichel nicht irritieren. Nur weil im Dritten Reich deutsche Folklore missbraucht worden war, sollte man sie ja nicht bis in alle Ewigkeit verdammen. Sonst dürfen wir auch nicht mehr Nietzsche lesen oder »Das Rheingold« (nicht von der EMI, sondern von Richard Wagner) hören.

Er strandete dann auch nicht mit der Pest am Balg vor Madagaskar, sondern erzielte einen beachtlichen kommerziellen Erfolg, wenn man bedenkt, dass zu jenem Zeitpunkt deutschsprachige Songs allenfalls die Revolution beschwören durften (Degenhardt und Konsorten) oder einen auf Prolo machten (Lindenberg).

Achim biederte sich nicht an und zog mit einer LP nach, auf der noch ältere Balladen aus der deutschen Romantik waren. »Übrigens habe ich vorige Tage noch mal im Radio Peter Frankenfeld gehört, wie er so'n altes Gedicht vergackeiert hat. Komm nicht mehr auf den Namen!« Ich erinnerte mich an eine Strafarbeit: »Das wird wohl Schillers ›Glocke‹ gewesen sein.« »Genau.«

»Regenballade« wurde ein Dauerseller, zwar nie irgendwie hitreif, aber dennoch stets verlangt in Plattengeschäften. Was kaum einem Rocker der sechziger Jahre gelungen ist (auch in England nur vereinzelt), hatte Achim Reichel nun geschafft: Nicht nur hatte er eine neue künstlerische Identität gefunden, sondern sich auch ein fast vollkommen neues Publikum erschlossen, das die Rattles, die zwischendurch ja dann ohne ihn ihren Hit »The Witch« gehabt hatten, nur dem Namen nach kannte. Bis dahin war unser Gespräch eigentlich ein verbales Schulterklopfen meinerseits gewesen. Freiwillig streckte er die

Waffen, was seine missratene »Heiße Scheibe« (LP-Titel) anbetraf. »Heiße Scheiße allenfalls.«

Nachdem er sich Mitte der siebziger Jahre mit traditioneller deutscher Lyrik befasst hatte, wollte er nun auf seinen letzten beiden LPs (»Ungeschminkt« und »Blues in Blond«) der deutschen Generation von Bukowski-Nachahmern eine Chance geben. Ich halte ihm vor, dass allenfalls Jürgen Theobaldys Text passabel gewesen sei: »Ich kann mir diesen Mist von dem Derschau, Richard L. Wagner und Jörg Fauser nicht reinziehn. Das sind doch alles Lackaffen. Und ich mein, jetzt 'ne ganze LP mit Fauser-Sachen ist wohl zu viel des Schlechten!«

Achim wurde ösig. »Fauser ist ein guter Mann! Hast du mal sein Buch über Marlon Brando gelesen?« »Nee, aber ich kenne seine Übersetzung von Howletts James-Dean-Biografie, die in der Tat nicht schlecht war. Aber was der so an Suff- und Puffgedichten verbraten hat, finde ich watt für den Arsch!«

»Fauser hing ja echt jahrelang an der Nadel und hat sich da rausgerettet!« – »Deshalb ist er aber noch kein guter Schreiber!« Ich hatte die Texte von »Blues in Blond« mal überflogen, die ich für Mist hielt. Jedenfalls konnten wir uns da nicht einig werden.

Wir sprachen lieber über sein Comeback als Live-Auftreter nach über zehn Jahren. »Ich kam ja in die Zeche nicht mehr rein, als du da zugange warst letzten Monat! War's überall so voll?« »Eigentlich schon. Nur in München waren so gerade mal 300 Leute da. Aber die fuhren voll ab. Im Übrigen ist es schon erstaunlich, wie mein Publikum aussieht! Von der Bühne aus kannst du das ja nicht erkennen. Bei einem Gig hatte ich mir vorher mal meine Fans angeguckt. Da waren ja mindestens drei Pop-Generationen nebeneinander friedlich vereint!«

Ich stimmte ihm zu. In der Tat hat Achim Reichel es geschafft, mit seiner neuen Kreativität alle möglichen Musikliebhaber auf seine Seite zu bringen. Ich mag zwar seine neue LP nicht, aber Achim Reichel ist nicht nur eine schöne Erinnerung für mich an die Zeit, als die Pop-Welt noch in Ordnung war.

Es ist befriedigend bis zwei minus für mich, wie er – der nun auf die vierzig zugeht – mit Anstand ergraut und Leuten einen schönen Abend bereitet. Und wer weiß, vielleicht überzeugt mich seine nächste Platte mehr als sein »Blues in Blond«. Aber ihr solltet euch ohnehin nicht auf mein Urteil verlassen. Hört selber mal in die neue LP rein!

Penguin Cafe Orchestra
The noise of the heart

»A politician is an arse upon which everyone has sat except a man«
(E. E. Cummings, »selected poems 1926–1958«)

Für Charly vom ALRO

Ich hatte ein hartes Jahr hinter mir mit vier Verkehrsunfällen, einer fristlosen Kündigung, einem verlorenen Arbeitsgerichtsprozess, und den darauffolgenden Erniedrigungen am Arbeitsamt, das mich nun zu Arbeitsbeschaffungsmaßnahmen (zum Beispiel Autobahnbauen, was wir schon mal hatten) heranziehen will. Zudem war ich Ende November von einem aufrechten Deutschen in meiner Stammkneipe auf der Wilhelmshöhe (Inhaber: Dieter »Frika«-Dellmann) mit einem »Du machst mir Deutschland nicht kaputt« in die Pissrinne geschlagen worden.

Ich war leider keine in der Bochumer City zu Bruch gegangene Schaufensterscheibe: Es wurde keine Großfahndung nach dem Attentäter ausgelöst (es war ja nach 22 Uhr gewesen!), der weiter als unbescholtener Bürger hier rumläuft. Die Staatsanwaltschaft hat fast drei Monate nach dem Vorfall auch noch kein Verfahren initiiert, das ohnehin wohl beim Schiedsmann geendet wäre.

So war ich froh und glücklich, dass ich drei Tage nachdem ich von drei Bullen mitten in der Nacht auf Socken auf einer nassen Straße durchforstet worden war, die Einladung nach Köln wahrnehmen konnte, die mir die nette Jane Smith von der DGG hatte zukommen lassen.

Auf einer Party sollte vier Tage vor seinem ersten Fernsehauftritt in der Bundesrepublik das Penguin Cafe Orchestra einem musikinteressierten Kreis vorgestellt werden. Der ganze Sarotti um die ehemalige Schokoladenfabrik von Stollwerck interessierte mich und den Omo überhaupt nicht, der zusammen mit meinem Leibfotografen und einem befreundeten Kritiker, der die zweite LP des PCO in höchsten Tönen gelobt hatte, aus dem Revier angereist kam.

Natürlich waren wir stolz gewesen, dass wir unseren Familien, die auf dem Pütt ihre Gesundheit ruiniert haben, erzählen konnten, dass der leibhaftige TV-Star Alfred Biolek der Conférencier sein würde (obwohl wir natürlich mehr auf den verstorbenen Peter Frankenfeld abfahren).

Als wir reinkamen in den Bau, wurde unser Fotograf höflich gebeten, nur Bilder von dem Geschehen auf der Bühne festzuhalten, was er auch versprach und woran er sich hielt. Der Grund für die Diskretion war nicht etwa Bios endlich mal offen zur Schau getragenes homosexuelles Gehabe. Warum trägt er nie in seinem »Bahnhof« einen Knopf im Ohr, warum begrüßt er dort nicht, wie privat, den Zeltinger, Tom Robinson und Rosa von Praunheim mit einem Kuss auf die Wange?

Aber das war uns schnurz, solange er uns selbst nicht an die Eier packte (und wenn's 'n Wellensittich iss, spitzen wir'n eben an!). An jenem Nikolaustag am Ende des vergangenen Jahres, exakt eine Woche vor der Ausrufung des Ausnahmezustands in Polen, wurde diese Party dann auch nicht etwa für Fans der Musik von Simon Jeffes, dem »Dirigenten« des Orchesters, und seine Freunde gegeben, nein, wie in einem absolutistischen Staat hatte der Künstler dem Köln-Bonner-Establishment ein paar frohe Stunden zu bereiten.

Zunächst erkannte ich zu meinem Entsetzen den mit Konfetti berieselten Bundesinnenminister Baum nebst Gattin und irgendeinem Kölner Kommunalpolitiker, der mit seiner Glatze auch schon mal von Biolek in dessen »Kölner Treff« eingeladen worden war. Sofort machte ich mit meinem Kennerblick ein gutes Dutzend Gorillas aus. Von einem ließ ich mir Feuer geben und sah dabei seinen Ballermann schwersten Kalibers.

Geraume Zeit blieb der vorderste Holztisch (wir machten ja einen auf zünftig!) frei. Ich dachte mir: Da kann nur noch der Papst kommen! Ich ging erst mal schiffen. Als ich zurück in den Saal kam, traute ich meinen Augen nicht, die von dem Rauch irgendwelcher illegalen Drogen (die ich selber für mich ablehne) getrübt waren.

Mich versetzte dann auch nicht so sehr in Erstaunen, dass da auf einmal Walter Scheel und seine Mildred saßen. Was mich und den [...] Omo vielmehr in Schrecken versetzte, war, dass die nicht mal volljährige Tochter des Pferdehändlers der Nation eine nach der andern qualmte, wo wir doch alle aus dem Munde von Frau Dr. Mildred Scheel (an der Seite des Antialkoholikers Harald Juhnke stehend) wissen, wie krebserregend doch Nikotin ist und wie gefährlich gerade Kinderkrebs! Selbst wenn Fräulein Scheel nur erlaubte Genussgifte zu sich genommen hat (sie soff auch Coca-Cola literweise!), was wir nicht genau erschnuppern konnten: Dieses zarte Kind muss vor ewigem Siechtum gerettet werden!

Dass etwa drei Zollstocklängen von Minister Baum entfernt gekokst wurde, während gleichzeitig auf seine Veranlassung hin Michael Pfleghar per Interpol aufgrund der vagen Aussage eines Münchner Fotomodells auf Kosten des bundesdeutschen Steuerzahlers gejagt wurde, verwunderte mich dann auch schon nicht. Wenn die Schweine der oberen Zehntausend unter sich sind, ist alles erlaubt, während hier in meiner Nachbarschaft ein Spürhund nach dem andern Leuten die Nachtruhe klaut, die irgendwann mal gegen das Betäubungsmittelgesetz verstoßen haben. Auch ich nahm vor den Augen der liberalen Politiker ein Schnüppken, allerdings von Benzonase, das cortisonhaltig und deshalb gefährlich ist, mir aber von meinem HNO-Arzt tags zuvor verschrieben worden war.

Während ich eine Dosis einatmete, begegnete ich am Bühnenrand Andy Leighton, dem Tourmanager des Penguin Cafe

Orchestra, der auch Mitglied der Gruppe Shoes for Industry ist. Mein Medikament war von dem Chemiekonzern Glaxo (Bad Oldesloe) hergestellt worden, der wegen seiner Schilddrüsenpräparate weltweit renommiert ist. Ich fragte Andy, ob es die Glaxo Babies (»Put Me On The Guest List«) noch gäbe. Nein, der deutsche Multi habe der Band das Führen dieses Namens untersagt, und was die jetzt machten, wusste er auch nicht. (Sänger Rob Chapman ist bei den Transmitters, der Rest auf die diversen Pop-Group-Nachfolgebands verteilt.)

Alle, alle waren sie da, die ganze Kölner Schwulenmafia und noch mehr. Wenn Biolek nicht dann doch noch das Penguin Cafe Orchestra angesagt hätte, wäre der Omo lieber stehenden Fußes nach Wanne-Eickel zurückgekehrt. Als dann das gute halbe Dutzend englischer Musiker mit »From The Colonies« begann, herrschte nicht etwa Ruhe ob der wahrhaft schönen Musik, nein, es wurde weitergefressen und -geschluckt von den circa tausend (zur Hälfte ungeladenen) Gästen, als sei bereits Rosenmontag. Ich verabredete mich mit Simon Jeffes nach dem einstündigen Konzert für den übernächsten Tag in einem Kölner Café (Le Passage).

Es fand ein gut zweieinhalbstündiges Gespräch von zwei Leuten statt, die zwar aus ganz verschiedenen geografischen Bereichen kamen, sich aber dennoch oder deshalb auf Anhieb verstanden. Ich gestand gleich meine Ignoranz in Bezug auf das Penguin Cafe Orchestra ein, zumal ich die vergriffene erste LP »Music From The Penguin Café« damals noch nicht kannte, die 1976 auf dem von Brian Eno betreuten Obscure-Label erschienen war.

Es war mehr ein Plaudern zwischen Simon und mir als eines dieser üblichen Interviews, die unter Zeitdruck zwischen Soundcheck und Auftritt stattfinden. Es ist mir schwergefallen, das Gespräch zusammenzufassen und die Spreu vom Weizen (eigentlich war alles Weizen) zu trennen. Deshalb erscheint hier auch nur der erste Teil der Story, zumal ich anschließend noch mehrmals mit Simon (auf meine eigenen Kosten!) in

London telefoniert habe und sich da Sensationelles anbahnt in seiner bislang eher obskuren Karriere.

Simon stammt aus einem gebildeten Elternhaus. Er ist das zweitälteste von fünf Kindern eines Professors für Metallurgie (was die Mutter macht, hatte ich Chauvi natürlich versäumt, zu fragen, aber bei der Kinderzahl war sie sicher *nur* Hausfrau). Er wurde 1949 geboren und verlebte mit seiner Familie einen Großteil seiner Jugend (bis 61) in Kanada, wo ihn seine Oxbridge-Eltern in ein Internat steckten. Er musste unfreiwillig Trompete und Klarinette lernen, die er heute noch manchmal aus Jux spielt. Er hörte in Toronto nie Radio. Einzig blieb ihm aus den frühen sechziger Jahren Dion DiMucci (»The Wanderer«) im Gedächtnis haften. Den Rock 'n' Roll hatte er überhaupt nicht wahrgenommen!

Bei der Rückkehr der Familie ins Vereinigte Königreich wurde er in eine weitere boarding school gesteckt. »Dritter Klasse in Devon! Eton war schon belegt.« Bis dahin hatte er nie jemanden Gitarrespielen sehen. »Aber an meinem allerersten Tag dort sah ich, wie jemand (wahrscheinlich) ›Apache‹ von den Shadows versiert zupfte. Ich war hingerissen von dem Instrument und ließ mir die ersten Griffe beibringen.« Das eigentliche Schulleben interessierte ihn von da an nicht mehr. Er stieg in jugendliche Kapellen ein, die bei Partys später dann Hits von den Beatles und Stones spielten. »Wir nannten uns jede Woche anders, mal The Electrons oder auch The Country Gentlemen, um nur zwei der ulkigen Namen zu nennen.«

Ein Schulabschluss interessierte ihn zu der Zeit nicht. Die eher weltlichen Dinge verhinderten dann auch zunächst einen Schulabschluss. Er schaffte die A-levels nicht und besann sich neben seinem Schaffen auf musikalischem Gebiet auf das Chaos in seinem Kopf und seine Gefühle. Er schloss sich einer unorthodoxen politischen Schülergruppe an – zu Mods&Rockers-Zeiten – ohne jedoch von den einen oder andern beeinflusst zu werden. »Wir machten lauter lustige Sachen. Gewalt wandten wir aber nie an.« Jedenfalls flog er von der Schule und kehrte zu seinen Eltern nach London zurück, wo der Vater weiter Metalle untersuchte und herstellte. »Kann der auch Gold machen?« »Noch nicht, leider.«

Damit aus dem Sohnemann noch was Anständiges würde, sprachen die Eltern ein ernstes Wort mit ihm. Er wollte Profimusiker werden, da gab's für ihn nun kein Vertun. Aber natürlich wollten die upper-class-parents, dass Simon das auch akademisch würde. Zunächst holte er sich die Fakultas für ein Studium an der London University. Dort kam er dann intensiv mit den Klassikern in Berührung. Nein, eigentlich war es, so unglaubwürdig es klingen mag, der amerikanische Countrygitarrist Chet Atkins, der ihn mit seiner beeindruckenden Technik der Klassik, vor allem Bach, zuführte.

»Bach ist toll. Nur wie er heute gespielt wird, entspricht bestimmt nicht dem, was er im Sinne hatte. Das Revolutionäre in seiner Musik wird zu sehr geglättet. Heutige Interpretationen seiner Stücke sind eine Beschwörung des Status quo. Man müsste wissen, wie Bach selber Bach gespielt hat!« – »Tja, eine interessante Frage.« – »Kennst du das legendäre Album ›Switched-On Bach‹ von Walter Carlos?« – »Sicher, das war was total Neues. Ich selber benutze zwar keine Synthesizer, aber der Klang beeindruckte mich damals. Zunächst studierte ich jedoch fleißig Harmonielehre und Kontrapunkt.« – »Auch Schönberg und Konsorten?« – »Das kam später, wie so oft bei mir: zufällig. Ich ging in Kubricks Film ›2001‹ und hörte erstmals Ligeti. Ich war hingerissen, kam dann auch auf Stockhausen und Penderecki, von denen ich danach kein Konzert in London versäumte.«

»Kennst du Holger Czukay?« – »Ich hab den Namen hier in Köln dieser Tage oft gehört, aber ich kenn seine Musik nicht, auch nicht die von Can. Ich weiß nur, dass da so eine deutsche Gruppe existiert (hat). Bewusst habe ich sie nie mitgekriegt.« – »Auch nicht ihren englischen Hit ›I Want More‹ 76?« – »Ich hör doch nie Radio! Aber Holger Czukay möchte ich unbedingt kennenlernen. Soll ja ein hervorragender Mann sein!« Ich bestätigte das, gab ihm Holgers Adresse und die seines Stammlokals, gleich um die Ecke.

Was ich damit angezettelt habe, wie darüber hinaus die sich anbahnende Zusammenarbeit mit der New Yorker Choreografin Twyla Tharp (»Hair«, »The Catherine Wheel«) aussehen wird, ach, wie's überhaupt zu dem Penguin Cafe und seinem Orchester vor zehn Jahren kam, welche Rolle Eno, Steve Nye, Malcolm McLaren, Roger Glover, Ryūichi Sakamoto (siehe *Sounds* 2/82), die Transsibirische Eisenbahn, Kraftwerk, seine Frau Emily und sein Sohn Arthur spielten, was es mit »The 4 musicians in green clothes« auf sich hat, werde ich in Kürze nachliefern und mir eventuell bis dahin noch kilometerweise unveröffentlichte Tapes in Simons Wohnung in Shepherd's Bush anhören. Bis dahin bat ich Simon Jeffes anlässlich des beginnenden Goethe-Jahres (»Mehr Licht!«) um sein vorläufig letztes Wort: »Listen to the noise of the heart.«

Alan Vega: Collision Drive
Suicide: Half Alive

Invasion von der Vega! Nehmt euch in Acht! Wahrscheinlich kommt Alan Vega, der zusammen mit Martin Rev das Kultduo Suicide bildet, mit seiner neuen Truppe, bestehend aus einem Trio langjähriger New Yorker Freunde, mit dem er einen Meilenstein der Rockmusik, »Collision Drive«, letztes Jahr in den Skyline-Studios aufgenommen hat, bald auf Tournee. Wer sich dieses Schauspiel entgehen lässt, wird das größte Live-Erlebnis dieses Weltmeisterschaftsjahres versäumen.

Und was macht Suicide? Alan Vega versicherte uns telefonisch aus der Fulton Street, dass er »of course« mit Martin Rev weiter Selbstmord begehen wird, aber nur mit Martin Rev und nur solange beide leben.

So ist also »Half Alive« kein Grabgesang, sondern nur eine Zwischenbilanz. Ich hab die Kassette bislang nur über meinen Walkman (den billigen von Tchibo: deleted) gehört, vor allem nachts beim Nachhausetorkeln. Zum Teil aufgenommen im Marquee (Wardour Street) und Brüssel, bietet es einen atemberaubenden Einblick in das heutige Amerika, wie es zwei Paranoiker ästhetisch mit knappen Mitteln beschreiben, ohne jegliche Beschönigung. »Goin' To Las Vegas« ist bislang die einzig genießbare Würdigung der Karriere Elvis Presleys.

»Collision Drive« gehört in jede Disco, in jedes Wohnzimmer, in jeden Sack, in jede Vagina, überall hin, wo man sich von Gefühlen regieren lassen will. Ich hielt eigentlich Vegas »Jukebox Babe«, das er für seine erste Soloplatte (mit Phil Hawk) aufgenommen hatte, schon für das Nonplusultra an moderner Tanzmusik, aber »Ghost Rider« vom neuen Werk wird alle unersättlich machen. Hab mir auch sagen lassen, dass diese Scheibe, zumindest im Ruhrgebiet, wie Streusalz in diesem kalten Winter verkauft wird.

Jeder der neun (von insgesamt fünfzehn im Studio aufgenommenen) Tracks hat Hit-Kaliber. Wer nach »Viet Vet« noch eine Knarre in die Hand nimmt, gehört an die Wand gestellt. Alle sollten wir ein »Rebel« werden und vor allem dagegen angehen, dass zwar ROIR die Kassette in einen einfühlsamen Aufsatz von Lester Bangs einpackt, die Ariola aber noch nicht mal die Titel richtig wiedergibt. Es muss, laut Alan V., 82 statt 81 hinter seiner geliebten »Magdalena« auf Seite eins heißen, die übrigens nicht mit dem besungenen »Jukebox Babe« identisch ist.

Heinz Rudolf Kunze:
Poesie mit Schlips & Kragen

Wenn sich einer bereits bei Veröffentlichung seiner Debüt-LP von der Öffentlichkeit so abschotten lässt, als sei er Howard Hughes, muss er es sich auch gefallen lassen, wenn man ihn an seinem eigenen Anspruch, den horrenden Garantiesummen und der kostspieligen Werbekampagne seiner Plattenfirma misst.

Heinz Rudolf Kunze ist ein Mensch, der am liebsten den Nobelpreis für Literatur, jedes Jahr eine Goldene Schallplatte und den Orden wider den tierischen Ernst gleichzeitig erhalten möchte. Nach eigenen Angaben war er immer der Klassenbeste und deshalb unbeliebt unter seinen Mitschülern, zumal seine aus der DDR stammenden Eltern beide Lehrer waren. Fußball konnte er auch nicht spielen: Denkbar günstige Voraussetzungen, Poet und/oder Professor zu werden, aber – und jetzt kommt der Haken – möglichst mit breiter Popularität und dementsprechenden Verkaufszahlen. Man mag ihm diese Kompensationsmentalität nicht vorwerfen, nur soll er nicht auch noch so tun, als sei er unser aller Retter vor dem Niedergang des progressiven deutschen Liedguts.

Angeblich hatte Kunze nach dem Gewinn der deutschen Meisterschaft im Antanzen und Vorsingen (auch »Deutsches Pop-Nachwuchs-Festival« genannt) ein gutes Dutzend Angebote von großen und kleinen Plattenfirmen vor sich liegen. Die WEA bekam den Zuschlag. Er erfüllte der Firma des aus einer betuchten Familie stammenden Paradeproleten Marius Müller-Westernhagen den langgehegten Wunsch, auch mal einen Alibi-Intellektuellen in Sendungen wie »Aspekte« unterbringen zu können – was dann auch prompt während der letzten Buchmesse in Reinhart Hoffmeisters »Litera-Tour« gelang.

Dort enthüllte er wie ein Denkmal den Namen seiner Tourneeband, auf den wir natürlich alle gespannt gewartet hatten: »Automatische Anrufbeantworter«!!! Darauf kann man wohl nur kommen, wenn man den Intelligenzquotienten des angehenden Doktoren der Philosophie Kunze hat (Thema der Dissertation: Spinoza, nicht verwandt mit dem versierten Sessionmusiker). Im Grunde ist dieser Kunze nur ein belesener Rotzlöffel. Man kann sich mit ihm gut über Literatur und Rockmusik unterhalten; da hat er theoretisch wirklich einiges drauf. Als unheilbarer Streber hat er zweifelsohne sogar das spezifische Gewicht eines guten Songs ausmachen können.

Allerdings schlägt sich das in seinem langweiligen Debütalbum »Reine Nervensache« nicht nieder. Die Musik ist keimfrei, schlichtweg langweilig und selbstverständlich mit allen Schikanen produziert. Kunze kann nicht singen, ist aber auch auf diesem Gebiet sehr von sich angetan. Die Texte strotzen nur so vor idiotisch-idiomatischen Ausdrücken, die eine enzyklopädische Bildung ausdrücken sollen, in Wirklichkeit jedoch nur von den Lücken in seinem Gefühlshaushalt zeugen. Seine Songs sind etwas für Eingeweihte, aber nichts für die Eingeweide. F. C. Delius ist kein Fußballverein, sondern ein Dichter zwischen Proust und Wallraff, sollte man wissen.

Bevor man sich seine narzisstische »Romanze« (Songtitel) anhört, muss man wenigstens Heinrich von Kleists Aufsatz »Über das Marionettentheater« intus haben. (O-Ton Kleist: »Er fing an, tagelang vor dem Spiegel zu stehen; und immer ein Reiz nach dem anderen verließ ihn.«) Kunze, fast 200 Jahre später: »dann streichle ich mich sanft / und schließlich schlafe ich mit mir.« Im Grunde ist dies ein Lied übers Wichsen. Statt aber das Kind beim Namen zu nennen, bosselt er verklemmt mit Versmaßen rum, als sei er Heinrich Heine.

Verkorkste Liebeslieder aber sind generell noch zu entschuldigen. Schlimm wird's erst dann, wenn sich Kunze auch noch politisch aufs Hohe Pferd setzt. Ich kann einfach diese musikalischen Flugblätter nicht mehr ertragen, selbst die bloß literarischen, wie sie etwa Erich Fried liefert.

Wenn Kunze – wie uns auf dem Plattencover weisgemacht werden soll – tatsächlich Peter Handke, Rolf Dieter Brinkmann, Randy Newman und Jim Morrison zu seinen Vorbildern zählt, hätte er sich gerade dann hüten sollen vor solch dämlichen Metaphern wie »ich hätte gern noch / doch ist's schon spät / herausgefunden, was / in Atomsprengköpfen vor sich geht / wenn wir schlafen, flüstern sie …« Metaphern, die Gottfried Benn – was Kunze als staatlich geprüfter Germanist wissen sollte – schon vor etlichen Jahren offiziell verboten hat.

Kunze ist ein durch seine Ver-Bildung versauter Eigenbrötler. So bezieht er wohl auch seine Beobachtungen aus zweiter Hand. Er surft auf dem Kamm der (wievielten?) politischen Welle rum und will sich auch noch zu einer Art singendem Erhard Eppler profilieren.

Er hätte sich lieber darauf konzentrieren sollen, seine schmalen literarischen Erzeugnisse weiterhin von seiner Heimatstadt Osnabrück mit Trostpreisen bedenken zu lassen, als sich uns als »Niedermacher« anzudienen. Nein, da gibt's ganz andere. Der 75 in London tödlich verunglückte Schriftsteller Rolf Dieter Brinkmann war einer von ihnen. Nur hatte der Kölner Chaot keinen Multi im Rücken und nagte praktisch fünfzehn Jahre am Hungertuch. Er würde sich Kunzes posthume Anbiederung verbitten und – wie weiland gegen Reich-Ranicki – ein Maschinengewehr gegen diesen Biedermann richten wollen.

Gern hätte ich mit Magister Kunze noch einmal geplaudert, noch mal genauer gehört, wie es zu seinem *Fall* gekommen ist. Seine Firma sollte mir eine Leitung zu ihm legen. Sie durfte nicht. Herr Kunze war im Aufnahmestudio zugange und wollte sich wochenlang nicht stören lassen. Kein Anschluss mehr unter dieser Nummer.

Heinz Rudolf Kunze ist eine Null. Er selber weiß es am besten. Frei und holprig nach Kleists Gedicht »Glückwunsch«: »Ich gratuliere, Heinz Rudolf, denn ewig wirst du leben / Wer keinen Geist besitzt, hat keinen aufzugeben.« Dein Wolfgang Welt

Lou Reed: The Blue Mask

Ich weiß heute noch ganz genau, an welchem Wochentag ich wo zum ersten Mal »I'm Waiting For The Man« von Velvet Underground in Peter Zadeks Film »Ich bin ein Elefant, Madame« zu hören bekam. Ich vergesse den Wintermorgen 73 nicht, als ich in London das aus einer Oxford-Street-Boutique schallende »Walk On The Wild Side« als persönliche Aufforderung verstand. Oder anderthalb Jahre danach die Zeilen »You're so cold / you're Alaska« von dem Album »Berlin« einer 18-jährigen Nachhilfeschülerin vorspielte, die mich nicht ranlassen wollte.

Gerade Lou Reed hat eine Bedeutung für mein eigenes, nicht repräsentatives Leben gehabt, die unabsehbar ist. Noch sein schlechtester Song sagt mir mehr als etwa das Gesamtwerk von Iggy Pop, dessen Musik ich nie mochte, allenfalls die Parolen, die er damit untermalte: »I just wanna fuck / This ain't no romance.«

»The Blue Mask« nun hat mein im Grunde (auch durch ein paar weniger gute LPs) nie angezweifeltes Vertrauen in das New Yorker Rock-Genie bis an mein Lebensende zementiert. Auf dem Cover sehe ich dasselbe Bild von Lou Reed wie vor knapp zehn Jahren auf »Transformer«, nunmehr jedoch in Blau gehalten, was Assoziationen an blue movies (Pornofilme) weckt.

Mindestens vier Songs kann ich vom Text her, 5000 Meilen von Coney Island entfernt, unterschreiben. Auch »I Love Women« (Frauen wohlweislich großgeschrieben!), auch ich bin da unheilbar, weiß, wie man sich »Underneath The Bottle« fühlt, nachdem man besoffen die Treppe runtergeflogen ist. Wie Lou Reed schätze ich mich als »Average Guy« ein, als Durchschnittsmensch, bin »no Christian or no born-again saint«, geschweige denn ein (promovierter) »Marxist D. A.«

Genau erinnere auch ich mich noch an »The Day John Kennedy Died«, als ich allerdings nicht wie die Tante Lou in einer Bar rumlungerte, sondern die für mich damals schreckliche Nachricht als Zehnjähriger an jenem Freitag im November 63 aus dem Munde von »heute«-Sprecher Wolfgang Behrendt vernahm.

Überhaupt durchzieht »The Blue Mask« ein Gefühl von Aufbereitung der eigenen Vergangenheit, mit der sich ein Großteil der Leute identifizieren kann, die in den ersten zehn Jahren nach dem Zweiten Weltkrieg geboren sind. Für Lou Reed heißt das, dass »Heroin« wieder grüßen lässt und der von ihm geliebte, vor gut fünfzehn Jahren verstorbene Poet Delmore Schwartz in »My House« mit einer Anspielung auf James Joyce geehrt wird: »My Dedalus to your Bloom, was such a perfect wit« – jener Delmore Schwartz, der meinte, in den Träumen begänne die Verantwortung.

»The Gun« ist ein Abgesang auf das fast schon apokalyptisch zu nennende gewalttätige Klima einer untergehenden Stadt. Lou Reed setzt ihm als (ästhetische) Kur ein epochales Album entgegen, dessen Schlüsselsong, das Titellied, alles enthält, was man heute mit zwei Gitarren (er selbst und Robert Quine), einem Bass (Fernando Saunders, der auch die wenigen, doch zauberhaften background vocals beisteuert) sowie dem Schlagen und Streicheln von ein paar Trommeln und Becken (Doane Perry) an Rock 'n' Roll liefern kann und sollte.

»The Blue Mask« wird schon jetzt allerorten als Meisterwerk gefeiert. Vollkommen zurecht. Ein Meilenstein – der wohl erste und vielleicht letzte der achtziger Jahre, der uns zeigt, wie weit wir in den letzten 25 Jahren gegangen sind, und wo wir jetzt stehen. Er gibt uns Kraft, durchzuhalten; aber wie lange wir noch weitermachen müssen, steht nicht drauf.

Lou Reeds nunmehr vorgelegtes Opus magnum beginnt am Ende denn auch so: »Heavenly Arms (Songtitel) reach out to hold me / Heavenly Arms entice you to dance / In a World of ill will / the dancers are still …«

Wie der Lou Reed den lachenden Vagabunden nicht traf

The Wearing Of The Blue (Gerd Neemann zur Silberhochzeit)

»It may not or maybe a no concern of the Guinnesses but« (James Joyce: »Finnegans Wake«, FW 309)

In memoriam Delmore Schwartz et Helmut Klingelberg. Für Heidi Oeser, Ute Schmalz und vor allem Christine Bückmann!

Warum soll ich kleines Licht mich untern Scheffel stellen? Kein Scherz: Neulich sagte Wolfgang Körner (»Drogen-Reader«) nach der Lektüre meines ersten im automatic-writing-Verfahren in sieben Stunden hingekloppten Prosatextes, der in einer Anthologie im November 81 erscheinen sollte und in Druck ist: »Du bist der größte Schriftsteller nach James Joyce!« – Ich antwortete ihm bitterböse: »Du spinnst wohl! Wieso *nach*?« – »Ich mein ja nur: *Der* ist ja schon tot.«

Gar nicht wahr! Ein Künstler lebt solange, wie seine Werke leben. Und verstorbene Lebenskünstler wie der geniale Friseur Helmut Klingelberg, dessen Fell ich 75 mitversoffen habe, leben solange, zumindest in mir, wie ich mich an sie erinnere.

Ich steh also da, wo der Helmut montags nach'm Friseusen-Ball immer einen flambierten Lufthansa-Cocktail nach'm andern soff, bis ihn sein Hund nach Hause führte (der Köter war blind und fand deshalb jeden Heimweg aus der noch so entlegensten Kneipe des Ruhrgebiets). Das Wort war draußen beim Dieter Dellmann am Tresen, das Lokalverbot längst wieder nach meinem Kniefall vor der Ilse aufgehoben: »Ich fahr morgen nach Amsterdam, Jungs! Ich soll da sonn Ami interviewen, den die RCA extra aus den Staaten einfliegt, einen Lou

Reed, kennt ihr nich. Aber der Trenkler soll auch kommen. Habte vielleicht schon im WDR gehört, die Nappsülze! Davon ab. Was kann ich für euch in Amsterdam tun?«

Der Erich Schmidt meint: »Bring ma 'ne Stange Caballero mit. Die ham wa damals immer in Holland gequalmt, der Goggo und ich. Die sind viel besser als Reval! Willze Geld ham?« Ich: »Nee, nee. Das wird schon die Alte von der RCA übernehmen. Weiße ja, Erich, die hatten auch den Elvis unter Vertrag!«

Appetz Koke, der Vollgefressene, der die Rente nach vierzig Jahren auf'm Pütt durchhat, steht neben Attur »Lotto-Toto« Wagner. »Wir ham da sonne Bekannte in der Ostzone. Und der ihr Sohn sammelt so Briefmarken mit Ersttagsstempeln!« – »Alles klar, Appetz. Dafür krieg ich 'n Pfund Panhas, wenn du im Herbst wieder 'n Schwein schlachtest!« Attur zeigt mir einen alten Dollar mit George Washington drauf. »Die gibt's nicht mehr in den Staaten!« Ich hol aus meiner Patte die Gulden, die ich mir besorgt hab. Auch mein letzter Zwanzigmarkschein ist da. Ich zeige Fitzeck Rostek die Rückseite: »Guck ma – das ist die einzige Olle, die immer nur von hinten gegeigt wird!«

Ich nehm den letzten Bus zum Rotthaus. Verdammte Hacke! Die blonde Conny mit den dicken Titten ist Penetration leid und macht aus ihrem derzeitigen Hang zur Homosexualität nicht nur keinen Hehl, sie praktiziert ihn auch noch, die dumme Sau! Trotzdem: »Conny, was willst du denn von Lou Reed haben?« – »Ein Schamhaar! Aber das musst du ihm eigenhändig rupfen!« – »Mach ich doch glatt, obwohl, willze nich lieber das Toupet von Lou van Burg ham? Komm ich als lachender Vagabund leichter dran!« »Neenee.« Ich lasse meinen Deckel bis an die magische Grenze von fuffzig Mark anschwellen und geh den Berg an Opel vorbei hoch und leg mich in die Koje.

Die Mutter weckt mich um sechs. Abfahrt: 8:46. Sie packt mal wieder so viele Klamotten ein, als würde ich die Chappaquiddick Bridge begehen wollen. Am Hauptbahnhof treff ich die Irmi von der *Rheinischen Post*. Ich kauf mir die *Bild-Zeitung*: »Harald Juhnke wieder voll da!« (Zitat Herbert Wehner: »Ich lese die *Bild-Zeitung*, weil ich wissen will, was die Leute denken sollen.«) Hab sowieso schon alles voll. Will Lou Reed die Wollschläger-Übersetzung von »Ulysses« schenken. Man sollte wissen, dass Lous Idol der verstorbene Delmore Schwartz war, der größte James-Joyce-Experte in den Staaten, aber auch ein ausgezeichneter Poet. Ich denke jetzt – zurückblickend – besonders an seine »Season In Hell«. Von dem gibt's nix auf Deutsch, diesem Genie, während von Bukowski, der ja nix gegen seine Nachahmer und seine Leser tun kann, jeder Furz erhältlich ist.

Mit im Gepäck habe ich eine Wichsvorlage von mir: Die im April 77 erschienene Nummer von Al Goldsteins *National Screw* (frei übersetzt etwa: Nationaler Bums). Ich entnehme dem Blatt neue Weisheiten, zum Beispiel von Suzy »Roach Clip« Alsinger: »Screwing in front of the TV kills sperm.« William S. Burroughs, aus dem plutoniumverseuchten Boulder/Colorado (Hi, Roni & Jeff!), äußert sich zu seinen Kollegen, von Céline über Truman Capote bis Brian Jones und Samuel Beckett.

Gertrude Lalani arbeitet am Wochenende als Agentin für das FBI auf Hawaii. Bebildert (!) wird erklärt: »Microfilmed plans can be hidden easily in Gertrude's cunt, although they get slippery after a while.« Hatt ich's mir doch gedacht! Dann gibt's da noch 'ne »Shit List«, tolle Comix (»The Cat With The Crap« von Dr. Souse) und eine Umfrage unter Musikern nach ihren Lieblingsliedern. Während ich mir über Kopfhörer den Song »Fearless Vampire Killers« von den Bad Brains (ROIR A 106) anhöre, lese ich Lou Reeds private Top Sex:

(1) Eddie & Ernie – »Outcast«
(2) Righteous Brothers – »You've Lost That Lovin' Feelin'«
(3) Crazy Elephant – »Gimme Gimme Good Lovin'«
(4) Lorraine Ellison – »Stay With Me Baby«
(5) Karen Dalton – »Something On Your Mind«
(6) Manfred Mann – »Pretty Flamingo«

Drei dieser Songs (2, 3, 6) waren zu irgendeiner Zeit auch mal meine Favoriten gewesen. Lou merkt in aller Bescheidenheit an: »These of course are favourite records other than my own.« David Byrnes Lieblingslieder waren damals übrigens – aber ich schweife ab: »What's going on?«

Ich nehm mir in Amsterdam 'ne Taxe, dabei hätte ich da hinrotzen können vom Bahnhof aus. Vor dem Sonesta-Hotel steht ein Ferrari mit Kölner Nummer. »Aha«, denke ich, »Kollege Trenkler ist schon da.« Ich weiß gar nicht, wo ich mich melden soll. Habe noch ein paar Stunden Zeit bis zu meinem Interview. Erst mal Kaffeesaufen im Frühstücksraum. Ich frage den Kastellan: »Lou Reed schon gesehen heute?« »Nee, heute noch nich, aber Earth, Wind & Fire sind gerade angekommen.« Ich seh ein paar Schwatte. Einer kauft teuren Klunker beim hauseigenen Juwelier.

Ich versuche Charles Holland zu erreichen. Laurie Anderson hat ihm »O Superman« gewidmet. Wir hatten uns anlässlich ihres Konzerts beim WDR bei den Proben getroffen. Der circa 70-jährige Sänger hatte mich eingeladen und mir seine Adresse gegeben. Ich guck im Telefonbuch nach, wähl die Nummer, die über »tenor« steht. Aber es nimmt keiner ab. Ich geh in die Bar. Komme ins Gespräch mit einem älteren Herrn. »I'm on a drinking man's diet« und trinke Amstel-Bier. Zweimal pro Glas muss ich zum Pott. Herr van Rosmalen ist laut Visitenkarte hoof-redacteur=Chefredakteur des *Elsevier's Magazine*, eine Art holländische Version des *Spiegel*. Ich soll, zurück in Deutschland, für ihn was tun.

Er telefoniert hinter zwei Leuten her. Die sind irrtümlicherweise vom Flughafen ins Amsterdam Hilton gefahren. Kommt in der »Ballad Of John And Yoko« vor. Ich sitz an der Bar und zähl meine Pieselotten nach. Ich hol schon mal für den Erich drei Schachteln Caballero. Dann, da ich gerade im Souvenirshop bin, mehrere Tuchkalender, für meine Mutter und für die Otti Hüllen; die Katja in Hannover kriegt auch einen. Mein Vater raucht gerne exotische Zigaretten.

Ich kauf ihm die teuersten Gammel, die die mit Filter vorrätig haben.

Ich blättere in meiner Ausgabe vom »Finnegans Wake« rum, das ich besser verstehe als ihr alle, Freunde! Und klar doch. Wie üblich schlage ich irgendeine Seite meiner Bibel auf, wie sonn Pastor am Tag vor der Predigt. Auf FW 516 erwische ich auch prompt die Stelle »whisklyng into a bone tolerably delicately, the Wearing of the Blue ...« Jetzt wisst auch ihr, warum Lou Reed sein neues Album »The Blue Mask« genannt hat!

Ich werde unruhig. Die Tussi von der RCA aus Hamburg ist nirgendwo zu sehen, während eine Busladung Touristen aus Japan sich eincheckt. Ich frage an der Rezeption: »Ist die und die da?« Er speichert ihren Namen ein; Antwort: »No guest listed under this name.« – »RCA?« – »No guest listed ...« »Und Mr. Reed?« Der uniformierte Herr tippt ein: »R-E-E-D.« Nix zu wollen. Kein Mensch da! Ich glaub, ich spinne.

Ich ruf zu Hause an. »Du solltest gestern schon dahin«, behaupten die in Hamburg auf einmal. »Ich schwöre euch: Es war immer vom 26.2., jenem blauen Freitag, die Rede gewesen!« Ich verlasse von nun an die Bar bis zu meiner Abfahrt noch am gleichen Tag nicht mehr.

Zwei Molukkern von den *Suriname News*, die was mit E, W & F verhackstücken wollen, gebe ich mich als deutscher Musikjournalist zu erkennen. Die verwechseln mich mit Alan Bangs, haben aber alle »Rocknächte« gesehen. Ich sag: »Nee, nee. Wohl bin ich Peter Rüchels Enkel!« (Alan war übrigens kurz darauf sehr stolz, als ich ihm bei seinem legendären Gig vor zwei Leuten in der Rotation in Dortmund erzählte, jemand hätte mich für ihn gehalten. Und der Alan hat nun schon mehrmals erklärt, der Tom Hospelt habe mal wieder statt »fünf« »vier« verstanden, als Alan seine Bewertung für den *Musikexpress* durchgab. Und im Übrigen würde er jetzt, Stand 5.3., 3:45 morgens, 3,45 Promille »The Blue Mask« glatt eine Sechs geben.)

Ich übe mich indessen an der Bar in der Kunst des Small Talk. Mit dem aus Berkeley stammenden Sir Charles Fletcher II, einem Professor auf Vortragsreise, unterhalte ich mich über Psychopharmaka und Dresden, der Heimatstadt seiner Frau Gudrun. Ein kanadischer Regierungsbeamter, der an der Grenze zu Alaska wohnt, blättert meine *Times* durch und will sehen, wie die Aktien stehen. Er muss über eine Glosse lachen. Hat Maggie Thatcher im Unterhaus gesagt: »I'm in favour of Canada« oder »I'm in favour of canabis«?

Meine Favoritin an der Bar ist die Elizabeth. Wenn die nicht so schöne Beine hätt! »Ich mach mich an die ran«, während ein Ölmagnat aus Dallas (wo John Kennedy starb) mit ihr flirtet. Ich werde ihn mit meinem Charme trotz seiner Travellerschecks ausstechen. Aber plötzlich interessiert mich die Elly gar nicht mehr.

»Ich bin auch J. R.« meint Frank aus Texas. »Ich war zweimal verheiratet. Ich will auch nur noch ficken!« Außerdem meint er, als wir auf Countrymusik zu sprechen kommen, Hank Williams sei im Auftrag seiner Frau und deren damaligen Geliebten 53 umgelegt worden. Lege ich die Elly doch noch um? Ich hab gar kein Zimmer und vielleicht ist die 'ne Nutte! »I love Women«.

James Farrell spendiert eine Runde. Er stammt aus Kansas, kommt aber gerade aus Chicago und quakt mit Charly, dem Barmixer, nennt ihn Kojak. Charly hat wie James irische Vorfahren. James' Vater ließ das O fallen. Wir fachsimpeln über diverse Getränke. »Listen to his Irish accent« bölkt er durch den Saal, als sei er hier beim Dellmann, und zeigt auf mich. Ich gebe ihm für mein 25. Amstelbier ein Autogramm. Ich lasse mir von den Anwesenden jeweils eine Widmung in meinen »Finnegans Wake« geben. Elly schreibt plötzlich: »I love you.« Ich bekomme einen Ständer, mit dem ich einen Eimer voll Jauche von Amsterdam nach Hause transportieren könnte.

Vollkommen blank nehme ich den letzten Zug um sieben nach Hause. Erste Klasse. Bezahlt von der RCA. Den Rest habe ich selber geblecht. Warum war ich eigentlich in Amsterdam gewesen? Ach ja, wegen Lou Reed. Der würd sich über meinen Bloomsday im Hotel Sonesta freuen. Interviews mag er sowieso nicht.

Wir schreiben noch immer den 26. Februar 82. Mein Kollege und Guru Hermann Lenz wird heute 69 in Schwabing. Er bezeichnete mich schon vor Jahren als Wilhelm Meister. Ich habe zwei Bekannte, die Charlotte heißen, eine andere wurde Manon getauft. Wir schreiben das Goethe- und James-Joyce-Jahr. Und das Jahr der Wiedergeburt von Lou Reed.

Gegen elf komm ich wieder beim Dieter Dellmann rein. Ich überreiche Erich Schmidt die Caballeros. Der überregional bekannte Estrichmischer Bernd Manske raucht auch eine mit. Wir nehmen 'ne Taxe ins Rotthaus. Die lesbische Conny hat frei. Und ich geh noch nach der Polizeistunde ins Appel. Gegen sechs im Playboy höre ich eine Art Saragossa Band on 45. Sie singen auch ein paar Takte »Gimme Gimme Good Lovin'«. Where's the loo? Wo war Lou? »Hallo Freunde, hallo Lou!«

Nick Lowe: Nick The Knife

Erneut purer Pop für Leute von heute! Nick Lowe, der geniale Produzent, versierte Bassist und beneidenswerte Stiefschwiegersohn von Johnny Cash, jagt mir ein wohltuendes Messer zwischen die Rippen. War »Jesus Of Cool« wegen des Geräusches von klirrendem Glas und der Beschreibung eines kleinen Hitlers (viel besser als der »Mussolini«) den Kauf wert, bereitete mir »Labour Of Lust« überhaupt keine Lust zum oftmaligen Hören.

Zum Glück entdecke ich auf »Nick The Knife« keinen Hinweis auf Bertolt Brecht, wie es der Titel suggerieren mag. (Mackie Messer=Mack the Knife, got it?) Nick zeigt hier nicht mehr wie ein Haifisch seine Zähne. Vielleicht unter dem Einfluss seiner Gattin Carlene Carter beschränkt sich der Zyniker auf Liebeslieder; einmal brennt er (»Burning«) vor Feurigkeit, dann wiederum fließen Bäche von Tränen unerwiderter Sehnsucht an ihm herunter (»Too Many Teardrops«). Möchte behaupten, dass sein »Raining Raining« textlich ein unverschämtes Plagiat von Buddy Hollys zweitschönster Schnulze (nach »Moondreams«), »Raining In My Heart«, ist, in dem er wie einst der verblichene Texaner den sonneverheißenden Wetterbericht mit dem Regen in seinem Herzen vergleicht.

Womit wir bei dem ärgerlichen Schnitzer auf »Nick The Knife« angelangt wären: »Heart«. Sicher ist es eine bessere Reggae-Verarscherei als die unfreiwillige Selbstironie von Police. Aber das Scheißstück ist einfach zu lang! Besser wirkt Nick Lowes geistiger Musikdiebstahl, wenn er – wie auch sein langjähriger Kumpan Dave Edmunds – ältere Moden aus dem Hut zaubert. Bei »Ba Doom« lassen die Coasters (»Yakety Yak«) herzlichst grüßen. »Let Me Kiss Ya« erinnert sehr sehr stark an die poppigen Jackson 5 (»ABC«).

Wegen »Heart« keine Höchstbewertung: Strafe muss sein. Aber wenn mir Nick noch bis zum Redaktionsschluss erklärt, was ein »Zulu Kiss« (Songtitel) ist, kriegt er sechs Sterne, aber auch nur dann, wenn ich ihn an Carlene ausprobieren darf! Bis dato nur: *****

UFO: Mechanix
Krokus: One Vice At A Time

Mit mir kann man's ja machen! Nach Anhören der Möchtegernschwermetaller UFO habe ich Blei in den Füßen. Wenn dieser verdammte Sänger Phil Mogg doch nur ein Körnchen Gold in der Stimme hätte – ich ließe mit mir handeln! Wenn Michael Schenker noch bei UFO der Rettungsanker wäre, ich hätte mir »Mechanix« zweimal angehört! Aber am liebsten hätte ich mit einem Vorschlaghammer dieses Rund auf einem Amboss zertrümmert, als ich hörte, wie die sich an Eddie Cochrans »Somethin' Else« vergriffen. UFO konnten (nicht nur) meines Erachtens noch nie was und werden nie in die Erste Bundesliga kommen. Untalentiert geboren und »Mechanix« dazugelernt!

Da lobe ich mir doch glatt Krokus. Was meine Hitliste in Bezug auf die Schweiz angeht, kommen die gleich nach Ursula Andress, den Alpen und dem Käse. Marc Storace' Stimme fehlt zwar das Unverwechselbare, aber sie hat doch das gewisse Etwas, ohne das ein Heavy-Metal-Kreischer nicht auskommt. Die Nuancierungen, die Fernando von Arb mit seiner Schlaggitarre setzt (ich bestehe in diesem Zusammenhang auf diesen etwas altmodischen Begriff!), zeugen nicht nur von handwerklichem Geschick, sondern auch von Gespür für das, was aus einem herkömmlichen Riff einen Hieb an den Kopf macht. Der steady beat, mit dem Freddy Steady eine durchaus passable Version macht, unterstreicht die Versiertheit, mit der dieses Quintett nicht einfach auf Deubel komm raus ein Schwermetallgewitter auf den Hörer hinabblitzen lässt.

»One Vice At A Time« reicht zwar nicht an die Klasse der schlechtesten Nummern von Motörhead ran. Irgendwie fehlt doch zum perfekten Heavy-Metal-Genuss noch ein Quäntchen mehr Lasterhaftes und die Untugend der Selbstironie.

J. J. Cale: Grasshopper

Da könnte man mich ja gleich einen Nachruf auf mein Idol Herbert Wehner schreiben lassen! Allein über »Grasshopper« könnte ich mir Doktorarbeiten aus dem Ärmel schütteln! Glücklicherweise erhielt ich schon vor Wochen eine Kassette – und wahrscheinlich hat mich »Grasshopper« mindestens drei Sätze Batterien für meinen Walkman gekostet.

Auch wurde J. J. Cales siebtes Solowerk (den nur über Import erhältlichen Sampler »Double It« nicht mitgerechnet) des Öfteren in meinen Stammkneipen gedudelt. Alle wussten natürlich sofort: »Das ist J. J. Cale.« Viele, die nur oberflächlich zuhörten, meinten, der bringe ja immer dasselbe. Da ist was Wahres dran. Aber wie er die ewig gleichen Themen variiert, ist eben kein Anzeichen von Einfallslosigkeit, sondern Ideenreichtum.

Es gibt jedoch auch Neues zu verkünden, wenn nicht gar Sensationelles: Auf der ausgekoppelten Single »City Girls« lacht J. J. Cale, der sonst eher als Miesepriem verschrien ist. Experimenten jedoch ist J. J. Cale nach wie vor abhold, wenn man mal davon absieht, dass er diesmal beide Plattenseiten mit furiosen Instrumentals ausklingen lässt, in deren Vordergrund Xylofon beziehungsweise steel drums stehen.

Mit einer Vielzahl von Instrumenten – besonders die Mundharmonika und der Bläsersatz seien hier herausgestellt – gelingt es J. J. Cale, erneut ein Beispiel für exzellentes, doch niemals exaltiertes Umgehen mit verschiedenen Stilrichtungen zu präsentieren. Natürlich muss hier wieder der Begriff laid back fallen.

Aber mein Gott! Man will sich ja auch mal akustisch erholen, vor allem after midnight. »Grasshopper« ist für mich boring-old-fart-Punk ein opulentes Mahl. Dennoch wollte ich als demokratischer Sozialist meine Bewertung nicht alleine fällen. Ich ließ im Rotthaus (das übrigens jetzt endlich von dem Honorar für diese Kritik den Deckel von fuffzig Mark bezahlt kriegt) eine Jury abstimmen. Angesichts meiner entsicherten Smith & Wesson gab's für alle keine andere Wahl als: ******

Joan Jett and the Blackhearts: I Love Rock 'n' Roll

Wenn diese Platte schon in meinem Lieblingsblatt, der amerikanischen Ausgabe des *Playboy*, in höchsten Tönen gelobt wird, soll ich da meinem Katechismus widersprechen?

Die zweite Solo-LP des ehemaligen Runaway-Girls überzeugt mich nicht nur durch Joans geiles Aussehen. Wie diese Sängerin und Gitarristin mit dem Rock 'n' Roll umspringt, wie sie etwa eine um über zwei Minuten gekürzte Fassung von Tommy James' »Crimson And Clover« mit einem unvergesslichen Orgasmusschrei einleitet, da könnte man mir glatt Donna Summer, Grace Jones und Kim Wilde vor den Bauch binden.

Natürlich fehlt bei ihrer Coverversion von Dave Clark Fives »Bits And Pieces« das Saxofon. Aber ansonsten haben die Produzenten genau die Graffitis auf Phil Spectors »Wall of Sound« gelesen und gedeutet. Und die drei Blackhearts spielen nicht nur viel besser als Helen Schneiders aufgelöste Kick – sie sehen auch genauso schnieke aus!

Übrigens: Am lustigsten ist ihre Version von »Little Drummer Boy«, das ihr natürlich alle von Nana Mouskouri kennt. So ungefähr stelle ich mir Cosey Fanni Tuttis (Ex-Throbbing Gristle) Interpretation eines Klassikers von ABBA vor.

Talking Heads:
The Name Of This Band Is Talking Heads

Ich bin langjähriger Fan der Gruppe um David Byrne und Tina Weymouth, aber leider kann ich mit dieser Platte nicht recht warm werden. Live-LPs, denn um eine solche handelt es sich hier, sind ein Thema für sich. Vielfach werden sie nur veröffentlicht, weil irgendwelche Verträge zu erfüllen sind. Selten erreichen sie den Standard von Studioproduktionen oder lassen wirklich die Atmosphäre von Konzerten rüberkommen.

Von diesem Doppelalbum hätte man sich zumindest die Platte »1977–1979« schenken können, d. h. die möchte ich noch nicht mal geschenkt bekommen, weil sie nur den guten Eindruck verwischt, den ich von den ersten beiden Studio-LPs der Talking Heads hatte. Im Übrigen fehlen darauf meine Lieblingsnummern aus der Zeit. »1980–1981« wirkt da schon ein bisschen origineller, aber auch nicht das Wahre. Alles in allem ein enttäuschendes Werk. Holt euch lieber für dasselbe Geld zwei oder drei der älteren Platten, auf alle Fälle »More Songs About Buildings And Food«.

Über Alles oder Nichts

Der lachende Vagabund sprach mit Alan Vega in Paris!

Betr. Lou Reed: Hiermit entschuldige ich mich öffentlich für meinen Artikel »The Wearing Of The Blue«, nicht nur bei der Conny aus'm Rotthaus, sondern auch bei Appetz Koke.

Der lachende Vagabund

DER LACHENDE VAGABUND: Du sollst ja nach Europa auf Tour kommen. Stimmt das?

Alan Vega: Ja, im Mai. 22 Gigs an 25 Tagen! Ich sage denen immer: Drei Konzerte und dann einen Tag frei, aber das machen die nicht. Ich werd dann aber einige dates absagen.

DLV: Ich hab neulich den Artikel über dich im *New Musical Express* gelesen. Ich hatte gar nicht gewusst, dass du so ein großer Star in Frankreich bist. War das mit Suicide auch so?

Vega: Nein, überhaupt nicht!

DLV: Mit »Jukebox Babe« fing also alles an.

Vega: Jawoll!

DLV: Ich weiß noch ganz genau, wie ich bei Alan Bangs im Radio zum ersten Mal dieses Lied hörte, und ein Freund, der neben mir im Auto saß, meinte: Buddy Holly!

Vega: Nein, es ist Alan Vega. Aber jemand schrieb über meine neueste Platte »Collision Drive« im *Melody Maker*: Das hört sich so an, als ob die Musik von Buddy Holly durchs Telefon von oben herab diktiert worden sei, aus der Twilight Zone oder so.

DLV: Ich bin der größte Buddy-Holly-Fan!

Vega: Gee, he was great. Hast du den Film gesehen, den sie über ihn gemacht haben? Einfach klasse!

DLV: Leider nicht. Der ist hier noch nie gezeigt worden, ich meine in Deutschland.

Vega: Der Sound ist unglaublich.

DLV: Ich habe die Platte!

Vega: Ich auch. Ich weiß nicht, was Gary Busey, der Hauptdarsteller, jetzt noch auf der Leinwand machen soll.

DLV: Er wurde ja für einen Oscar nominiert.

Vega: Er war perfekt. Es war der einzige Film, den ich mehr als einmal gesehen habe.

DLV: Ich habe ja schon mal vor Weihnachten mit dir telefoniert. Leider war auf dem Band anschließend nix drauf. Du sagtest damals, von den deutschen Gruppen kennst du nur frühe Can-Sachen, Kraftwerk und Neu!

Vega: Letzte Woche hat mir ein DJ in New York die Krupps vorgespielt.

DLV: Ach, hier neben mir ist übrigens Wolfgang Heinz. Er hat einen deutschen Vater und eine französische Mutter.

Vega: Fast so wie bei mir. Ich habe eine puerto-ricanische Mutter und einen polnischen Vater.

DLV: Lass uns jetzt mal mehr zu deiner Musik kommen. Ich habe von ROIR diese Suicide-Kassette und die von den Fleshtones bekommen (siehe *Überblick* 3/82 und 5/82). Was ist eigentlich mit Suicide los, nachdem du jetzt erfolgreich auf Solopfaden wandelst? Was ist mit deinem Partner Martin Rev?

Vega: Ich weiß auch nicht! Wir haben zehn Jahre zusammengearbeitet. Als »Jukebox Babe« abzog, war ich sehr beschäftigt mit mir selbst.

DLV: Und du kümmerst dich um Martin Rev nun nicht mehr?

Vega: Doch! Natürlich!

DLV: Wie kamen Suicide überhaupt in Kontakt mit ROIR Records?

Vega: Sie kamen auf uns zu. Neil S. Cooper, der Firmenboss. Er wollte die »Half Alive«-Kassette unbedingt machen.

DLV: Und auf den Fleshtones-Kassetten bist du ja auch drauf!

Vega: Du weißt ja, ich habe sie vor Jahren für Red Star Records entdeckt! In Max's Kansas City.

DLV: Kennst du den Klub Left Bank?

Vega: Der liegt außerhalb von New York!

DLV: Du giltst ja als der Rockabillysänger. Was hältst du von Countrymusik und wie reagieren die alten Rocker auf deine Solo-Sachen?

Vega: Ich liebe und hasse Countrymusik, auf die Dauer wird's doch langweilig. Manchmal drückt sie aber genau meine Gefühle aus, es ist eine bluesige weiße Musik, »white trash bluesy music«.

DLV: Was hörst du dir denn sonst so im Radio an?

Vega: Ich hör mir nicht mehr viel an, außer in der letzten Zeit viel Klassik. Beethoven! Der reicht weiter in die Zukunft rein als alles andere! Die Quartette und so'n Zeug! Radio ist übrigens sehr schlecht in New York. Ich hör mir auch nie die Top 40 an.

DLV: Und TV?

Vega: Es gibt nur eine Rockshow im Fernsehen! Viel Comedy, alles Scheiße! Die siebziger Jahre wurden im Fernsehen verquast und die Achtziger drohen es auch zu werden!

DLV: Aber du hast doch sicher früher die »Ed Sullivan Show« gesehen?

Vega: Meine Eltern. Durch die Türritze habe ich in den fünfziger Jahren Elvis mitbekommen. Elvis war lustig. Alle mochten ihn, sogar meine Mutter. Elvis war obszön. Leider gibt's das heute nicht mehr. Er wurde ja nur von der Hüfte an aufwärts gezeigt! Die Frauen mochten ihn. Dann gab's ja auch noch Liberace!

DLV: Und vor allem Johnnie Ray! Um noch mal darauf zurückzukommen. Du hast mir die Frage nicht beantwortet, wie die alten Rocker auf deine neue musikalische Richtung reagieren, die ja eine alte ist.

Vega: Die kommen damit nicht klar. Die Puristen mögen zum Beispiel meine Version von »Be-Bop-A-Lula« überhaupt nicht!

DLV: Du warst jetzt auf Tour mit den Pretenders in den Staaten. Man hat da ja schlimme Sachen gehört!

Vega: Der Scheiß war, die jungen Leute kamen alle nur wegen der Leadsängerin Chrissie Hynde, die da als letzter Schrei verkauft wird. Und die hatte sich ausbedungen, dass keine Fotos gemacht werden durften. Und so waren die Kids natürlich sauer, als wir dann auftraten und unser Zeug spielten, das sie nicht kannten.

DLV: Lass uns zum Schluss noch auf den Anfang deiner Karriere kommen. Du und Martin Rev, ihr galtet mit eurem Duo Suicide ja als die ersten Performancekünstler! Du kommst ja eigentlich auch von der bildenden Kunst her, nicht wahr?

Vega: Ja, ich fing mit kleinen Skulpturen an. Ich habe auch bald eine Ausstellung.

DLV: Und du wolltest eine Art musikalische Erweiterung deiner Kunst?

Vega: Nicht ganz. Ich hatte schon immer Gitarre gespielt. Aber wir konnten nirgendwo auftreten. So verblieben uns nur Galerien und ähnliche Stätten. Deshalb waren wir die ersten paar Jahre in Kunstkreisen bekannter als bei den Musikfans.

DLV: Freust du dich, nach Deutschland zu kommen?

Vega: Klar! Ich war zwar mal im Vorprogramm von Elvis Costello, aber ich hab damals nicht viel von eurem Land gesehen. Ein bisschen Hamburg, ein bisschen München. Und die Ariola steckt mich immer in die teuersten Hotels, obwohl ich das nicht will. Hier, wo wir jetzt sitzen, mitten im Pigalle, umgeben von Bordellen, da fühl ich mich zu Hause!

DLV: Darf ich dir im Mai dann einige Puffs im Ruhrgebiet zeigen, wenn du in der Zeche auftrittst?

Vega: Ich bitte darum!

The Fleshtones: Blast Off! / Roman Gods

Die Fleshtones setzen gekonnt die Tradition der »garage bands« der sechziger Jahre fort, die eine Art Vorhut zur Punk-Bewegung zehn Jahre später bildeten. Sie waren ein typisch amerikanisches Phänomen (in England und auf dem Kontinent hatte damals kaum einer eine Garage). So erinnern die Fleshtones auch stark an die von Lenny Kaye auf dem legendären Sampler »Nuggets« versammelten Truppen. (Diese Platte ist vergriffen, aber Line Records veröffentlicht ähnliche Musik jener Jahre in seiner Reihe »Mindrockers«.) Natürlich erinnern die Fleshtones Eingeweihte, d. h. ältere Leute, stark an ? & the Mysterians (»96 Tears«), die Standells (»Dirty Water«) oder auch an Shadows of Knight (»Gloria«).

Nun flatterten uns gleich zwei neue Tonträger des Quartetts ins Haus. Und ich finde die Kassette von ROIR viel besser. Sie enthält Aufnahmen, die bereits 78 eingespielt wurden und – wie bei ROIR üblich – nur auf Kassette erhältlich sind.

Was hier noch rau und ungehobelt wirkt, vor allem auf ihrer Version von Tony Orlandos »Soul Struttin'« oder der Eigenkomposition »Watch Junior Go!«, scheint mir – aber die Experten streiten sich bereits, Hallo Gabi! – auf »Roman Gods« zu geglättet. Es ist zwar alles da, Mundharmonika und schräge Orgel. Aber wenn ich die Wahl hätte, würde ich immer »Blast Off!« vorziehen. (Zu bestellen bei ROIR, 611 Broadway Suite 214, N. Y. C., N. Y., 10012 USA. Preis: 10 Dollar, inkl. Porto.) Was aber nicht heißen soll, dass die LP nix iss, aber irgendwie gibt's da ein »missing link«!

John Watts: One More Twist

Ein Esel begibt sich aufs Glatteis. Aber er bricht nicht ein. Ich mag seine Stimme, obwohl ich Fischer-Z, deren Sänger John Watts war oder ist, nur anderthalb LPs lang ertragen konnte. Besonders ihr »Berlin« fiel mir auf den Wecker, während »Marliese« ganz toll war (möchte an dieser Stelle einen schönen Gruß an Marlies Kölsch ausrichten).

Leider ist auf diesem Soloalbum nichts von Twist zu spüren. Aber Twist heißt, glaub ich, auch Umdrehung, hat jedenfalls was mit Wirbeln zu tun. Watts wirbelt in der Tat rum, aber er weiß nicht genau, wo er sein Ei legen soll. Und diese instinktive Stillosigkeit macht diese Platte so attraktiv. Ihre Langeweile ist atemberaubend, die Rhythmen wirken vor lauter Eintönigkeit schon wieder aufregend.

Ein besonderes Lob sollte an Watts' Co-Produzenten Richard Manwaring gehen, der aus den nichtssagenden Songs das Beste rausholte und somit aus Scheiße Gold machte. Diese Platte ist ein Unikum, bleibt aber hoffentlich kein one-off-Solo von John Watts. Schade, dass ich ihn wegen anderer Verpflichtungen in diesen Tagen nicht live sehen konnte!

Dave Edmunds: D. E. 7th

Dave Edmunds erhielt große Vorschusslorbeeren für diese Platte, so, als hätte er nicht mindestens schon drei klassische Alben eingespielt (»Rockpile«, »Get It« und »Tracks On Wax 4«). Viel wurde von einem neuen Stil gemunkelt. Aber nein, Edmunds bleibt sich treu, nur hat er die Instrumentierung ein wenig erweitert, vornehmlich um Bläser.

Edmunds ist und bleibt eine Rock-'n'-Roll-Wiederaufbereitungsanlage. Er ist circa 35 Jahre zu spät geboren und wird wohl nie darüber hinwegkommen, dass er nie mit seinen Helden der fünfziger Jahre zusammenspielen konnte. Dabei wirken seine dezent eingesetzten Stilmittel aus jener Zeit keineswegs veraltet. Ganz im Gegenteil, indem er sie in einen neuen Kontext stellt und sie zum Beispiel auf »Bail You Out« auch noch mit Cajun-Elementen versieht, weiß der wohl intelligenteste Rocker der siebziger und auch der achtziger Jahre zu überzeugen.

Wer ihn neulich bei seinem leider etwas zu kurz geratenen Auftritt in der Zeche sah, wird erkannt haben, dass da jemand ganz Besonderes musizierte, der kein anderes Ziel hatte, als den Leuten Spaß zu bereiten. Genau das gelingt ihm nicht nur auf der Bühne, sondern auch auf fast allen seinen Platten; »D. E. 7th« sollte man haben.

Motörhead

Kein Schlaf bis Hammersmith

Ich werde das Gefühl nicht los, dass mich irgendwelche dunklen Mächte unbedingt untern Torf bringen wollen. Letzter – und wie ihr seht – gescheiterter Versuch war, mich eine Woche lang mit Motörhead auf Tournee durch England zu schicken – ein Angebot, das ich nur akzeptierte, weil ich endlich mal wieder andere Tapeten sehen wollte und mir für die nahe Zukunft ein Interview mit Girlschool in Aussicht gestellt worden war.

Bekanntlich sind Motörhead nicht gerade als Antialkoholiker verschrien und haben deshalb auch auf ihrem Livealbum »No Sleep 'Til Hammersmith« ausdrücklich der Spirituosenfirma Smirnoff und der Carlsberg-Brauerei gedankt. Nun bin ich aber leider oder Gott sei Dank geistigen Getränken seit geraumer Zeit abhold. Um jedoch allen unvorhergesehenen Versuchungen, denen auch Harald Juhnke mitunter erliegt, vorzubeugen, machte ich eine Blutsenkung, ein EKG (alles negativ) und plünderte unsere Hausapotheke. Tranquilizer wollten eingepackt werden, Kreislaufmittel und besonders Pillen, die zur Regeneration nach erhöhtem Alkohol- und Nikotinmissbrauch dienen. Für den Fall der Fälle packte ich auch noch mein tragbares Sauerstoffzelt ein. Vor der Lautstärke des berüchtigten Trios hatte ich keine Bange – aufmerksame Leser werden anhand meiner Artikel erkannt haben, dass ich fast taub bin.

Zunächst stand noch ein Abstecher nach Paris auf dem Programm, wo mich Alan Vega damit beauftragte, Motörheads Bassisten Lemmy einen schönen Gruß zu bestellen. Vom Flughafen Charles de Gaulle dann in Richtung Heathrow. In der Maschine saß ich direkt neben Jane Birkin, die sich gerade auf dem Weg zur »Royal Variety Performance« in London befand. Ich umgarnte sie mit meinem Charme, d. h. eigentlich fragte ich sie nur, ob sie mal aufstehen könnte, um Pipi zu machen. Was ich wirklich auf dem Klo trieb, geht keinen was an!

Von London aus sollte ich in ein Kaff nahe der walisischen Grenze tigern. Zunächst verpasste ich jedoch den Zug, hielt mich drei Stunden an einer Tasse Tee in der Euston station fest und erfuhr aus den *News of the World*, dass in England von einem Tag auf den anderen die Fahrpreise um 100% erhöht worden waren. Nach einer vierstündigen Fahrt holt mich Joan von Bronze Records in Chester ab, dann gleich weiter ins Deeside Leisure Centre, wo Tank gerade ihr Vorprogramm absolviert haben. In diesem Freizeitzentrum drehen normalerweise Rollerskater ihre Runden, auch sind Poolbillardtische vorhanden – und vor allem Killer-Automaten.

An einem von ihnen, »Rattlezone«, spielt Lemmy, der bis zu meinem Abflug ununterbrochen seinen Patronengurt um die Hüfte tragen wird. Er ist freundlich, macht aber erst mal weiter Schiffe versenken. In der Garderobe treffe ich seine beiden Kumpane Eddie und Phil. In einem überdimensionalen Papierkorb sind unter Tausenden von Eiswürfeln einige Dutzend Dosen Carlsberg Special Brew vergraben. Ich darf mich bedienen. Vom schmalen kalten Büfett sind nur noch einige trockene Salatblätter sowie matschige Tomaten übrig. Während ich Kohldampf schiebe, überprüft Phil in dem spartanisch eingerichteten Umkleideraum sein Gewicht.

Mick Murphy, ein Kawenzmann von Tourmanager, der alles im Griff hat und auch das Taschengeld an die drei Saufbolde ausgibt (gegen Quittung), sagt den Jungs Bescheid, dass es in zwei Minuten losgeht. Lemmy, Eddie & Phil parieren. Was dann auf der Bühne beginnt, werden alle Motörhead-Fans kennen – und die, die keine sind, verpassen nichts.

Nachdem sich der Vorhang geöffnet hat, legen die drei harten Burschen los. Zu verstehen ist aus dem Soundbrei kein Wort, es sei denn, man schnappt mal »Ace Of Spades« oder »Overkill« auf. Sie beginnen aber – ich entnehm's, am Bühnenrand stehend, ihren Spickzetteln – mit »Iron Fist«, der eisernen Faust, die ihrer neuen Platte und dieser Tour den Titel gibt. Hinter der Combo ist tatsächlich eine riesige Faust mit beweglichen Fingern installiert, deren Kuppen beleuchtet sind. Bereits nach zwei Nummern jedoch streikt das Ding. Dafür wird Nebel ins hauptsächlich männlich-pubertäre Publikum gejagt und Blitze in die Höhe geschossen, als wolle uns die GSG 9 wie in Mogadischu blenden und überfallen.

All der Firlefanz kann nicht darüber hinwegtäuschen, dass Motörhead nichts Weltbewegendes auf der Pfanne haben. Eddie ist zwar ein hervorragender Gitarrist, Phil ein quirliger Wirbelwind am Schlagzeug und Lemmy mit zum Mikrofon gestrecktem Gesicht der Heavy-Metal-Sänger schlechthin, doch wissen Motörhead auf der Bühne wenig zu überzeugen. Die paar tausend Fans in Deeside gehen denn auch nur bei den Nummern richtig mit, die sie schon seit geraumer Zeit kennen.

Nach einem halben Dutzend Nummern verdrücke ich mich in die Garderobe. Neben der Bühne sind vorsorglich einige Tragen mit den dazugehörigen Sanitätern aufgereiht. Vor der Pommesbude übersteige ich eine Bierleiche. »Born to loose – live to win« steht in Anspielung auf Lemmys Tätowierung auf der Jacke. Drinnen kündigt Lemmy den letzten Song an, es sei denn »we get a fuckin' encore.« Natürlich wird's eine Zugabe geben!

Nach dem Gig sind die Jungs etwas unzufrieden. Es war ihr vierter Auftritt seit Tourneebeginn. Phil zeigt mir seine Finger. »An den ersten zwei, drei Tagen bekomm ich immer Krämpfe und anschließend Blasen. Diese Konzerte sind sowieso nur zum Aufwärmen.« Diverse Pharmazeutika werden konsumiert. Plötzlich stehen zwei Bobbys in der Tür. Sie wollen aber keine Razzia veranstalten, sondern bitten Motörhead nur um ein Autogramm, das sie auch bereitwillig erhalten. Überhaupt sind Motörhead furchtbar nett zu ihren Fans. Sie sind überhaupt nett. »Nur«, meint jemand aus ihrer Umgebung, der nicht genannt sein will, »warum machen diese lieben Jungs nur eine so schreckliche Musik?!«

Die haben beschlossen, nicht in Deeside zu übernachten, sondern wollen lieber noch am selben Abend nach Newcastle durchfahren, wo sie drei Abende hintereinander aufspielen sollen. Ich könnte theoretisch – wie eine Ölsardine eingequetscht – mitfahren, aber ich habe erst mal die Fahrerei satt und hau mich in die Koje. »Ohnehin«, behauptet Mick Murphy, »würdest du das beim ersten Mal nicht überleben!« Na dann gute Nacht.

Von Deeside aus fahre ich in einem Leihwagen am nächsten Morgen mit Joan, Jenny Torring (der Pressefrau von Tank) und den Kollegen Pete Makowski sowie Chris, der gerade ein Buch über Motörhead schreibt, über die Autobahn in vier Stunden nach Newcastle. Das Holiday Inn, in dem die ganze Entourage logiert, liegt zehn Kilometer außerhalb, isoliert, ein piekfeiner Laden mit Kabelfernsehen und allem Pipapo. Ich würde mir gerne mal die Stadt ansehen, aber ich habe keinen Schotter fürs Taxi. Stattdessen geht's zur Bar, wo Lemmy und Eddie gerade Wodka mit Orangensaft zum Frühstück einnehmen.

Zwei Fans haben seit zehn Uhr gewartet und erhielten von ihren Idolen das gewünschte Autogramm. »Wir würden ja gerne mit allen Kids vorm Auftritt einen trinken gehen«, bekennt Eddie, »aber wir sind leider einfach zu populär. Wir kämen noch nicht mal bis zum Tresen.«

Lemmy und Eddie verbringen offenbar mehr Zeit untereinander als mit dem wesentlich jüngeren Phil. Abends sind einige Interviews angesagt, auch soll hinter der Bühne fotografiert werden. Phil will die Termine vor dem Auftritt absolvieren. »Nachher wollen wir uns besaufen!« Dabei tun die den lieben langen Tag schon nichts anderes!

Phil scheint ein bisschen eifersüchtig. »Alles identifiziert Motörhead mit Lemmy! Dabei sind wir doch eine Gruppe! Das muss mal deutlich gemacht werden!« Phil trägt seine Aufsässigkeit ziemlich unverblümt mit sich rum und stiftet damit einige Unruhe. Während sich Motörhead flaschenweise mit Smirnoff auffüllen und die Vorgruppe Tank, die kurz vor ihrem Durchbruch in England steht, versiert einheizt, höre ich mich bei den Fans in der Loungebar in der Newcastle City Hall um. »Warum gehst du eigentlich zu Motörhead?« frage ich Julie Daswell aus South Shields. »I'm mad!« »Und du, Kathy?« – »Ich finde Van Halen besser, aber Motörhead gehen auch zur Not.«

Einige Boys tragen Lederjacken, auf denen sie sich als Fans der Damned und Sex Pistols zu erkennen geben. Andere schwärmen quer durch den Schwermetallgarten. Brausender Applaus treibt uns in die Halle.

Der Vorhang wird beiseite gezogen. Wo zum Teufel aber sind Motörhead?! – Auf einer mobilen Bühne haben sich Lemmy, Eddie und Phil samt Anlage und einem Techniker an die Decke hieven lassen. Sieht verdammt gefährlich aus, manch eine Box droht umzukippen. Durch einen deutschen TÜV kriegten die das Ding bestimmt nicht. Die Bühne wird sachte herabgelassen. Anderthalb Stunden Motörhead-Banging folgen. Am Ende der Show entschwinden die drei wie weiland die griechischen Götter wieder nach oben.

Nach dem Auftritt wollen sie erst mal alleine bleiben. Nur Phils Verwandtschaft, die aus dieser Ecke stammt, darf rein. Die Nacht wird feuchtfröhlich – allerdings ohne mich. Wenn's den Brei regnet, habe ich normalerweise immer den dicken Löffel dabei, aber derzeit ist strikte Alkoholpause. Tagsüber, während die ganze Bagage knackt bis in die Puppen, langweile ich mich mit einigen Fans, die von weither angereist sind und auf ein Autogramm warten.

Abends gibt's eine kleine Veränderung: Lemmy will sich am Schluss nicht wieder mit der Bühne hochziehen lassen. Wir plaudern über Musik. Eddie tut sich gerne mal die eine oder andere 10cc-Nummer rein, während Phil mehr auf Reggae und alte Motown-Sachen steht. Motörhead sind wohl die einzige Heavy-Metal-Gruppe, die von Punks respektiert, wenn nicht gar bewundert wird. »Die New-Wave-Musiker«, meint Lemmy, »hatten viel Enthusiasmus, aber zu wenig musikalische Erfahrung, während die älteren Typen genug handwerkliche Fähigkeiten besaßen, aber zu wenig rüberkommen ließen, was Begeisterungsstürme auslösen konnte. Wir vereinigen, glaube ich, beides und sind deshalb so erfolgreich.«

Am darauffolgenden Tag geht's für die Gruppe direkt nach dem Auftritt in Richtung London, wo sie in ihren eigenen Häusern wohnen werden. Für mich ist weder in Motörheads fünfsitzigem Caravan noch im überfüllten Bus der Crew Platz. Dankenswerterweise darf ich Dave in seinem LKW begleiten, der in der Nacht Tanks Anlage nach London transportieren muss. In dem engen unbequemen Karren kann man kaum pennen. Dave, der bereits seit sechzehn Stunden wach ist, greift zu Speed. Acht weitere Stunden muss er noch durchhalten, mit zwei Kaffeepausen. Ich nicke ein und träume die Bilder zu Ian Durys Zeilen »I had a love affair with Nina / in the back of my Cortina«.

Wir kommen pünktlich in den Maida Vale Studios der BBC an, wo Tank heute auftreten sollen. Wir warten drei Stunden. *Time Out* entnehme ich, dass die ersten beiden der vier Konzerte im Hammersmith Odeon bereits ausverkauft sind. Die Backstagepässe werden nach einer Hierarchie verteilt. Hatte ich in Deeside und Newcastle noch »access to all areas«, so habe ich hier in London keinen Zugang mehr zur Bühne oder zu Motörheads Garderobe. Während ich am Bühneneingang warte, läuft Eddie mit einem Wodka durch die Gegend. Er macht den Manager Mick an: »Hey, give Wolfgang a pass!« Der Rest: wie gehabt. Lemmy und Eddie sind guter Dinge, während sich Phil vor dem Auftritt rarmacht.

Dann, ohne Verspätung, wird wieder mit der eisernen Faust gefegt, ohne – wie eigentlich geplant – den Film einzuspielen, den ich am Nachmittag in den Büros von Bronze Records gesehen habe, in dem Motörhead als mystische Ritter auftreten. Vor der Halle bettelt jemand um meinen Backstagepass, will ihn mir sogar abkaufen. Ich schenk ihm den – und mir die weiteren Auftritte von Motörhead.

Viele hatten mich bereits vor Antritt der Reise für tot erklärt. Aber Eddie, Lemmy & Phil zwingen keinen zum Mitsaufen. Sehr tolerant und privat ungewöhnlich zuvorkommend. Jede Mutter würde sich einen der drei als Schwiegersohn wünschen (bei entsprechender Kleidung). Nur Lemmy, warum macht ihr eigentlich so schreckliche Musik?!

Robert Wyatt: Nothing Can Stop Us

Robert Wyatt gehört zu den sperrigsten Persönlichkeiten der Rockmusik, ein Querkopf, der seit einigen Jahren an den Rollstuhl gefesselt ist. »Nothing Can Stop Us« ist das vierte Soloalbum des ehemaligen Mitglieds von Soft Machine, das erste seit sieben Jahren.

Was kann Robert Wyatt (und uns) nicht stoppen? Nun, es sind die politische Großwetterlage und die derzeitigen musikalischen Moden. Erfüllt von einem radikalen Humanismus und einer universellen musikalischen Bildung, serviert uns Wyatt zehn Songs, die zusammengenommen ein Konzeptalbum bilden. Dabei stammt nur »Born Again Cretin«, das stark an die »Pet Sounds« der Beach Boys erinnert, aus seiner eigenen Feder. Er überrascht mit seiner Version des Chic-Titels »At Last I Am Free«; »Caimanera« dürfte allen unter dem Titel »Guantanamera« bekannt sein. »Stalin Wasn't Stallin«, seine letzte Single, lässt das Golden Gate Quartett grüßen.

Seite zwei eröffnet Wyatt mit »O Tannenbaum«, aus dem der Texter Jim Connell »Red Flag« gemacht hat. »Arauco« wird wie schon »Caimanera« auf Spanisch gesungen, ein chilenisches Lied. Auch »Trade Union« ist in einer (für mich nicht identifizierbaren) Fremdsprache gesungen. Den Abschluss bildet der Vortrag eines Gedichts von Peter Blackman: »Stalingrad«.

Die Aufzählung der Titel deutet die starke Politisierung Robert Wyatts an. Er weiß auf »Nothing Can Stop Us« genial mit der Musik der Minderheiten in England umzugehen. Hätte man neben Hannah Charltons einfühlsamen Aufsatz auch noch ein Textblatt beigefügt, gäb's an diesem Album kaum etwas auszusetzen.

Nina Hagen: NunSexMonkRock

Als Fräulein Hagen einst aus der DDR rübermachte und mit der damaligen Lokomotive Kreuzberg – die uns heute als Spliff auf den Wecker fällt – ihr Debüt in der BRD veröffentlichte, wehte ein frischer Wind durch unsere Lande. »Unbehagen« war – trotz der Differenzen zwischen der Sängerin und der Gruppe – ein für gesamtdeutsche Verhältnisse überdurchschnittliches Album. Doch wenn's dem Esel, in diesem Fall der Eselkuh, zu gut geht, verlässt sie im musikalischen Bereich die heimischen Gefilde. Manchmal lohnt sich das, öfter jedoch gerät dieses Wandern auf dünnem Eis zu einer Katastrophe.

Nichts dagegen, dass die Hagen nun einen auf christlich macht, nachdem sie jahrelang die Sau rausgelassen und sich ein Kind andrehen lassen hat, aber das Ganze sieht zu sehr nach Masche aus, und wie sie musikalisch dran rumhäkelt, beweist nur, dass der Heilige Geist noch nicht in sie gefahren ist, sondern dass sie vom Teufel geritten worden ist.

Es ist einfach unerträglich, wie sie kauderwelschend ihre Botschaften verkündet, so als habe sie zu oft Heinrich Lübke zugehört. Provokation der Provokation wider Willen hat sich künstlerisch noch nie bezahlt gemacht. Nina Hagen hat unfreiwillig ihren Offenbarungseid geleistet. Möge sie sich als gefallenes Mädchen in ein Kloster begeben.

Die neuen Sterne am Schlagerhimmel

Na also, wir sind wieder wer! Zwar konnten Jupp Derwalls Mannen aus Spanien trotz aller List und Tücke nur den Vizetitel heimbringen, doch schon bahnt sich ein neues patriotisches Erfolgserlebnis an, diesmal im Bereich der leichten Muse. Nach fast zwanzigjähriger Besatzungszeit durch angelsächsische Künstler haben wir im eigenen Hithaus endlich wieder das Sagen. Und wer weiß? Heute Deutschland und morgen die Welt? Nicole, Kraftwerk und Trio haben jedenfalls schon im Ausland reüssiert. Die ominöse »Neue Deutsche Welle« spült die mit Elvis und den Beatles begonnene Überfremdung unserer Jugendkultur weg, vielleicht für immer und ewig. Oder zumindest für tausend Jahre?

So nehmen sich denn auch seriöse, wenn auch nicht immer ernstzunehmende Blätter wie *Rheinischer Merkur*, *Christ und Welt* und das *Deutsche Allgemeine Sonntagsblatt* dieses Phänomens an. *Die Zeit* ließ – in der Sauregurkenzeit – von Franz Schöler gar ein Dossier anfertigen, so, als handele es sich hier um ein kriminelles Delikt. Zwar nahm sich Schölers Polemik »über das Schauerspiel der neudeutschen Volksmusik« wegen der Namen mitunter wie ein Telefonbuch aus, doch unterschlug er in seinem Artikel über den »Schwachsinn nach Noten« vier junge Leute, die es im Gegensatz zu den von ihm zitierten Randfiguren wie Knall, ZeitGeist und Slime zu bundesweiter Prominenz und entsprechenden Verkaufszahlen gebracht haben: Falco, Markus, Andreas Dorau und Hubert Kah.

Das soll hier nachgeholt werden. Ich habe mit allen vieren gesprochen. Mit zweien (Falco und Dorau) habe ich telefoniert, die beiden anderen bestanden darauf, dass ich persönlich antanze, Markus aus grundsätzlichen Erwägungen – und Hubert Kah, weil angeblich auch der Rest seiner Truppe zu Wort kommen sollte. Die vier haben einiges gemeinsam, vieles unterscheidet sie. Falco zum Beispiel ist Österreicher. Sein »Kommissar« konnte sich fast ein halbes Jahr lang in den Charts einnisten, sicherlich der spektakulärste Erfolg eines Sängers aus unserem beliebten Urlaubsland seit der Glanzzeit von Udo Jürgens, dem er denn auch seine Reverenz erweist: »Sie war siebzehn Jahr und sie hatte blondes Haar sogar.«

Grundsätzlich aber ist Falco eher der englischsprachigen Musik zugetan. Beeindruckt haben ihn zunächst der Art- und Avantgarderock von Bowie und Roxy Music; für das letzte Weltwunder hält er inzwischen die Talking Heads: »Ich hör mir jetzt aber nur noch Unterhaltungsmusik im Radio an, Sachen wie Trio etwa. Minimalismus war ja schon vor zwei Jahren tierisch angesagt. Und dass der auch auf die Unterhaltungsbranche überschwappen würde, war mir klar. Die persönliche Ausstrahlung von Trio gefällt mir zwar, musikalisch aber ist mir das doch ein wenig dürftig.«

Er selbst bringt eine Art Rap-Verschnitt auf seine LP, beschränkt sich aber nicht auf die Wiedergabe von sinnentleerten Lauten, die man – Frank Zander hat's bewiesen – mit ein wenig Geduld auch Kleinkindern eintrichtern kann. Falco ist ein Geschichtenerzähler, der seine Songs mit manchmal vordergründiger Gesellschaftskritik versieht, wobei er jedoch annimmt, »dass 70% der Leute gar nicht wissen, worum es im ›Kommissar‹ geht. Ich will die Leute plakativ packen.« Unter der Oberfläche lässt er dann noch Platz für die Intelligenteren unter uns.

Seine LP »Einzelhaft« ist ein Streifzug durch alle möglichen aktuellen Themen: Rauschgift, Straßenschlachten, Punk und Wirtschaftskriminalität. Für die Kinder hat er dann noch die Hymne »Nie mehr Schule« eingebaut, die entfernt an Pink Floyds »Another Brick In The Wall« erinnert und durchaus auch von Rolf und seinen Freunden interpretiert werden könnte.

So wenig er von der Neuen Deutschen Welle hält (»die war mir von Haus aus suspekt, genauso wie New Wave«), sowenig ist er bereit, in Dieter Thomas Hecks »Hitparade« aufzutreten. »Die Neue Deutsche Welle wird da als absolutes Kasperltheater verkauft, wobei eine andere Frage ist, inwieweit die Gruppen das selber provoziert haben.«

In Fuchsbergers »Auf Los geht's los« und Ilja Richters »Disco« hingegen mochte er gastieren. »Das ist eine Sache für sich, wenn man den Moderator sieht. Aber sonst ist das Programm doch gut.« Und was macht er mit dem vielen Geld, das er jetzt verdient? – Das hielt er für eine Frage, die *BRAVO* stellen würde, druckste er herum und meinte, dass der Finanzminister das meiste bekäme, und der Rest würde in Studio-Equipment investiert. In einer Teenie-Postille habe ich's dann doch anders gelesen: er will sich einen Porsche kaufen.

Im Übrigen möchte er jedoch weiter ein Querkopf bleiben. »Ich will so weit angepasst sein, wie es möglich ist, nicht angepasst zu sein. Viel gescheiter wäre es allerdings, die Marionetten tanzen zu lassen wie Siegel, der jetzt ein kleines Mädchen umbringt!«

Nur wenig älter als Nicole ist der 18-jährige Hamburger Andreas Dorau, der noch bei seinen Eltern wohnt. Zunächst hatte ich seine Mutter am Apparat, die nach seinem Auftritt in »Trinity« meinte, ihr Sohn benehme sich auf der Bühne ganz anders als zu Hause. Behindert oder gefördert habe sie die Karriere des Jungen nie, eben nur toleriert.

In einer größeren Fernsehsendung war er noch nicht zu sehen, auch nicht da, wo er noch am ehesten hingehört, in der »Hitparade«, was er sehr bedauert. »Ich wär fast noch vor Trio und diesen Leuten drin gewesen. Aber dann haben die das verdammte System geändert, und ich kam nicht mehr rein.«

Und was hält er von seinen deutschen Kollegen? »Hubert Kah kann ich auf den Tod nicht leiden, tut mir leid. Falco ist gut produziert. Ich hab ihm auch schon mal die Hand geschüttelt. Markus mag ich, wenn er es tatsächlich ernst meint.« Ansonsten steht er eher auf Liaisons Dangereuses, Plan und Kraftwerk.

Alte deutsche Schlager gefallen ihm auch, »aber die sind so gut, man kommt an die Göttlichkeit der Dinger nicht ran.« Geprägt wurde sein musikalischer Geschmack zunächst vom Glitterrock, von Leuten wie The Sweet, Suzi Quatro, T. Rex, Alice Cooper und Gary Glitter. »Als dann aber die schwermütige Hippiemusik anfing, habe ich nicht mehr hingehört. Ich wandte mich dem Rock 'n' Roll zu. Besonders gefielen mir die New Yorker vocal-street-bands und auch die Four Seasons.«

Doraus erster Hit war bekanntlich »Fred vom Jupiter«, eine Nummer, die ihm allerdings selber nicht besonders gefiel. »Ich hab auch nur die Musik geschrieben.«

Wie »Fred«, das moderne Märchenlied, sind alle seine Songs bewusst naiv und verspielt; sie werden von Dorau ebenso kindlich-unschuldig interpretiert. Er besingt seine Wunschträume. Mal will er Lokomotivführer werden, dann wieder ein alter Maler sein. Er beschreibt die Nordsee und den »Einkauf in unserer Stadt«. Anzüglichkeiten liegen ihm fern. »Was ich nicht leiden kann, sind Texte mit Anspielungen, zum Beispiel Trio-Texte, das ist primitiv, absolut primitiv. Das ist ja Volksverdummung.«

Herrenwitze? »Wenn's wenigstens ein Herrenwitz wäre!« Da sind ihm Howard Carpendale und Roland Kaiser lieber. »Auf die warte ich immer, wenn die ›Hitparade‹ kommt. Roland Kaiser ist konsequent gut.« Und Rex Gildo? »Der soll ja schwul sein. Das ist, glaube ich, erwiesen.« Und bist du selber auch schwul? »Man hat's mir mal nachgesagt, in der Schule. Das macht man halt immer, wenn einer komische Musik hört.« »Du hast ja den Ruf eines Saubermanns ...« »In einer Zeitung stand mal, ich sei immer ordentlich gekleidet. Das bin ich nicht. Jedenfalls ist mir auf der Tour meine Hose kaputtgegangen, und ich habe sie die ganze Zeit so gelassen. War allerdings nur am Fuß.« Am liebsten würde er in »Bio's Bahnhof« auftreten, aber »der hat uns scheinbar noch nicht entdeckt.«

Im Gegensatz zu Markus. Den wollte Biolek für seine Show engagieren, zusammen mit Frl. Menke (»Hohe Berge«). Aber dann übte das ZDF sanfte Gewalt aus und stellte ihn vor die Alternative. Entweder »Hitparade« oder Bio. »Das ist so gang und gäbe«, meint Markus' Produzent Axel Klopprogge achselzuckend. Die PR-Leute von der Plattenfirma haben sich dann beraten und Markus zu Heck geschickt, obwohl in Köln das Bühnenbild schon fertig war.

Biolek wollte den neuen deutschen Schlager präsentieren. Markus ist vielleicht sein vielversprechendster Vertreter, was umso erstaunlicher ist, wenn man weiß, dass Markus (Hausname: Mörl) eigentlich ein eingeschworener Punk war. Stark beeindruckten ihn vor einigen Jahren die Clash, die er als Tourbegleiter der Straßenjungs, die als Vorgruppe auftraten, hautnah bei einer Tournee miterleben konnte.

Er selber schloss sich vor einigen Jahren der Gruppe Nylon Euter an. »Wir machten damals Coverversionen, zum Beispiel von ›My Boy Lollipop‹ und ›Peppermint Twist‹. Außerdem hat mir imponiert, dass wir was mit Unterhaltung gemacht haben und nicht wie üblich unsere Nummern runtergespielt haben.«

Dem Punk sagte er allmählich ade, weil er es leid war, die tausendste Sex-Pistols-Kopie zu hören. Und warum nun ausgerechnet Schlager? »Das ist die Musik, die mir am meisten Spaß macht.«

So heißt denn auch nicht nur sein Single-Hit »Ich will Spaß«, sondern im Grunde sein ganzes Programm. Auf seiner LP »Kugelblitze & Raketen« wird viel Schönwetter gemacht. Mal herrscht »Bombenstimmung im Dschungel, uuhhhuhuhu!« oder »die Luft war lau, fast warm.« Wie bei Hans Albers, auf den sich Markus ausdrücklich beruft, dampfen Dampfer auf See und fliegen Flieger hoch im Himmel. In »Prinz Eugen von der Lahn« ist er sich nicht zu blöd, ein Pony zu besingen: »Dann schlägt's mit dem Huf den Takt / ich weiß dann genau / dass ich einen Freund auf dieser Welt hier hab.« Auch werden die Sterne beschworen. Nur einmal, »Ich bin heut' böse«, lässt der junge Strahlemann Verdruss spüren.

Aber auch dagegen gibt es was: »Und heile heile Gänschen ist die beste Medizin.«

Manch einer mag das »Neue Deutsche Fröhlichkeit« oder auch »Dämlichkeit« nennen. Jedenfalls gibt es dafür wieder ein Publikum, das vor allem von Désirée Nosbusch animiert wurde.

Bei ihr hatte Markus seinen ersten Fernsehauftritt, bald gefolgt von Hecks »Hitparade«. »Die hat ja den Touch einer Progressiv-Sendung. Als Musiker wünschst du dir erst mal ein Forum, wo du dich vorstellen kannst. Dann können sich die Leute immer noch entscheiden, ob sie dich mögen.« Und wie steht Heck zu der ganzen Sache? »Der ist sehr aufgeschlossen. Der meint, es müsse endlich mal was Neues kommen.«

Vielleicht bangt er auch nur um seine Einschaltziffern, denn mit Bernhard Brink und Andrea Jürgens lockt er wirklich keinen Hund mehr hinterm Ofen hervor. Er erschließt sich mit Vertretern der Neuen Deutschen Welle ein Publikum, das jahrelang über ihn die Nase rümpfte. Andererseits halten ihm nach wie vor die alten Stammseher die Stange. Somit ist die ganze Familie wenigstens einmal im Monat vorm Bildschirm vereint.

Aber das dürfte erst der Anfang sein. Bestimmt wird zumindest Markus auch bald in größeren Shows zu sehen sein. Erst mal jedoch gilt es, live zu beweisen, was er tatsächlich kann. Im Herbst plant er eine Tournee durch zunächst zehn Städte, in denen er seine Show präsentieren will. Nicht nur singen wird er, sondern auch tanzen. Ihm schwebt »der Bunte Abend der achtziger Jahre« vor. Sensationell Neues bringt Markus also sicher nicht, schon gar nicht in seiner Musik: »Jeder Stil ist schon mal gespielt worden. Du musst halt nur zur rechten Zeit damit kommen.«

Zur rechten Zeit kam auch Hubert Kah, nur nicht, als er mich vom Bahnhof in Reutlingen abholen sollte. Mit halbstündiger Verspätung begrüßt er mich. In seiner Begleitung ist Bassist Klaus, der ihm noch ein *Fix und Foxi* schuldet. Aber der Kiosk ist an diesem Sonntag zu.

Reutlingen, muss man wissen, liegt irgendwo hinter Stuttgart. Wir fahren in Huberts schnittigem Wagen ins Café Ernst, wo auch schon der Gitarrist Markus sitzt. Außerdem stellt mir Hubert seine beiden Leibwächter vor. Hier ist noch Provinz. Der Kellner läuft in schwarzer Hose und weißer Jacke rum. Mein Bier ist pisswarm. Obendrein stellt sich auch raus, dass ich genauso gut hätte zu Hause bleiben können. »Ich wollte dich nur mal sehen« meint Hubert. Gitarrist Markus, erfahre ich so nebenbei, sagt sowieso nie etwas – und Schlagzeuger Niko liegt mit einer Grippe im Bett. Und ich mach wegen dem Fatzke eine halbe Weltreise bei subtropischen Temperaturen!

Bei diesem Wetter versagt auch prompt mein Kassettenrekorder. Ich schreibe einiges mit, besonders Sprüche von Hubert und Klaus, die ich unbedingt wiedergeben soll: »Lieber mit Stil – ob in den Untergang oder daneben.« Und: »Wir wollen so sein, weil wir so sind.« Bevor ich nachdenken darf, will Hubert, der sowieso schlecht auf den *Musikexpress* zu sprechen ist, weil er da noch nicht erwähnt worden ist, wissen: »Wie wird man eigentlich Musikjournalist? Hast du wenigstens Abitur?«

Hab ich, wenn auch nicht mit so guten Noten, wie ihr sie laut *BRAVO* bekommen habt. Ich möchte etwas über Huberts Herkunft wissen, da mich verwunderte, dass sich bei einem vorangegangenen Anruf das Dienstmädchen mit »bei Dr. Kemmler« gemeldet hatte. Außerdem steht im Info seiner Plattenfirma, er sei »der erste Neue-Welle-Sänger aus gutem Hause.« Kah, der eigentlich Kemmler heißt, will nichts weiter verraten, als dass seine Familie bürgerlich ist. Spießbürgerlich? »Unverschämtheit!«

Dein Vater hat'n Doktortitel. Ist der vielleicht Arzt? »Geht dich nichts an!« Klaus erzählt wenig überzeugend, er habe lange genug Schmalzstullen gegessen. Im Untertitel zu Kahs Debüt-LP »Meine Höhepunkte« heißt es »Neue deutsche Schlagermusik«. Worauf bezieht ihr euch? Auf den Schlager der fünfziger Jahre? »Nein, auf die dreißiger Jahre. Da gab's noch ein intaktes Showgeschäft, das dann von irgendwelchen halbintellektuellen Linken kaputtgemacht worden ist.« Ich gebe zu bedenken, dass die Unterhaltungsbranche zu der Zeit ja wohl von einigen nichtintellektuellen Rechten kontrolliert worden ist. »Ach ja«, meint Klaus, »das war ja das Dritte Reich.«

Wie Markus hatte auch Hubert Kah mit seiner Kapelle seinen Durchbruch bei der Nosbusch und dem Heck. Zuvor hatte er, während seine jüngeren Kollegen noch zur Schule gingen, einige Semester Komposition studiert. Ich hatte Gerüchte gehört, dass seine Firma ihn gezwungen habe, extra noch ins Studio zu gehen, da außer »Rosemarie« nichts Hitverdächtiges auf der LP zu finden war.

Hubert weist das weit von sich und meint nur, die neu eingespielte Single »Traumduett« sei eben besser als das, was auf dem Album ist. Schlechter kann sie auch nicht sein. Die ganze LP ist für meinen bescheidenen Geschmack Schrott. Hat »Rosemarie« für anspruchslose Hörer wenigstens noch Ohrwurmqualität, so ist der Rest seiner »Höhepunkte« (ich möchte seine Tiefpunkte erst gar nicht hören) schier unerträglich. Die Texte sind ohne Humor, die Songs sind durchweg pubertär und wohl auch an ein pubertäres Publikum gerichtet.

Wenn Hubert Kah so weitermacht, werden wir ihn sicher bald vergessen können. Aber es gibt ja noch die »Hitparade«, und es steht zu befürchten, dass Kah und unsägliche Leute wie UKW dort weiterhin zur Verblödung des deutschen Schlagerpublikums beitragen werden.

Ohnehin können all diese Leute nicht an die grandiosen Schlagersänger der fünfziger und auch noch der sechziger Jahre tippen, von denen die meisten leider vergessen sind oder nur noch einmal im Jahr bei Lou van Burg auftreten dürfen. Aber früher, meint Peter Handke, war sowieso alles besser: »Da brauchte man auch nicht immer von früher zu reden.«

The Go-Go's: Vacation

Die fünf properen Amerikanerinnen haben nicht nur allerhand in der Bluse. Für ihr Debütalbum haben sie zehn durchaus erfreuliche Popsongs hergestellt, in denen sie ewig junge Themen wie Liebe, mal unerfüllt, mal erwidert, Tanzen und Urlaub besingen. Leadsängerin Belinda Carlisle singt nicht so hart wie Joan Jett und nicht so pubertär-dümmlich wie Kim Wilde, aber fast schon so lasziv wie Debbie Harry.

Ein gelungenes Werk, gut geeignet für Partys. Für mich sind die Go-Go's die beste weiße weibliche Formation seit Reparata & the Delrons. Hoffentlich können wir sie bald mal im Fernsehen begutachten (wenn's geht in 3-D).

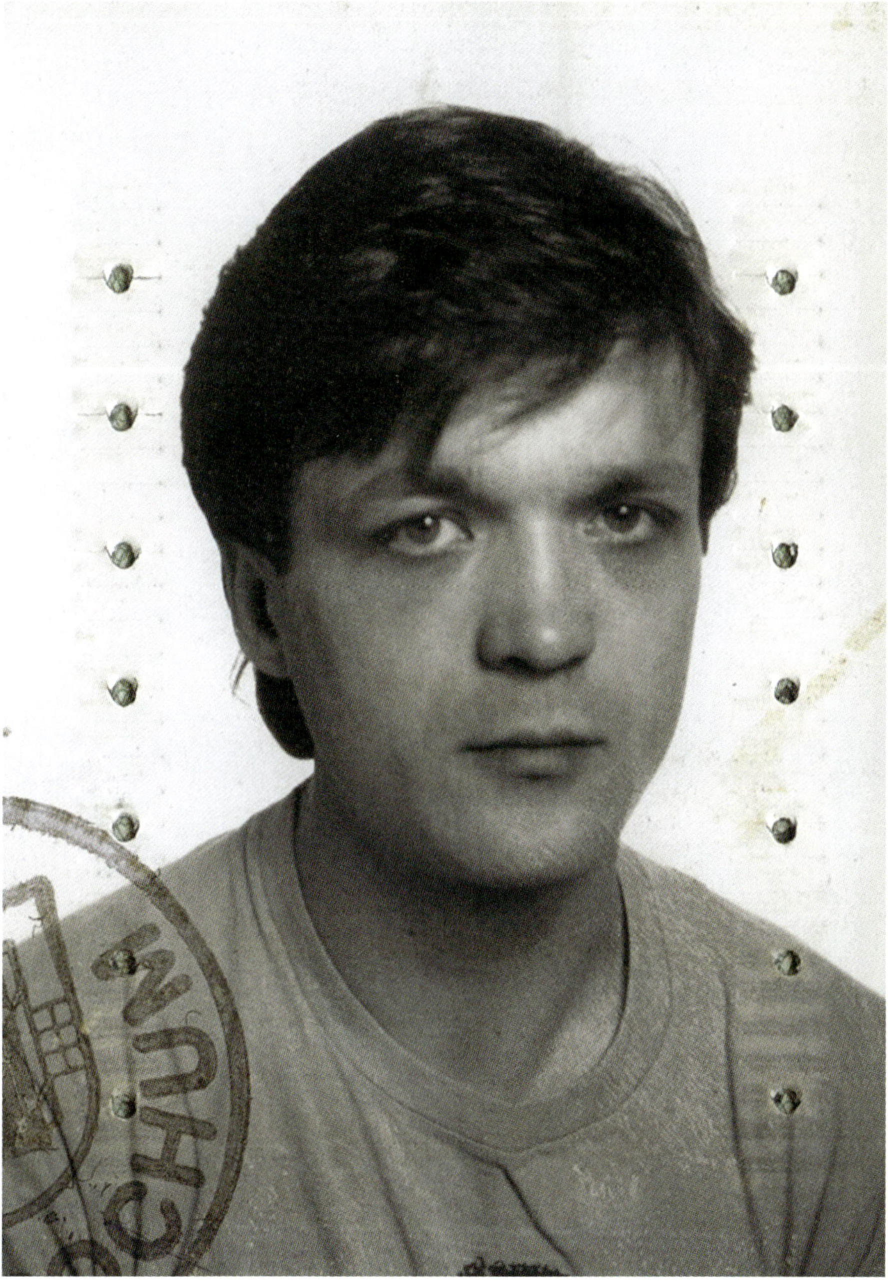

Rock-'n'-Roll-Schreiber *on the road* (Reisepass, Februar 1982)

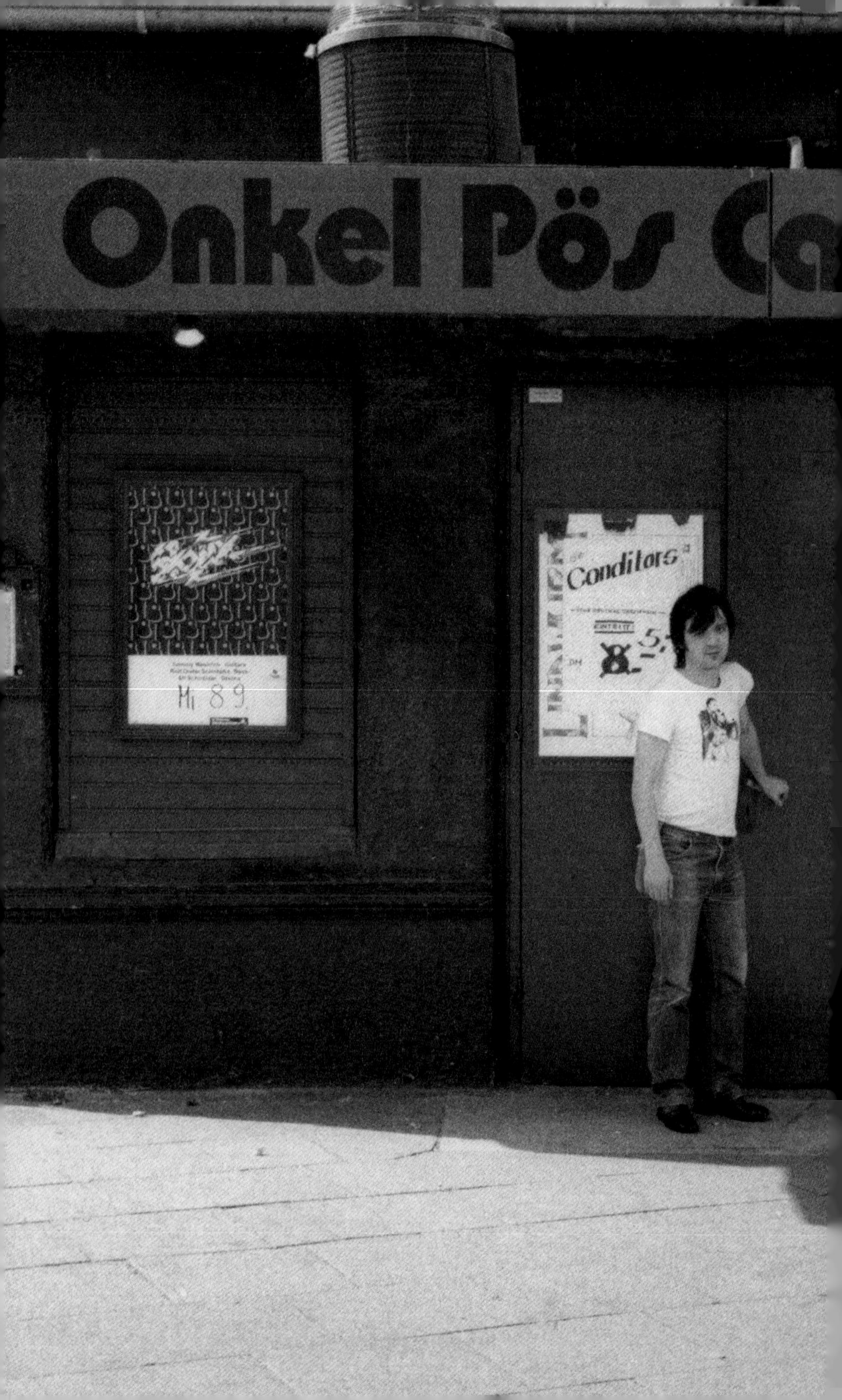
Onkel Pös Ca
Conditors
Mi 8 9.

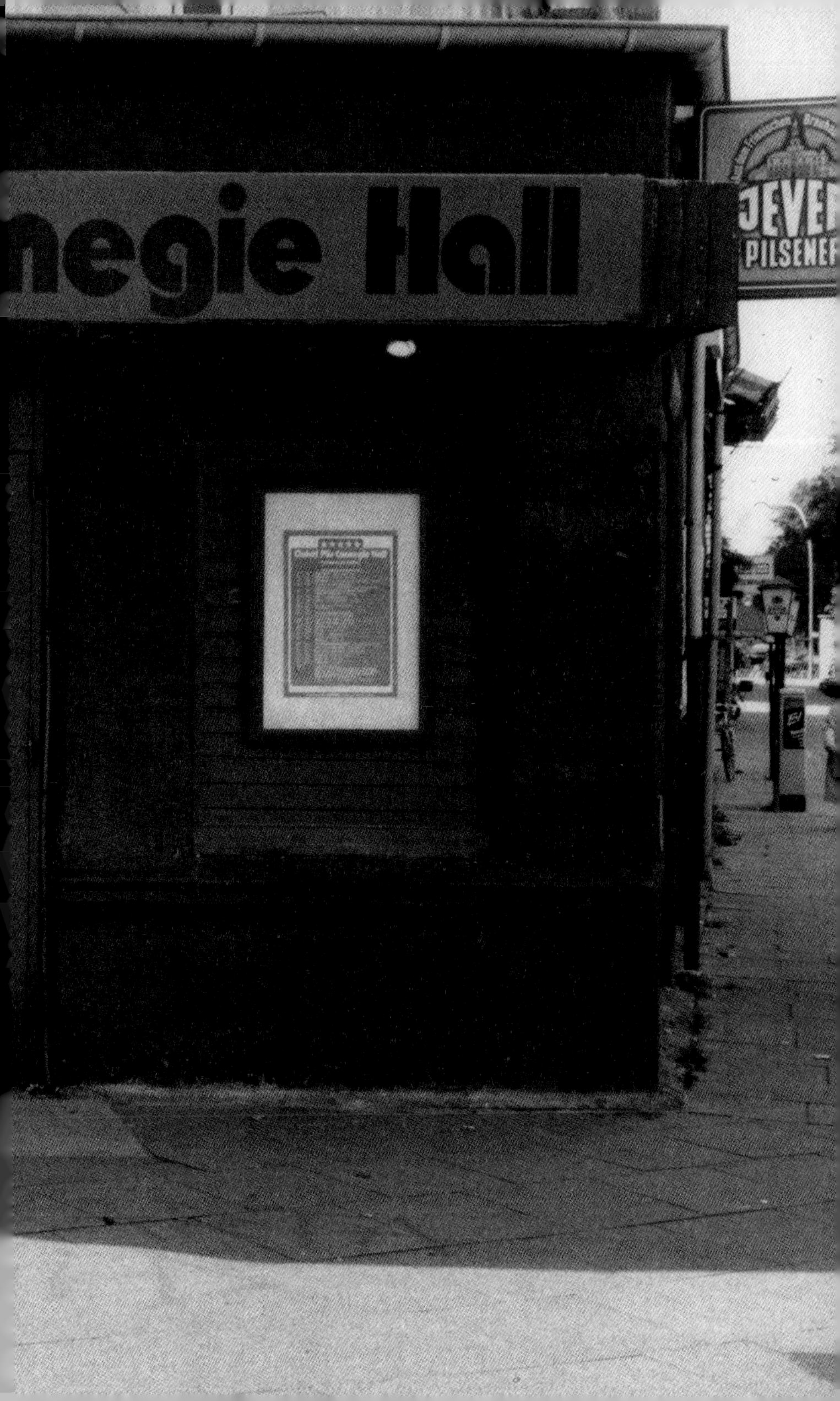
negie Hall

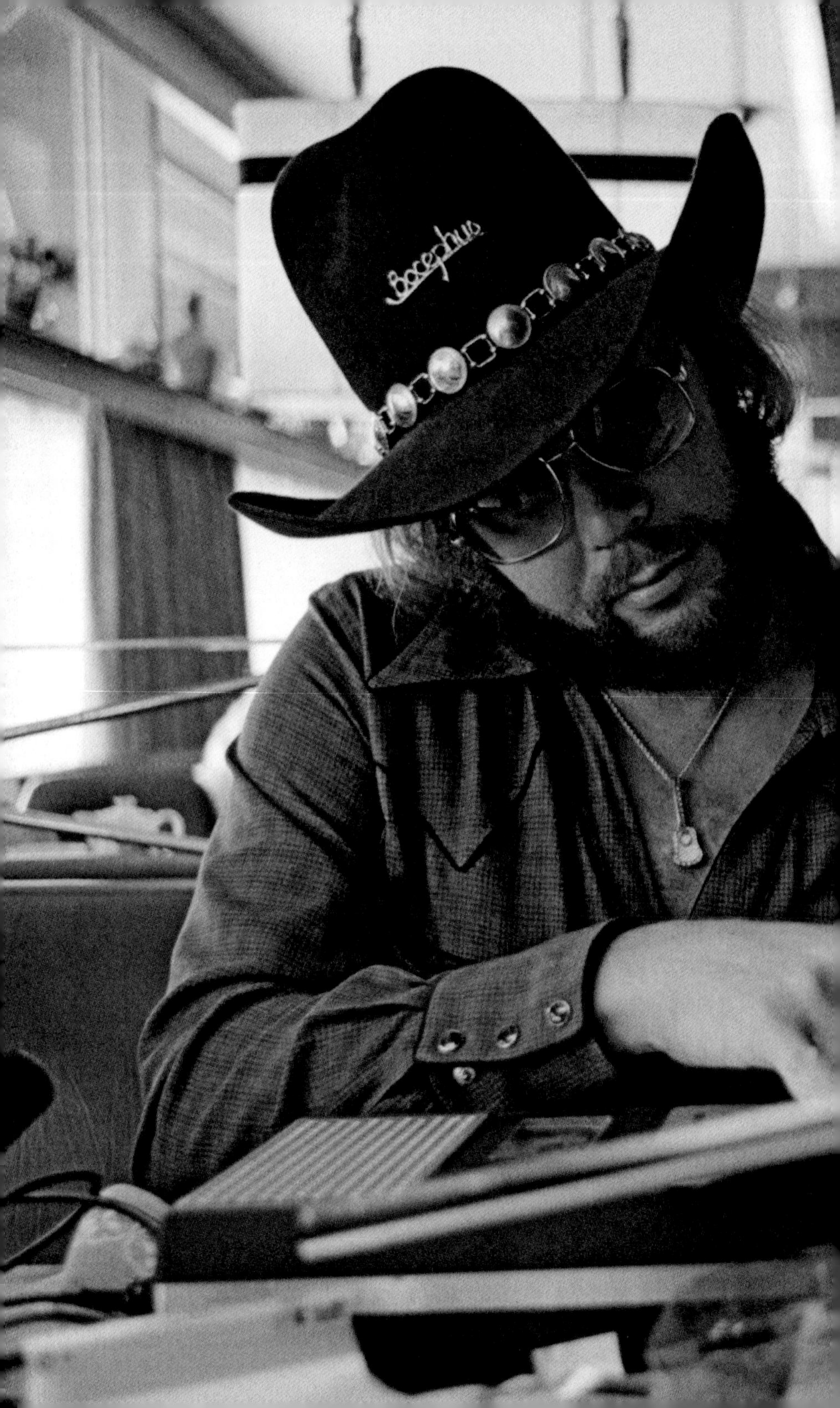
Bocephus

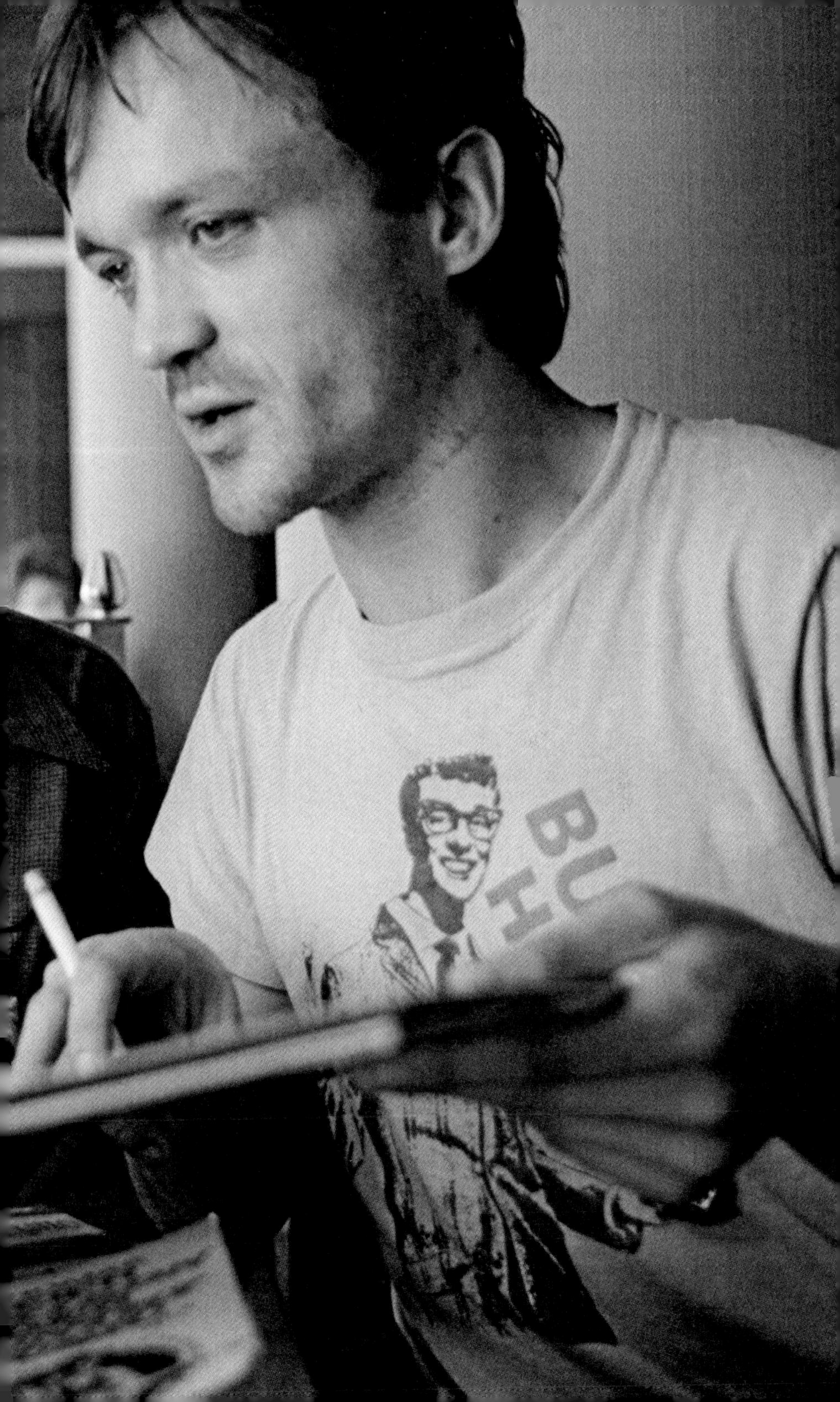

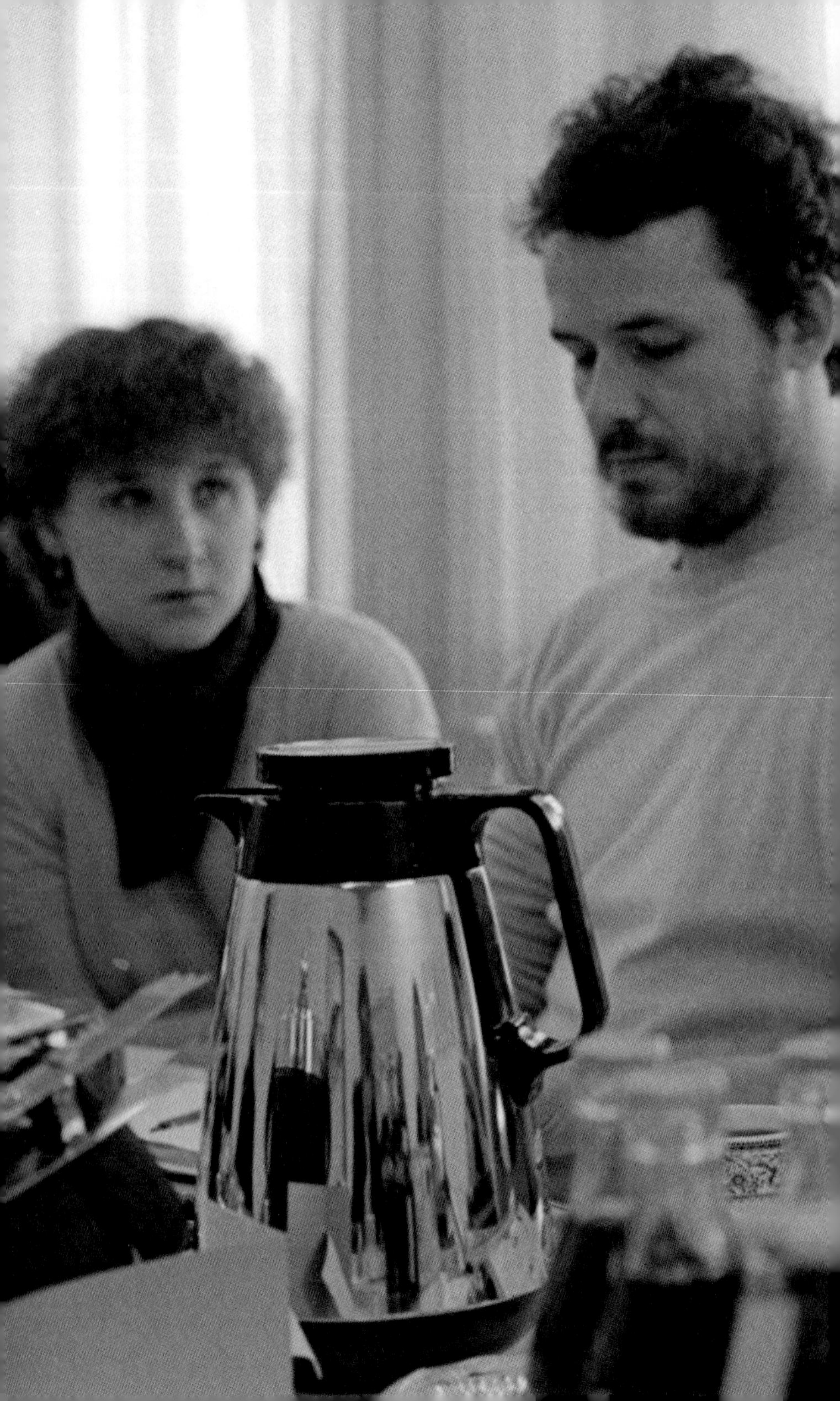

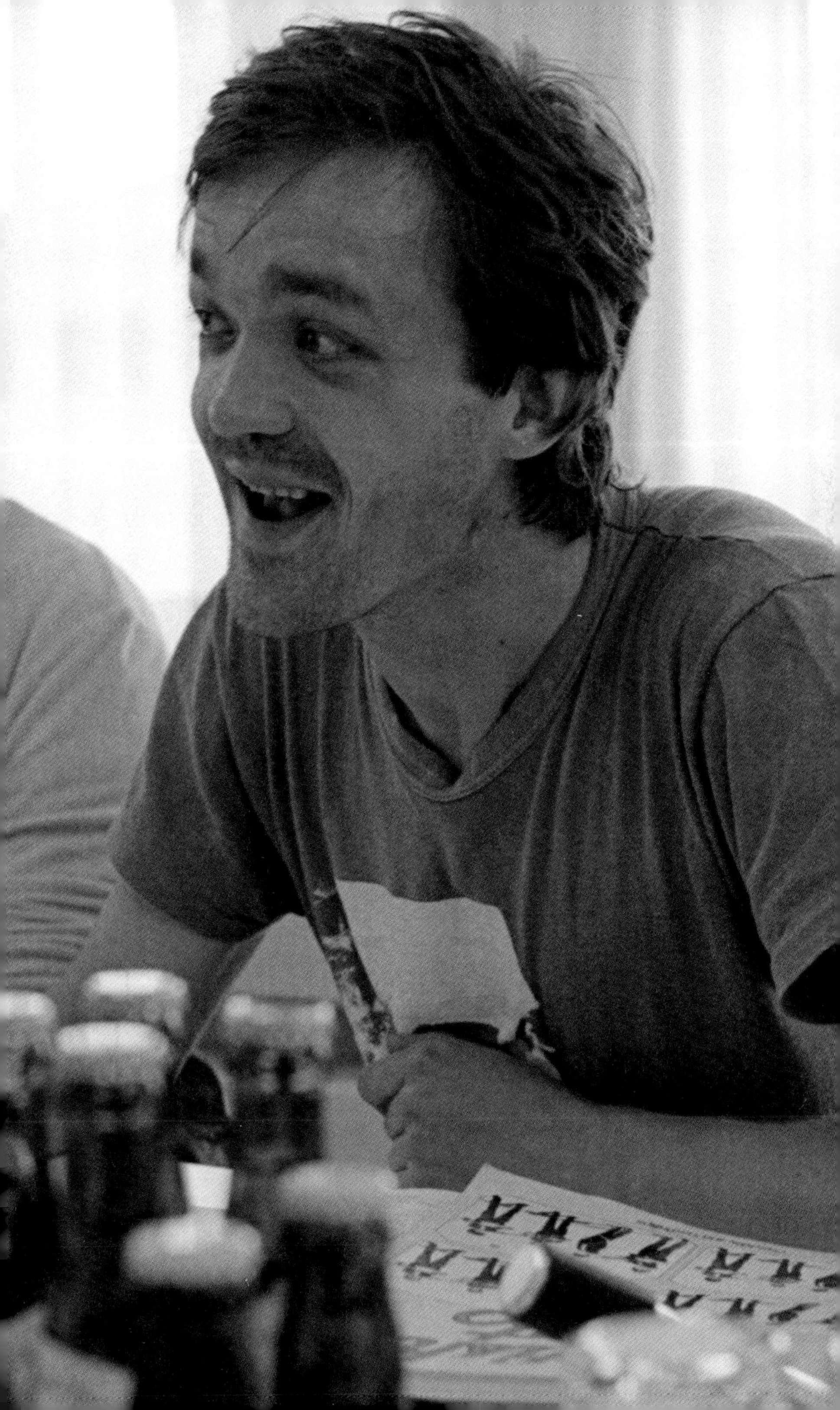

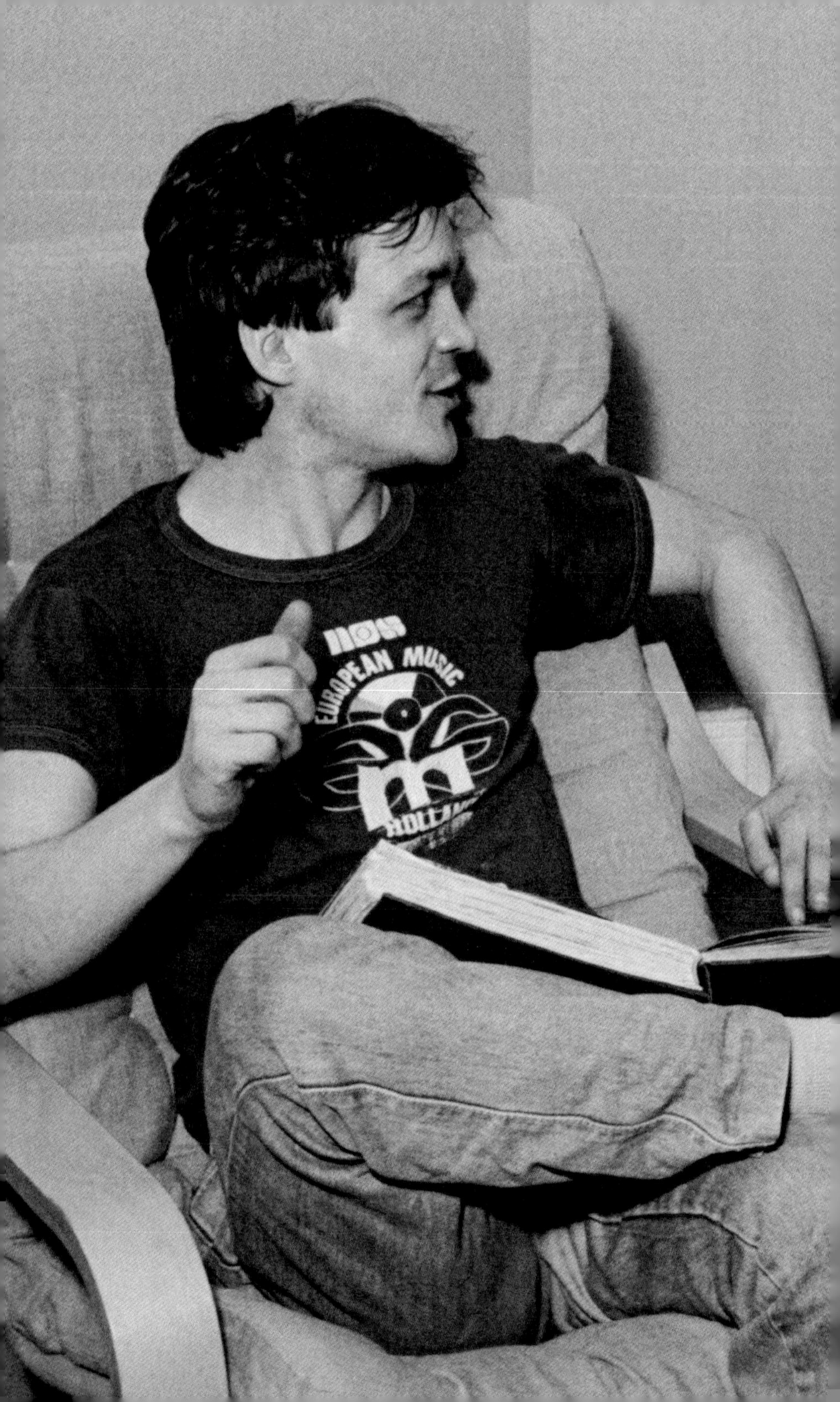
EUROPEAN MUSIC

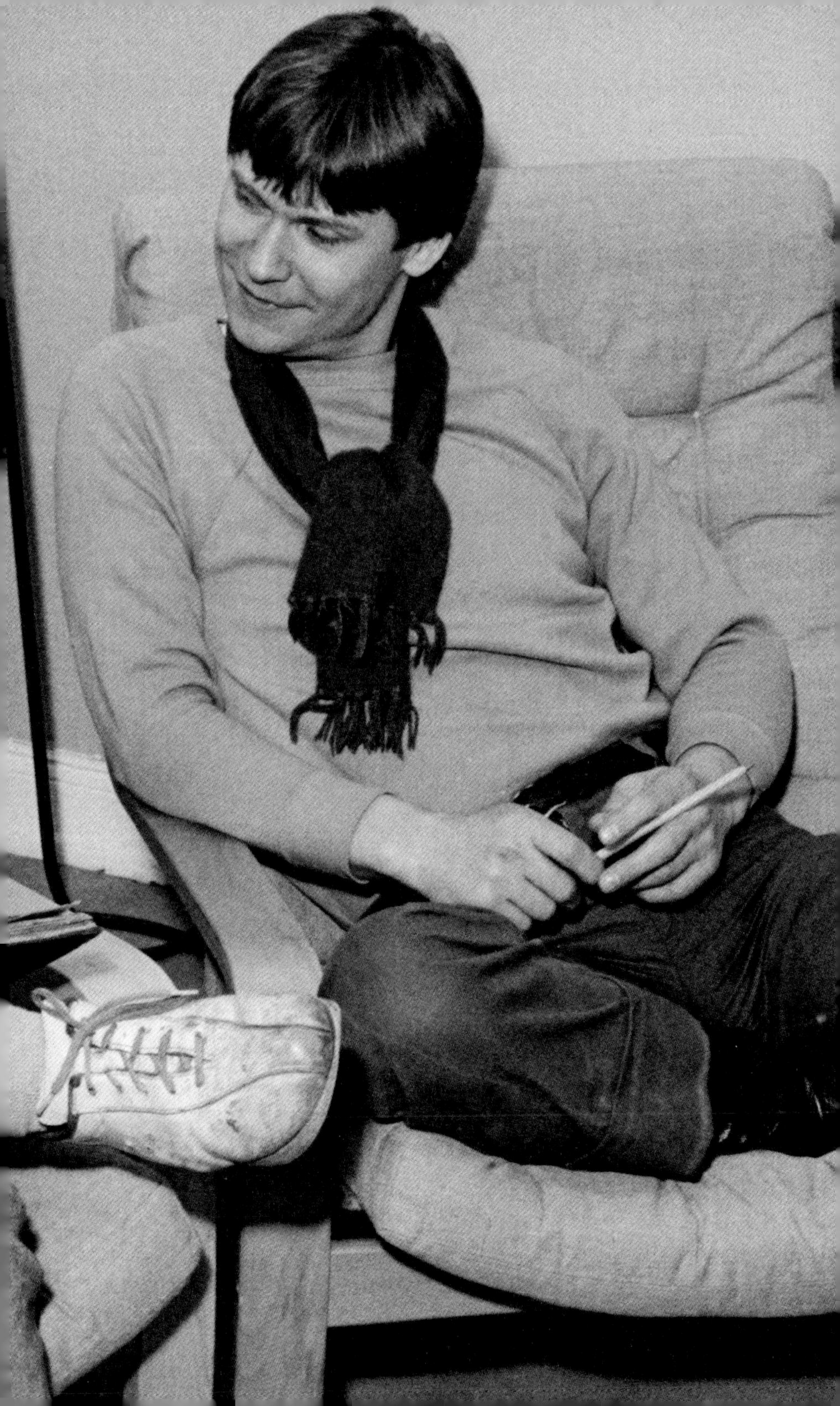

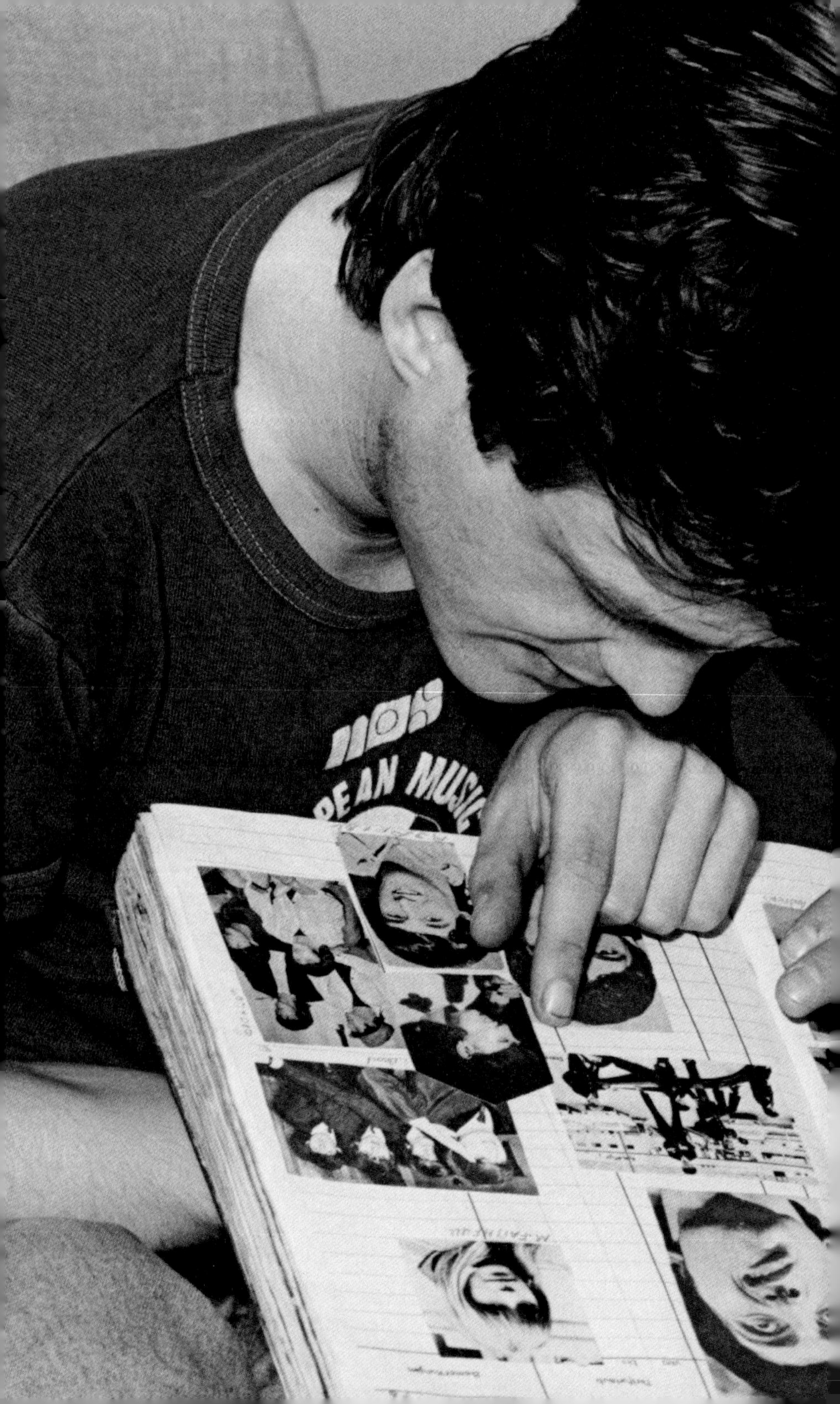
PEAN MUSIC

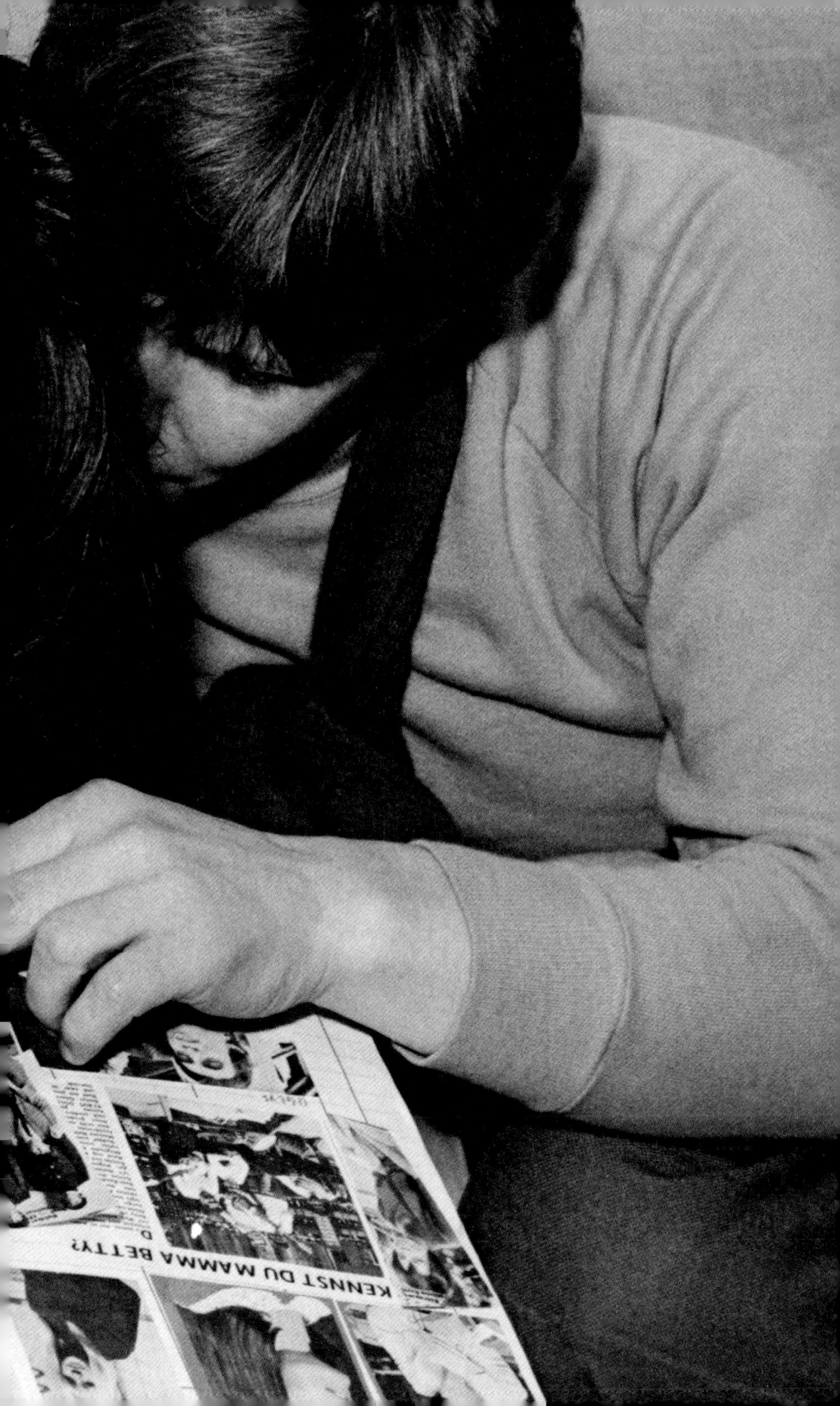
KENNST DU MAMMA BETTY?

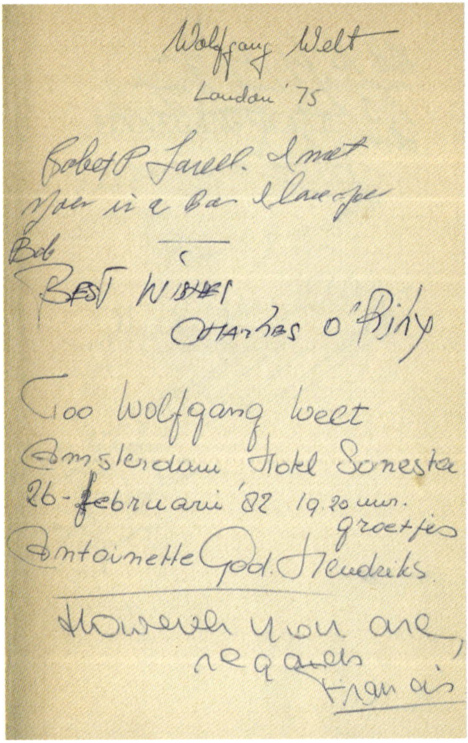

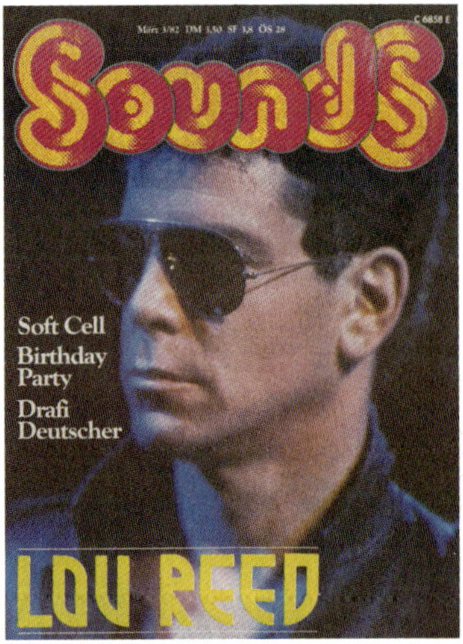

S. 226-227, Conditors-Gig in Hamburg, Sommer 1981 (Foto: Peter Wasielewski)

S. 228-229, Mit Hank Williams, Jr., Recklinghausen, Sommer 1981
(Foto: Andreas Böttcher)

S. 230-231, Bei einer Pressekonferenz von Gary Numan, Düsseldorf, 19.9.1981
(Foto: Andreas Böttcher)

S. 232-235, Mit Achim Reichel, Hamburg, 9.2.1982 (Fotos: Andreas Böttcher)

Oben links, »Ich lasse mir von den Anwesenden jeweils eine Widmung in meinen ›Finnegans Wake‹ geben ...«, Amsterdam, 26.2.1982

Oben rechts, März 1982: Ein letztes Mal in *Sounds* oder »Listen to the noise of the heart«

Unten, Zeichnung auf einer Vorlesungsmitschrift, 1983

Gegenüber, »Ich müsste wieder zurück zur Uni, nach neun Jahren ...«
(Studentenausweis, April 1982)

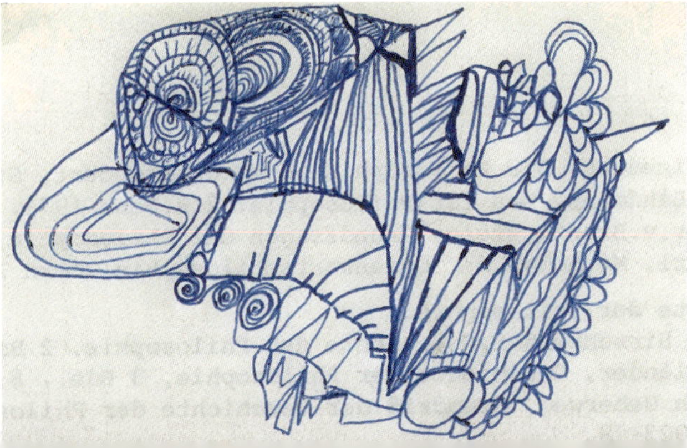

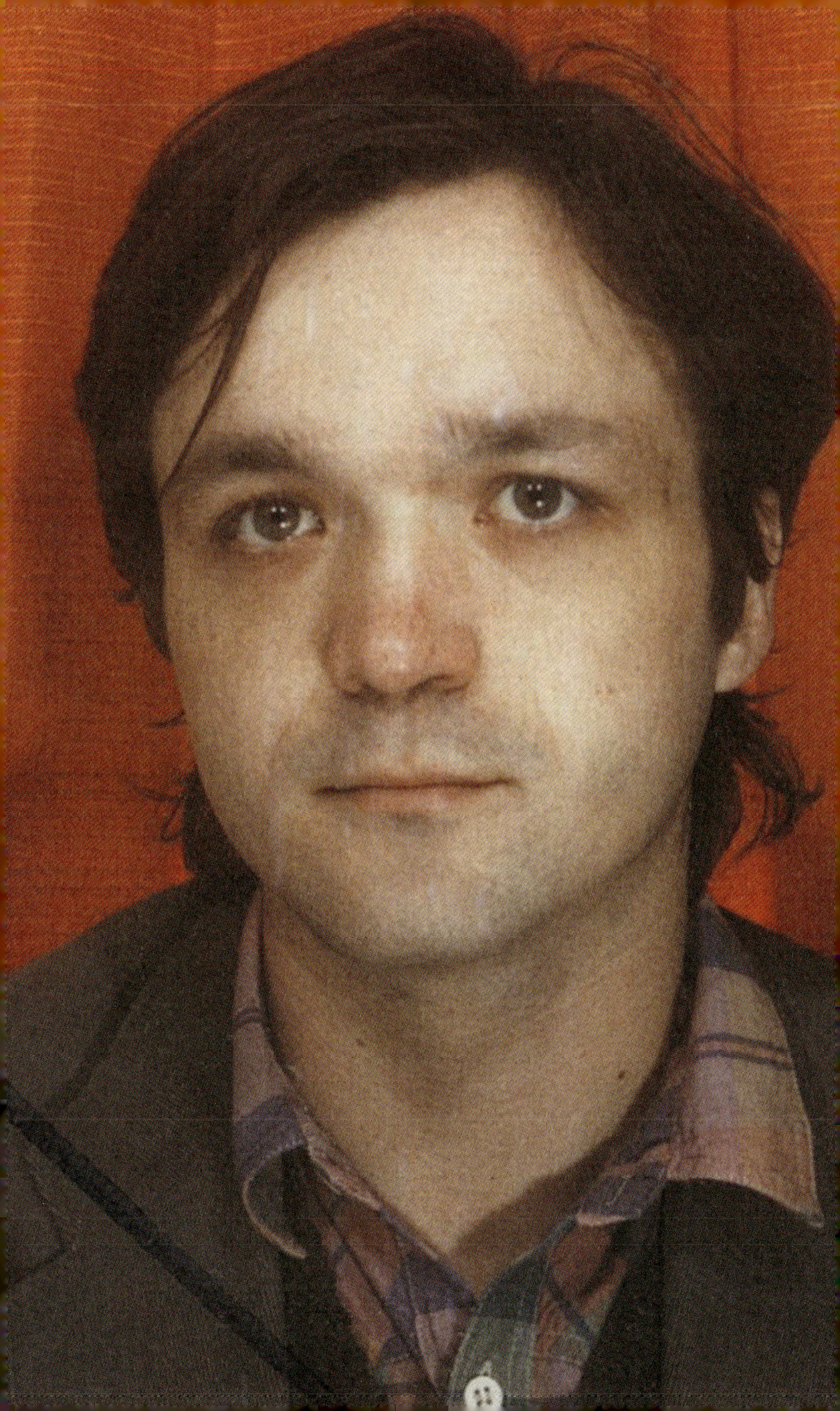

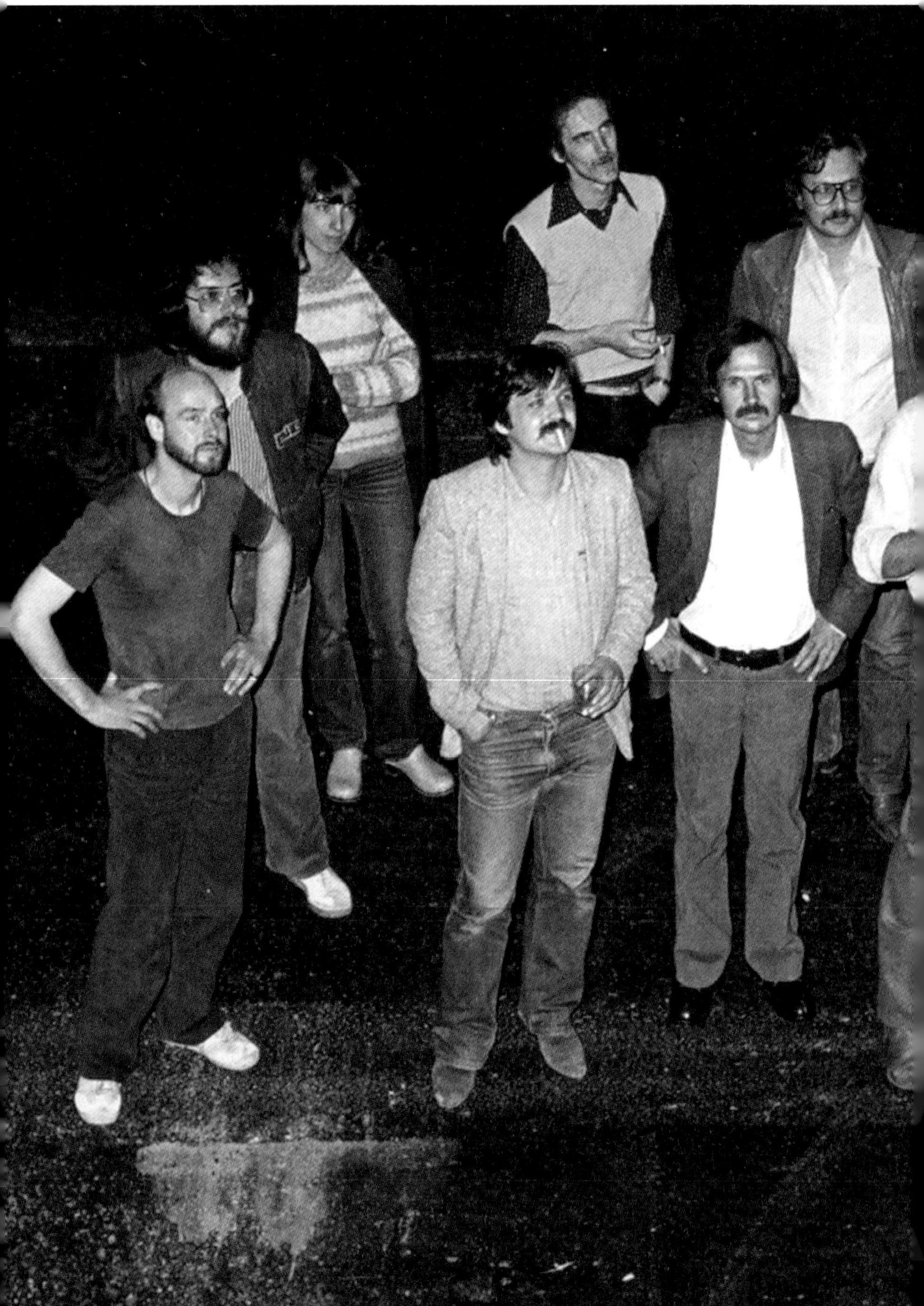

Marabo-Redaktion, 1983 (Foto: Andreas Böttcher)

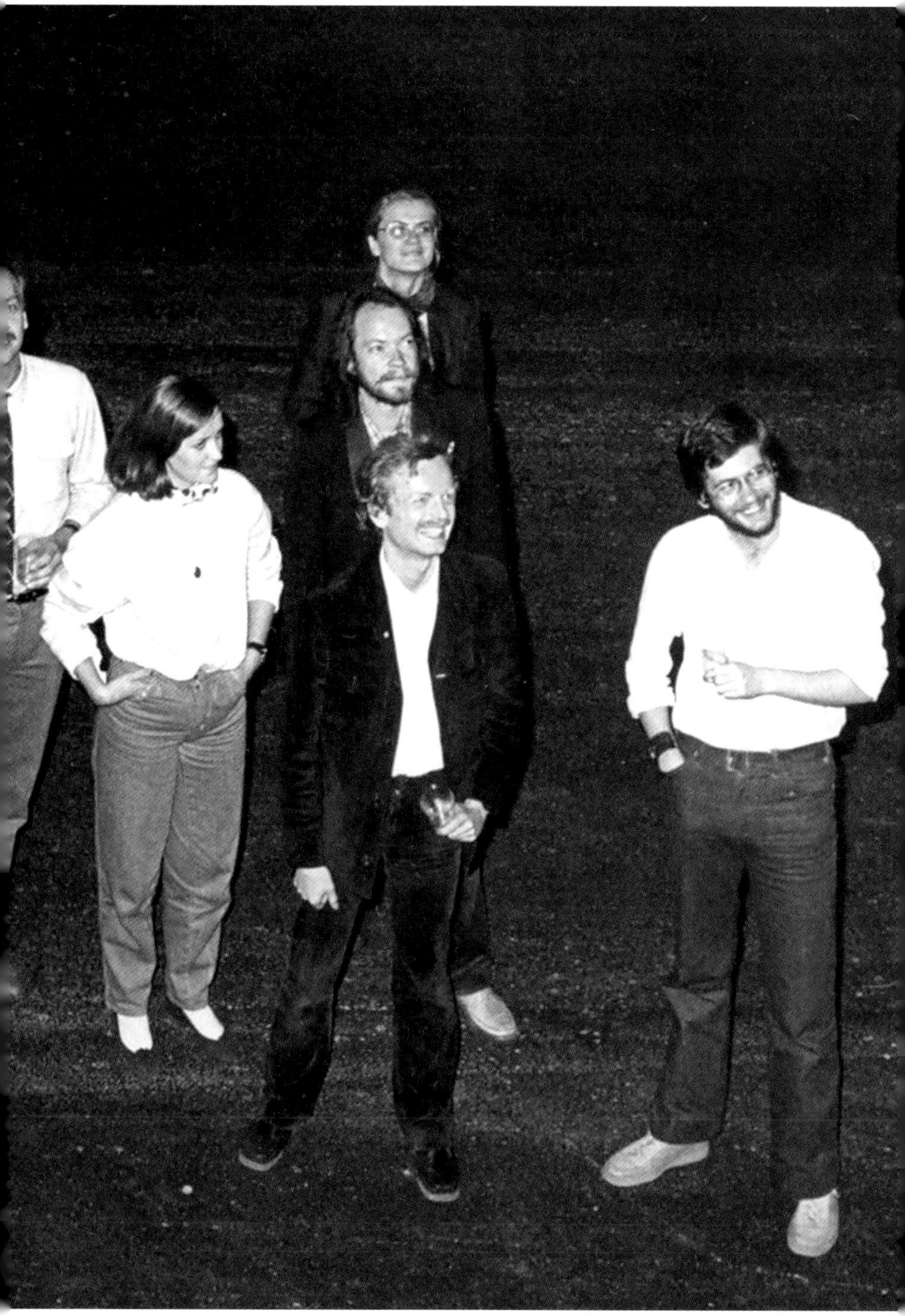

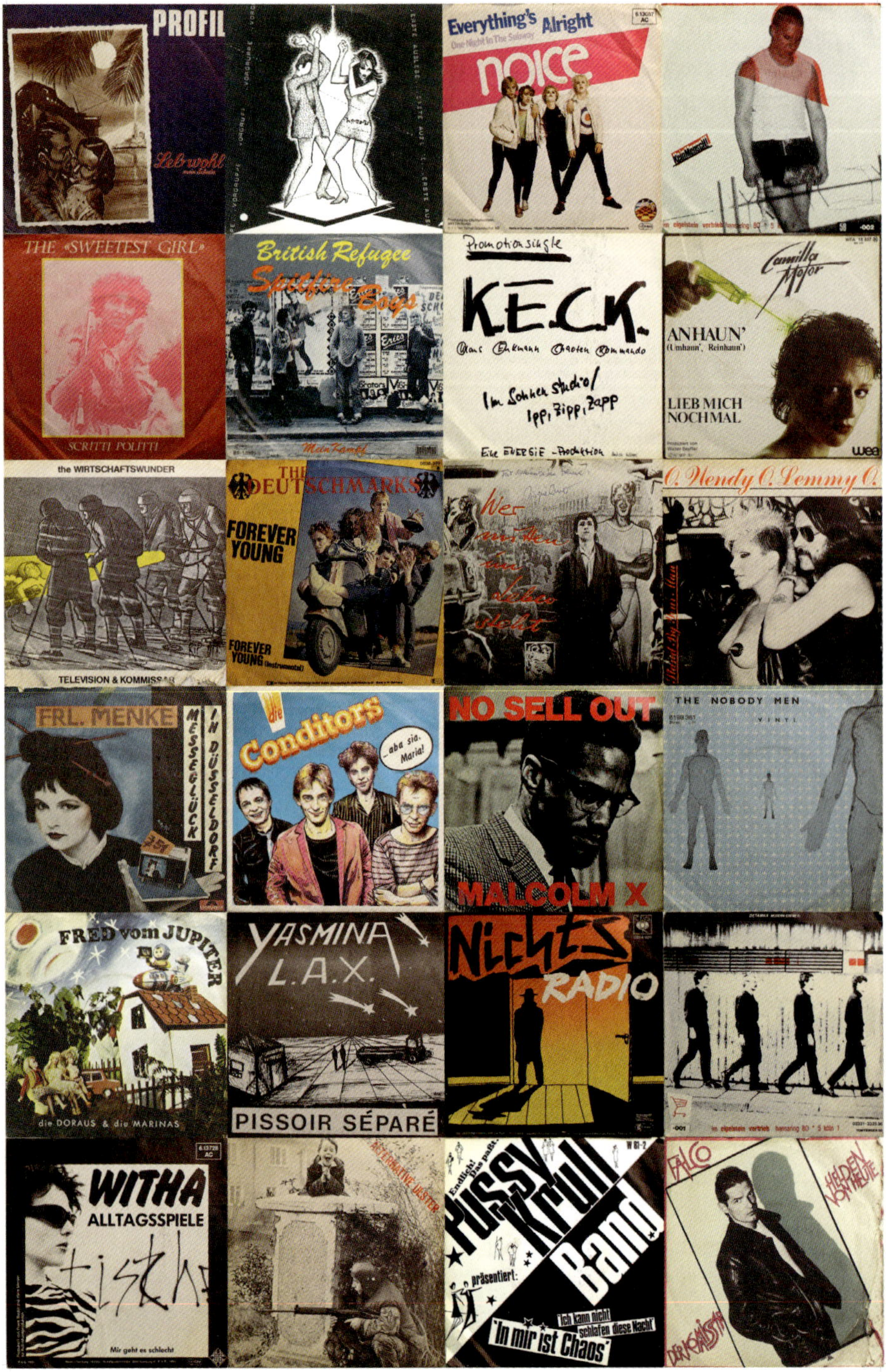

Singles aus Welts Plattensammlung (1977–1983)

Tapes her!

Den Hammer brachte die Regierung mit einer C-20. Das ist psychedelische Popmusik von höchster Qualität. »Nie wieder Euphorie« heißt das erste Werk des Elektrische-Welt-Labels. Tilman Roßny bedient sich äußerst geschickt der Synthis, melancholische Stimmung herrscht vor, ohne direkte Untergangspanik zu vermitteln. Die Texte sind gut durchdacht, hier nur ein Beispiel: »Du störst uns, du passt einfach nicht hinein, in unsere elektrische Welt.« Man könnte viel mehr aufführen, so gelungen kommt die Kassette. Mit 5 Mark auch sehr erschwinglich, unbedingt zu empfehlen! Kontakt: Tilman Roßny, Im Hadkamp 18, 4358 Haltern, 02364/7616.

Der Sampler »Collage« vom Kommt-noch-schlimmer-Label ist endlich da. Lange genug haben wir warten müssen. Wie man dem wenig gestalteten Begleitheft entnehmen kann, erscheint er mit einjähriger Verspätung, was ihn aber nicht besser oder schlechter macht.

Vertreten sind: Perlen vor die Säue aus Aachen, Wolfgang Luthe aus Hagen, XX Century Zorro aus Pordeone in Italien sowie die Derdakunst, Makarna Pasta, FDJ, Auslöser, Der rennende Kardinal, Chemische Ameisenscheiße und 894, alle aus Essen. Als Gimmick Micky und Goofy plus die Ur-DAF, eine Collage aus einer Märchenplatte und einem Livemitschnitt der ersten Besetzung der Deutsch Amerikanischen Freundschaft. Zwischen den einzelnen Stücken unterhält uns Tumtrah Reflah, wer auch immer das sein mag (Anmerkung der Satzabteilung: Iss doch klar: Hartmut Halfer, wer sonst!?), mit lustigen Einspielungen, zum Beispiel mit der Geräuschkulisse einer Hinrichtung auf dem elektrischen Stuhl. 8 Märker. c/o H. Halfer, Jaspersweg 7, 4300 Essen 14.

6 aus 49 – »Satie / Graf Berghe v. Trips« (C-10). Die Jungs um den Mega-Dada Paul Ubac machen nach einjähriger kre-

ativer Schaffenspause wieder von sich reden. Rechtzeitig zum Auftritt in der Bochumer Zechenkneipe warf man eine aufwendig gestylte C-10 auf den Markt. Bundesweite Promotion durch die Einführung des Mittwochslottos hatte es unlängst möglich gemacht: »Und am Wochenende 6 aus 49« konnte man an jeder Litfaßsäule lesen. Na ja …

»Graf Berghe« – ein recht flottes Liedchen über die schröcklichen Gefahren des Rennsports, schonungslos wird der Formel-1-Schickeria der Garaus gemacht: »… bitte nimm mich mit, die Kurve ist so rund …« Schließlich implodiert der Ferrari auch. So geht das, zack, Ohr ab. Ohren auf dagegen bei »Satie«, gecovert vom gleichnamigen französischen Musiker. Satte fünf Minuten hängt der schöne Orgelsound in der Sonne, die Gitarre echot feiste Schattenspiele, dazu witzig ein auf Russisch gesungenes Dadamanifest, wenn auch mit Dialekt. Der Preis von 12 DM erscheint mir allerdings zu hoch, wer es trotzdem wissen will: Paule Ubac, Oberdorfstraße 75, 4300 Essen 1.

Notgedrungen auf Kassette: Brillo 66. Im Moment ist der Markt übersättigt, die Plattenfirmen haben, bedingt durch ihre Panikeinkäufe, kein oder wenig Geld zur Verfügung. So sucht Brillo einen Vertragspartner, derweil ist ihre profihafte Mucke für Interessierte tapemäßig zu erfassen. Das kommt wesentlich besser als live, da konnte die nette, zuvorkommende Frau von Holger Krüssmann (Schreiberling beim *Musikexpress*) dem Lug&Trug-Tiem noch den Eintritt verweigern. Musikalische Vorbilder der Brillo 66 kann man in den Banshees sehen, doch der gesamte Sound ist allemal mehr wert als der Rest des Herbsttheaters. Kontakt: Achim, 0201/470219. Preis: offen.

Die Check Band, Ralf Quick, 02332/14444, sie schickten 'ne C-30 rüber, hätten sie sich auch sparen können. Spärlichste Infos, die Kassette will man auch noch zurück haben. Als ich antelefoniere, erfahre ich, dass sich der gute Ralfi noch nicht mal im Klaren ist, ob er die Kassette für die Wüste klebt oder nicht abgeschickt hat, ähm. Ich darf doch bitten, Energie hin oder her, die Musik liegt zwischen Camel und Funk, für mich nicht gerade interessant, oder so.

Pflastersteine – Politrock, vier Takes auf einer C-60 chromdioxid Super II, allerhand. Aufgenommen in den Hinterhof-Studios, Dortmund. Ein reines Demotape. Ich ruf mal an, was denn daran polit wäre. Aha, man will politische Aussagen bringen, welche Musik tut das nicht? Die Aufnahmen sind zu glatt geworden, beklagt man sich, kann ich verstehen. Armin Spinker zeichnet für Text und Musik verantwortlich, andere Leute können singen, hier ist mir alles zu sehr nur Sprechgesang. Trotzdem, ganz nett die DO-Polits. Hoffe, sie können sich noch steigern, die Musikerinitiative Schwerte hat die Finger im Spiel, lasst von euch hören. Kontakt: Jochen Wilms, 02304/13325, Robert-Koch-Platz 1, 5840 Schwerte 1.

Bis dann Karlsquell, Karlsquell, mehr Pogo, wenn's geht, mit freundlichen Füßen verbleibt euer Lug&Trug-Tiem. Tapes an U. A. Schilm, Altendorferstraße 323, 4300 Essen 1, Tel.: 0201/6284.

Die New Yorker Firma ROIR (»roir« ausgesprochen) feiert ihr einjähriges Jubiläum und sandte uns vier neue Kassetten. Die von ROIR veröffentlichten Tonträger gibt es nicht auf Schallplatte. Meistens handelt es sich darum um historische Aufnahmen neuer amerikanischer Musik, etwa von den legendären Germs, manchmal auch Schrott wie von den Stimulators, meist jedoch Einmaliges wie »Half Alive« von Suicide.

Was man auf Platten kaum noch findet, liner notes, wird hier von renommierten Kritikern besorgt. Sie erläutern sehr kompetent und mit Liebe zum Gegenstand die Musik und den Rang der jeweiligen Künstler, die hierzulande oft kaum bekannt sind.

Alfonia Tims and His Flying Tigers vermischen auf »Future Funk / Uncut!« Funkelemente mit Freejazzanklängen (ROIR A 112). Human Switchboard klingen auf »Coffee Break!« ein bisschen konventionell punkig (ROIR A 110), während die Scientific Americans sich mit »Load And Go!« schon wesentlich origineller anhören, auch wenn sie aus West-Massachusetts stammen. PIL, die Residents und Devo lassen da grüßen. Dennoch ist die Musik weitgehend eigenständig (ROIR A 111).

»New York Thrash« schließlich liefert erstmals einen Überblick über die derzeitige New Yorker Punkszene, die der englischen um ein paar Jahre hinterherzuhinken scheint. Am besten sind noch die phänomenalen Bad Brains. Als Dokument ist diese Kassette (ROIR A 113) sicher einmalig. Zur Not kann man ja einiges löschen, wie ROIR auch ausdrücklich empfiehlt. Zu beziehen sind die Dinger entweder über gute Plattenläden oder direkt vom Hersteller: ROIR, Inc. 611 Broadway, Suite 214, New York City, N. Y. 1001 USA. Kostenpunkt: 10 Dollar das Stück, zu überweisen per Post.

Kevin Rowland and Dexys Midnight Runners: Too-Rye-Ay

Dexys Midnight Runners erinnern in etwa an die britischen Soulbands gegen Ende der sechziger Jahre wie Amen Corner oder die Foundations. Einem weiteren Vorbild, Geno Washington, widmeten sie ihren ersten Hit. Die Platte wird beherrscht von Bläsern. Hinzu kommt ein Schuss keltischer Folklore. Alles zusammengemixt, ergibt »Too-Rye-Ay« ein Hörvergnügen jenseits aller Modernismen. Man kann dazu lachen, tanzen und trinken und gerät nie in Melancholie.

Dabei sind jedoch kaum Höhepunkte zu vermelden, auch wenn »Come On Eileen« ein Hit geworden ist. Die Arrangements sind trotz der vielen Bläser und ein paar Streichern nicht aufdringlich. Kevin Rowland ist sicher kein begnadeter Sänger, lässt sich aber durchaus ertragen. Leider fehlt ihm der Charme in der Stimme, den damals bei Amen Corner Andy Fairweather Low hatte. »Too-Rye-Ay« ist bestimmt kein Wunderwerk, alles in allem jedoch eine überdurchschnittliche Popplatte, die sich nie dem herrschenden Geschmack anbiedert.

»Leider wird die Friedensbewegung von DKP-Heuchlern manipuliert«

Interview mit Wolf Biermann

Die »Villa an der Elbchaussee«, die dem »kommunistischen Millionär« in der Springer-Presse nachgesagt wurde, ist weit und breit nicht zu sehen. An der angegebenen Adresse steht ein kleines solides Backsteinhaus, das schon einige Jahre auf dem Buckel hat. In diesem Haus (»hat 360.000 Mark gekostet, kannst du deinen Leuten ruhig sagen«), in einer Seitenstraße in Hamburg-Altona, lebt Wolf Biermann seit 1977. Wir sitzen am Fenster und – Biermann leert noch schnell einen Teller Rippchen mit Kraut, den seine Mutter hereingebracht hat – schauen uns um: Viele Bücher, an den Wänden Fotos und Zeichnungen, alte Möbel irgendwo zwischen Sperrmüll und Antiquität.

Seiner neuen Platte gilt unsere erste Frage, ob die leisen, lyrischen Lieder einen Rückzug aus der Politik ankündigen. »Ich habe vor zwei Jahren bei den Liedern der Platte ›Eins in die Fresse, mein Herzblatt‹ polemische Lieder geschrieben, musste ich auch, wollte ich auch. Gegen den Nazi-Bundespräsidenten das Lied, das dann auch verboten wurde: ›Heil Hitler! teurer Wandersfreund‹. Dann schrieb ich ein Lied gegen Franz Josef Strauß, der uns doch diese Starfighter gekauft hat, die immer vom Himmel fallen wie Bleienten. Aber das ist kein Lied, das länger hält als ein paar Wochen.«

Auf der neuen Platte werden keine Namen, jedenfalls keine von prominenten Leuten, genannt. Hat er Angst anzuecken, zu sehr ins politische Tagesgeschehen gezogen zu werden? »Man muss manchmal Namen nennen, im Getümmel. Und da muss man jemandem auch mal was auf die Augen hauen. Geht gar nicht anders. Aber wenn man das mal den Menschen vermitteln könnte: Dass solche Getümmellieder nur für den oberflächlichen Betrachter sehr politisch sind. Wenn man aber einen tieferen Begriff vom Politischen hat, wenn man begreift, dass das einfach heißt: Die menschlichen Beziehungen betreffend, die öffentlichen Angelegenheiten betreffend, dann wird man rauskriegen, dass so'n Lied auf meine Tochter Marie, sogar mit diesem Kindergequäke da, das doch extrem privat klingt, politischer im ernsten Sinn des Wortes gar nicht sein kann. Da wird ein Schlaflied gesungen für ein Kind, und es wird in diesem Lied die Wiege beschrieben, in der es liegt, und es wird die Welt beschrieben, in der die Wiege steht: Das Kind in der Wiege und die Wiege in der Welt, die in die Grützwurst geht.«

Tatsächlich hat Biermann schon immer auch zarte, sanfte, nachdenkliche Lieder geschrieben. Nur gehört es eben zu seinem Image in der Öffentlichkeit, dass man ihn in erster Linie an seinen politischen Songs misst, sei's mit den noch in der DDR entstandenen Liedern oder mit der Platte »Trotz alledem!«, auf der er die »Selbstmorde« von Stammheim kommentierte. Die darauffolgende Platte, »Hälfte des Lebens«, hauptsächlich Vertonungen fremder Texte, markierte nicht nur einen Rückzug aus der Tagespolitik, sie war auch ein Zeugnis für Biermanns zeitweilige Sprachlosigkeit, die ihn nach seiner Ausbürgerung befiel. »Ich hatte noch nicht genug Westfleisch auf meinen Ostknochen, das ich mir rausschneiden konnte, um es euch in die Pfanne zu hauen.«

Ob er sich denn inzwischen als »Westdeutscher« fühle, fragen wir, oder ob er immer noch hofft, an seinen alten Wohnsitz zurückkehren zu dürfen. »Ich kann nicht sechs Jahre hier im Westen sitzen wie 'ne Fischer-Witwe und warten, bis mein DDR-Boot an Land kommt. Dann wäre ich verfault, verrottet und verkommen und wäre ein Berufsdissident geworden. In dem Maß, wie ich mich hier in den Streit der Gesellschaft eingelassen habe, mich zu den Problemen dieser Gesellschaft verhalten habe, in dem Maße, wie ich hier Freunde und Feinde gefunden habe – hoffentlich die richtigen Freunde, hoffentlich die richtigen Feinde! –, in dem Maße bin ich natürlich auch ein Westdeutscher geworden, aber eben einer, der den doppelten Film hat, einer, der auch das Ostauge hat und nicht nur das Westauge. Das ist sicher auch ganz günstig.«

Bis er allerdings so weit war, musste er – wie alle anderen ehemaligen DDR-Bürger auch – natürlich schmerzhafte Erfahrungen in diesem unserem Land machen. Anders als er dachte, fiel ihm die Umstellung von dem einen Deutschland zum anderen sehr schwer. »Als ich rüberkam, kannte ich ja den Westen ausgezeichnet. Ich war ja gut informiert, und deshalb kam ich mir ja auch so schlau vor, musste dann aber immer mehr sehen, dass ich noch sehr wenig wusste, viel zu wenig, um lebendige gute Lieder schreiben zu können. Denn um was schreiben zu können, das die Leute gebrauchen können, die hier in diesem Land leben und die ihr Land natürlich besser kennen, da musste man schon mehr wissen, und es war kein Zufall, dass ich am Anfang – ja fast von oben herab, oder von daneben – meine marxistischen Kommentare zum Problem des Terrorismus lieferte, und erst jetzt auf meiner neuen Platte wieder ›Ich‹ sagen kann.«

Dennoch will er es sich hier nicht allzu häuslich machen und lebt jetzt zeitweise auch in Frankreich. »Dieses Westdeutschland ist für jemanden aus der DDR insofern zu bequem und zu gefährlich, weil man hier in der Fremde ist und auch nicht in der Fremde, weil man hier zu Hause ist und auch nicht zu Hause. Oder spitzer formuliert: Weil die Leute einem hier auch noch das Exil versauen, indem sie alle so tun, als wäre man wieder zu Hause in Deutschland.« Seine Aufenthalte jenseits des Rheins haben nicht unbedingt mit seiner Affinität zum Französischen zu tun, er hätte genauso gut auch woanders hingehen können. »Ich wollte mich endlich mal in einer anderen Kultur bewegen, damit auch ich mich als Gattungswesen begreifen kann. Ich wollte mein eigenes Land, dieses zerrissene Deutschland, wieder neu sehen, mit neuem Blick, mir neue Augen wachsen lassen und mal wieder Deutsch lernen, im Lichte der fremden Kultur.«

Im Gegensatz zu den meisten seiner Exilkollegen kann er sich dieses neue Leben und Erleben im Ausland leisten. Er ist ein begüterter Mann, was er auch unumwunden zugibt. Vor seiner Ausbürgerung hatte er ja hier bereits Schallplatten und Bücher veröffentlicht sowie ein Theaterstück geschrieben, sodass er bei seiner Ankunft eine erkleckliche Summe an Tantiemen in Empfang nehmen konnte. »Hätte ich mir das Geld in die DDR überweisen lassen, hätten die DDR-Kulturexport-Bonzen von den Liedern, die sie verboten haben, auch noch Prozente gekriegt.«

Aber wie verträgt sich sozialistische Gesinnung mit der Stellung eines Stars in der kapitalistischen Plattenindustrie, mit Einnahmen in einer Größenordnung, die Arbeiter nur vom Lottospielen kennen? »Ich habe mir diese Marktgesellschaft hier nicht ausgedacht. Natürlich verdiene ich viel mehr Geld als ich brauche. Die interessante und ernste und auch politisch-moralische Frage, die hinter der Geldgeschichte steckt, ist: Was macht der Mensch mit diesem Geld? Hat er das viele Geld, hat das Geld ihn? Wird er umgefickt oder nicht umgefickt? Sagt er bestimmte Wahrheiten, die er rausgekriegt hat, oder lügt er sogar um des Geldes willen, um des Erfolges auf dem Markte willen, oder nicht? Und natürlich auch noch die Frage: Steht er Leuten bei, die nicht das große Glück haben, so berühmt zu sein und so viel Geld zu verdienen?«

Biermann selbst will nicht an die große Glocke hängen, wem er alles wie viel gepumpt und meistens nicht wiederbekommen hat. Er hat auch manches Benefizkonzert gegeben.

Wird Biermann im nächsten Wahlkampf für die Grünen auftreten, die er noch vor zwei Jahren für eine bornierte Bewegung hielt, die nur auf einen Punkt aus war? Bei den letzten Bürgerschaftswahlen hat er für sie gestimmt und geworben. »Die haben jetzt auch 'ne Haltung zu den vielen anderen Fragen, die uns bewegen.«

Als alter Sozi hegt er aber immer noch die Hoffnung, dass die SPD sich zusammen mit den Gewerkschaften an die Spitze der Volksbewegungen stellen wird, während Strauß und die »Zweizentnernull« Kohl seiner Ansicht nach die falsche und gefährliche Politik der SPD konsequent weiterführen werden, mit weniger Skrupeln. Er gibt der SPD nur eine Chance in der Opposition, wenn ihr einleuchtet, dass die Grünen ihre natürlichen Verbündeten sind. Noch wichtiger sei es, dass sie der Motor der Friedensbewegung werde.

Biermann rechnet sich zur Friedensbewegung und plädiert für eine einseitige Reduzierung der Waffenarsenale. Warum aber ist er weder letztes Jahr in Bonn bei der ersten großen Friedensdemo noch bei der Veranstaltung »Künstler für den Frieden« in Bochum aufgetreten? »Das war kein Zufall, das war kein Missverständnis! Denn die Leute, die da versammelt waren, hätten wahrscheinlich ganz gerne ein Lied wie ›Soldat, Soldat‹ von mir gehört. Aber die, die dieses Ding da organisiert haben, kriegen bei diesem Lied, vor allem bei dem, der es singt, das große Kotzen, weil sie ja der Meinung sind, dass die DDR-Friedenswaffen Friedenswaffen sind und dass die bundesdeutschen Kriegswaffen Kriegswaffen sind. Sie sind der Meinung, dass man durchkommen kann mit der Ost-Losung ›Der Frieden muss bewaffnet sein‹ und im Westen sagen kann ›Frieden schaffen ohne Waffen.‹«

Er sieht die Friedensbewegung also eindeutig von der DKP gesteuert und manipuliert, »von diesen ganzen Trauergestalten der stalinistischen Kaderschmiede.« Und er ist ungeheuer wütend darüber, dass »dieser verlogene Verein die Puppen an den Fäden hat.« Positiv findet er allerdings daran, dass sie das Böse wollen, aber das Gute tun, indem die westdeutschen DKP-Leute unfreiwillig auch die entsprechende Abrüstungsbewegung im Osten ermuntern. Im Grunde jedoch hält er die Friedensbewegung hier »für zu wichtig, gerade jetzt nach dem Sieg der CDU für noch wichtiger, als dass man sie den Heuchlern von der DKP und anderen Organisationen dieser Art überlassen kann.« Hier wird Biermann wieder ganz der Alte, der den Leuten auch unbequeme Wahrheiten an den Kopf wirft.

Ob seine Vorstellung von einer breiten linken Volksbewegung unter Einschluss von SPD und Gewerkschaften denn realistisch sei, fragen wir, ob es ihn nicht manchmal mutlos mache, wie wenig die gesellschaftlichen Verhältnisse seinen Forderungen entsprechen? »Hoffnung muss man haben« sagt er darauf, »Hoffnung haben und was tun!« Vielleicht hat er deshalb seine neue Platte »Wir müssen vor Hoffnung verrückt sein« genannt.

Ich will 'nen Cowboy als Mann
Deutsche Schlagermädchen gestern und heute

Als ich ein kleiner Junge war, interessierten mich drei Dinge: Fußball, Fernsehen und Musik. Ich sammelte Bilder aus Wundertüten, hatte die Meistermannschaft des 1. FC Nürnberg von 1961 komplett und kann heute noch die Aufstellung runterrasseln. Ich weiß auch noch, wer in welchem Durbridge-Krimi der Mörder war. Ich sah einmal die Woche »Am Fuß der blauen Berge« und ging mit Lloyd Bridges als Mike Nelson tauchen. Gestatten, mein Name war auch Cox. In der »Funkstreife Isar 12« fuhr ich durch München und schlenderte mit Cookie über den Sunset Strip.

Anschließend machte ich einen »Sprung aus den Wolken« oder ging mit »Shannon« auf Verbrecherjagd. Ich war Kostgänger bei der »Familie Schölermann« und Lehrling in der »Firma Hesselbach«. Am liebsten aber fragte ich »Fury«: »Hast du Lust zu einem kleinen Ausritt?« ... und nach einem Abstecher zur Ponderosa landete ich schließlich im »Blauen Bock«. »Tag, Ötte«, sagte ich zum Höpfner, »wie ist denn der Reno Nonsens aufgelegt?« – »Nicht besonders. Heute tritt hier die Margot Eskens auf, und die kann der nicht leiden.« Ich setzte mich, und Lia Wöhr stellte mir einen Äppelwoi hin.

Nachdem Otto Höpfner die Lokalhonoratioren begrüßt hatte, traten zunächst Friedel Hensch & die Cyprys auf und besangen den Mond von Wanne-Eickel. Dann kam die damals schon ziemlich versoffene Liselotte Malkowsky mit »Der alte Seemann kann nachts nicht schlafen«, anschließend schwärmte Willy Hagara von einer »Kutsche voller Mädels«. Gegen Ende, letzte Nummer vorm Finale, bringt doch noch die angedrohte Margot Eskens (heute Gestüt Röttgen, glaube ich) ihr »Cindy, Oh Cindy«. Oh, war mir schlecht.

Nee, lassen wir lieber die Träume von damals. Denn so schön war die Zeit Ende der Fuffziger bestimmt nicht, wie sie von einigen Leuten heute verklärt dargestellt wird.

Das Wirtschaftswunder durchlitt seine erste Krise. Reihenweise wurden Zechen stillgelegt. Aber schlimmer war wohl das erste CDU-Regime unter Konrad Adenauer. Strauß sah sich damals nach Starfightern um. Die Bundesrepublik wurde eiligst aufgerüstet und immer mehr amerikanisiert. Nicht nur kamen zusehends Fernsehserien aus den Staaten auf unsre Bildschirme. Auch der Rock 'n' Roll wurde hier populär, wenn auch ganz und gar nicht von den öffentlich-rechtlichen Medien gefördert. Aber man konnte ja den BFN (heute: BFBS) hören.

Zu Gesicht im deutschen Fernsehen bekam man die Stars aus Amerika so gut wie nie. Nicht die »Ed Sullivan Show« mit Elvis, Buddy Holly und was weiß ich wem wurde importiert, sondern die lahmere von Perry Como. Die deutsche Schlagerwelt geriet aber auch so in Unordnung. Sie schuf sich ihre eigenen Rock-'n'-Roll-Stars, um die Bedürfnisse der »Halbstarken« zu befriedigen.

Allerdings waren Peter Kraus und Ted Herold die reinsten Biedermänner, verglichen zum Beispiel mit Eddie Cochran oder Gene Vincent. Die deutschen Epigonen waren allenfalls ein geschmackloser zweiter Aufguss. Man stelle sich nur vor, dass damals Ronny die deutsche Version von »Peggy Sue« sang! Der Rock 'n' Roll war wie der Jazz, der Blues oder der Swing eine uramerikanische Musikform, die sich nicht ohne Verlust an Originalität verwursten ließ. Eins hat aber der deutsche und der amerikanische Rock gemeinsam: Frauen waren so gut wie nicht vorhanden, mal abgesehen von Wanda Jackson.

Conny packte die Badehose ein, Lolita nahm ihren »Seemann« ins Gebet, während die dicke Trude Herr – für damalige Verhältnisse schon fast pervers – »Ich will keine Schokolade« beteuerte, und stattdessen nach einem Mann verlangte. Ansonsten wurden aber Frauen reduziert auf ihre Rolle als

Heimchen. Sie durften wohl träumen und Liebeskummer haben, von fernen Ländern schwärmen (»Ob in Bombay, ob in Rio«), aber nur bis »Ein Schiff wird kommen«. Dann hieß es »Wir wollen niemals auseinandergehn« von Heidi Brühl. So wünschte sich der deutsche Familienvater seine brave Tochter.

Allmählich wurden auch ausländische Sängerinnen in die hiesigen Studios geholt. Als erste kam Connie Francis und brachte einen Hauch von Weltläufigkeit in deutsche Wohnzimmer. Allerdings hatte sie längst ihren Zenit in den USA überschritten, als sie hier mit »Die Liebe ist ein seltsames Spiel« und »Schöner fremder Mann« ihre ersten Hits hatte. Sie blieb jahrelang ein Dauergast auf unseren Bildschirmen, was man auch von der viel jüngeren Peggy March sagen kann, die in Amerika ein One-Hit-Wonder war (»I Will Follow Him«).

Ihr erster deutscher Erfolg gelang ihr jedoch erst einige Zeit später, »Mit 17 hat man noch Träume«. Aber ihre Bäume wuchsen nicht in den Himmel. Mehr und mehr verkam Peggy March zu einem durchschnittlichen Schlagersternchen, die mal in dieser, mal in jener Sendung langweilte. Helen Shapiro war immer nur sporadisch hier, bis sie mit dem Aufkommen der Beatles in Vergessenheit geriet.

Eine regelrechte Invasion weiblicher Schlagerinterpreten kam aus Skandinavien auf uns zu. Schon in den fünfziger Jahren verkaufte Lys Assia eine Million Exemplare von »O mein Papa«. Später suchten uns dann Wencke Myhre, Gitte und Dorthe heim. Wencke Myhre ist bekanntlich heute mit dem Showregisseur Michael Pfleghar verheiratet. Als der Koks noch für ein Brennmaterial hielt, hieß seine Frau Bibi Johns, die auch aus dem hohen Norden kam. Eine andere Gattin Pfleghars sang ebenfalls unbedeutende Schlager, Inge Brück, die sich später von ihrem Mann ab- und dem lieben Gott zuwandte.

Wencke Myhre sah putzig aus, aber nie sexy, so wie man sich eine Fußballbraut vorstellt: »er steht im Tor, im Tor, im Tor und ich dahinter«. Sie warnte auch davor, gleich in jeden Apfel zu beißen, da der sauer sein könnte. Die Myhre war vollkommen untalentiert und verkörperte nur den Typus des sauberen kleinen Mädchens, dem im Übrigen auch niemand an die Wäsche gehen wollte.

Über Gitte wurde gemunkelt, sie hätte was mit Rex Gildo. Dem war aber nicht so, auch wenn sie jahrelang als Duo auftraten. Gitte sang den vielleicht besten Schlager jener Jahre: »Ich will 'nen Cowboy als Mann«, der ungewohnt unangepasst war. Entgegen dem Willen ihrer Eltern wollte sie keinen Eisenbahnbeamten heiraten (im Hintergrund hört man immer das gute Zureden ihres Vaters), nein, Gitte wollte einen Cowboy ehelichen.

Auch Griechenland hetzte uns seinen Export auf den Hals, zunächst die heutige Kultusministerin Melina Mercouri (»Ein Schiff wird kommen«) und anschließend die kurzsichtige Nana Mouskouri, die »Weiße Rosen aus Athen« mitbrachte und so schnell nicht wieder ging. Viel besser auf Deutsch versuchte sich die unheimlich durchtrieben wirkende Françoise Hardy aus Paris. »Frag den Abendwind« höre ich mir auch jetzt noch gerne an und seh sie dann mit ihren langen braunen Haaren vor mir. Heute dürfte sie vierzig und bald Oma sein.

Während nun in England die Beatles zu einer neuen musikalischen Revolution ansetzten, blieb hierzulande alles beim Alten. In den Chefetagen der Plattenfirmen verschlief man die neue Entwicklung. Bestimmt hat es damals auch bei uns weibliche Talente gegeben, die man zur deutschen Cilla Black, Dusty Springfield oder Sandie Shaw hätte aufbauen können. Aber das tat man nicht.

Es gab ja auch nicht wie heute unabhängige Labels, die den Großkonzernen was vormachen konnten. Die deutsche Jugend wandte sich mehr und mehr von der Musik ab, die im eigenen Lande produziert wurde. Man saß auch nicht mehr mit der ganzen Familie vor dem Fernseher versammelt. Die Schlagersendungen sahen die Alten, die jungen Leute schalteten einmal im Monat den »Beat-Club« an und hatten nicht das Geringste dafür übrig, was da an deutschsingenden Schlagerhäschen über den Bildschirm flimmerte.

Vielleicht lag's auch daran, dass nun mehr Jugendliche Englisch verstanden und durchaus die Botschaft von »(I Can't Get No) Satisfaction« mitkriegten. Der deutsche Schlager geriet mehr und mehr in die Krise, was vor allem auch in den Verkaufszahlen zum Ausdruck kam. Mit Hecks »Hitparade« baute ihm das ZDF sein eigenes Getto. Und wer da bis noch vor einigen Monaten auftrat, war auf alle Fälle gegessen. Deutsches war nicht gefragt, auch nicht von Marianne Rosenberg, die doch ein paar ganz schöne Nummern sang. Alle Sängerinnen wurden irgendwie über denselben Kamm geschoren. Persönlichkeit konnte kaum jemand entwickeln.

Für Gitte war es ein langer schmerzlicher Prozess, sich vom Jungmädel zur reifen Frau zu entwickeln. Wencke Myhre hätte ohne ihre Heirat mit Michael Pfleghar nie die Chance zu einer eigenen Show bekommen, die im Übrigen neulich hundsmiserabel war. Viele gerieten in Obskurität. Manuela, die große deutsche Hoffnung, die wirklich wild sein konnte, wurde erst gezähmt und schließlich ganz weggefegt, nachdem sie einem Fernsehregisseur Bestechung vorgeworfen hatte. Rita Pavone, ein Unikum aus Italien (»Arrivederci Hans«), durfte auch nicht erwachsen werden.

Erst in jüngster Zeit, nachdem man fast alles vergessen kann, was sie in den siebziger Jahren so gesungen haben, haben auch neue deutsche Sängerinnen wieder Erfolg bei der eigenen Jugend und nicht nur bei den Eltern, die sich jetzt von der »Hitparade« abzuwenden beginnen.

Einen richtigen Star hat die neue weibliche Welle noch nicht hervorgebracht, doch jede Menge talentierte Damen, die sich ihre Songs auch selber schreiben können. Wahrscheinlich kam hier der Durchbruch mit Nina Hagens Überraschungserfolg. Es bleibt abzuwarten, ob die Mädchen, die jetzt die Charts stürmen, nur Eintagsfliegen sind, oder ob sich ihre Erfolgsrezepte auch auf Dauer bewähren.

Dire Straits: Love Over Gold

Dies soll wahrscheinlich das Opus magnum von Dire Straits, sprich: Mark Knopfler sein. Nur fünf Titel sind drauf, also lange Sachen, und die sind bisweilen so ausgewalzt, dass der ungeduldige Hörer sich allmählich gelangweilt fühlen mag. Eine Kostprobe für diese epische Breite lieferte ja schon die Single-Auskopplung »Private Investigations«. Wer die mag, wird auch den Rest von »Love Over Gold« mögen.

Mark Knopfler besticht natürlich durch seine Virtuosität an der Gitarre. Mitunter jedoch geht mir seine musikalische Fabulierkunst zu weit, gerät zu lang, und die Spannungsmomente hat er dünn gesät. Die Platte ist mir zu wenig rockig. Der »Sultan of Swing« ist in Pension gegangen. So wird »Love Over Gold« zu einem zwiespältigen Erlebnis. Man nimmt den Hut ab vor Mark Knopflers Können (auch als Produzent), braucht aber lange, um sich mit diesem komplizierteren Werk anfreunden zu können. Mir ist es noch nicht gelungen.

Dschungelband: Weder Götter noch Idioten

Ich will dem Staatlichen Prüfungsamt ja nicht widersprechen, das den Mitgliedern der Dschungelband die Fakultas an ihren Instrumenten mit einem Diplom bescheinigt hat. Aber was das Quartett mit den hippielangen Haaren hier verbrochen hat, ist dermaßen erbärmlich, dass ich mein Zeilenhonorar als Schmerzensgeld auffasse. Da wurde hier geklaut und dort abgekupfert (besonders Maffay scheints ihnen angetan zu haben). Die Texte zeugen von penetranter Doofheit und poetischer Einfalt. Die Platte ist nie göttlich, doch fast immer idiotisch.

Koneć: Schrille Blitze

Koneć ist ein tschechisches Wort und heißt zu Deutsch so viel wie »Ende«. Die Damen und Herren stammen jedoch nicht aus der CSSR, sondern aus Dortmund. Musikalisch kann man sie irgendwo zwischen den Talking Heads und den B-52s ansiedeln, ohne dass ihnen Epigonentum anzulasten wäre. Annette Scholten ist eine glänzende Sängerin mit herber Stimme, die sich gegen die starke Rhythmusfraktion immer zu behaupten weiß. Die Texte sind für deutsche Verhältnisse überdurchschnittlich, aber eigentlich auf dieser Platte nebensächlich. Ich hoffe, »Schrille Blitze« ist erst der Anfang von Koneć und nicht schon – wie gemunkelt wird – das Koneć vom Anfang.

Ski und der Rest: Saus und Braus

Welch ein Land, was für Männer! »Dieser große Meister / versprüht nur seinen Kleister« beklagt Marion Siekmann, die Sängerin von Ski und der Rest. Auch sonst wirkt die Platte etwas frustrierend. Die Musik ist konventionell, Neue Deutsche Welle, zweite Liga. Die Texte sind eher durchschnittlich und manchmal auf Frau-Wirtin-hat-einen-Niveau: »Johnny lag jetzt unter mir / Er wollt' mich lieben wie ein Tier / Ach, er schrie: deine Leiste ist wunderbar! / Dabei war meine Fantasie bei Ei und Tatar.« Gehacktes halb und halb.

Metropolis: Die Zeit ist ab

Ich wohn an der B235, und wenn ich beim Schichtwechsel von Opel das Fenster aufmache, kann ich mein eigenes Wort nicht verstehen. Aber die Geräusche, die beim Beschleunigen und Bremsen von Kraftfahrzeugen entstehen, halte ich für ehrlicher als den Techno-Pop-Versuch von Metropolis, die mit ihrem Namen an Fritz Langs berühmte Großstadtvision erinnern wollen. »Die Zeit ist ab« ist eine schlechte und daher vollkommen überflüssige Kraftwerk-Imitation, bei der zu allem Überfluss auch noch *Botschaften* vermittelt werden sollen, zum Beispiel die, dass wir Menschen Maschinen sind. Ich sehe aus dem Fenster und schaue aufs Opel-Werk III.

Roger Matura: The Outrage Grows

Der in Essen ansässige Roger Matura veröffentlicht nun schon seine dritte LP auf einem amerikanischen Label. Doch auch dieses Werk kann mich nicht überzeugen. Matura gelingt es nicht, einen eigenen Stil zu entwickeln, was nicht zuletzt daran liegt, weil er sich zwei Dutzend Leute ins Studio holt, die alle möglichen Instrumente spielen. Dazu trällert auch noch (falsch!) ein weiblicher Chor. Der Meister selbst ist auch nicht gerade ein begnadeter Sänger. Vielleicht sollte er sich mal die Mandeln rausnehmen lassen.

Hinzu kommen dann noch behämmerte Texte, in denen er die Probleme dieser Welt mit erhobenem Zeigefinger erklärt. So sind denn auch die weniger flugblattmäßigen Songs noch am ehesten erträglich. Aber richtig gefallen hat mir nur sein »Between Today And Yesterday«. Das allein kann jedoch mein Entsetzen nicht wettmachen.

Freddy Quinn:
»… Und darum bin ich heute wieder hier«

Nach seinem künstlerisch erfolgreichen, aber kommerziell fehlgeschlagenen Ausflug in Country-Gefilde (»Get Me Back To Tennessee«) besinnt sich Freddy Quinn wieder auf seine eigentliche Stärke: den Schlager. Zwar ist die alte Seemannsschwermut gewichen, doch noch immer ist sein Leitmotiv die Melancholie, ob er über das Dasein als Künstler sinniert (im Titelstück) oder eine Frau in der Midlife-Crisis zum Weiterleben ermuntert (»Steig wieder ein in diese Welt«). Blöd finde ich »Budapest«, das eher was für Dschinghis Khan wäre. Das ist aber auch der einzige Ausfall. Ansonsten ist Freddy auf dem besten Wege, der deutsche Frank Sinatra zu werden.

Marius Müller-Westernhagen: Das Herz eines Boxers

Soweit ich weiß, war »Das Herz eines Boxers« der Titel eines Liedes, das das sportliche Aushängeschild des Dritten Reiches, Max Schmeling, in den dreißiger Jahren *sang*. Ein direkter Bezug zwischen diesem Oldie und MM-W ist auf Anhieb nicht zu erkennen, wenn man mal davon absieht, dass Müller-Westernhagen genauso gut singen kann wie der ehemalige Schwergewichtsweltmeister.

Als Komponist ist er k. o. gegangen, als Texter wirft er das Handtuch. Einige Songs sind so schnell, als hätte er nicht genug Geld für einen längeren Studioaufenthalt gehabt. Die wenigen langsamen Sachen werden als schlimme Reggae-Imitationen angeboten. Die wirken so überzeugend, wie ich mir Grace Jones' Version von »Hohe Berge« vorstelle. Die Texte sind belanglos (»Friseuse«) bis dämlich (»Journalisten«). Und sein »Heiliger Schwanz« ist aus Peter Handkes »Gewicht der Welt« geklaut.

MM-W, der im Laufe seiner Karriere sicher ein, zwei gute Songs aufgenommen hat, wirkt auf »Das Herz eines Boxers« altmodisch und ist von einer ganzen Reihe NDW-Künstlern um Längen abgehängt worden. Wenigstens hat er erkannt, dass er sie nicht mehr alle auf'm Zaun hat: »(dann bin ich) selbst zum Arsch geworden.« Kein Widerspruch!

Waylon and Willie: WWII

Wem Blixa Bargeld mehr zusagt als Johnny Cash, der wird mit dieser Platte sicher nicht viel anfangen können. Die beiden Country-Superstars Waylon Jennings und Willie Nelson sind das, was man in der Fachsprache Outlaws nennt, d. h. Sänger, die sich dem üblichen Klischee (erfolgreich) widersetzen, dass Countrymusik durch und durch reaktionär ist, musikalisch wie politisch.

So interpretieren Waylon und Willie bei ihrem zweiten Gipfeltreffen denn auch nicht nur Countryklassiker wie Tom T. Halls »The Year That Clayton Delaney Died«, sondern auch so aufmüpfige Sachen wie das einem Plattenfirmenboss gewidmete »Write Your Own Songs«. Ihre Version von Otis Reddings »(Sittin' On) The Dock Of The Bay« hält durchaus den Vergleich mit dem Original aus.

Wie bei diesem Song, liegt über der ganzen LP ein Hauch von Melancholie, besonders bei »The Last Cowboy Song« und »Heroes«. Sehr treffend wird das Junggesellenleben in dem selbstironischen »May I Borrow Some Sugar From You« beschrieben. »Lady In The Harbor« ist eine wehmütige Hymne an Amerika, das ja nicht nur aus Pershings besteht. Mitgeschrieben hat daran Jerry I. Allison, laut *Rolling Stone* einer der besten drei Rockdrummer aller Zeiten, der auf dieser Scheibe zeigt, dass er noch genauso subtil trommeln kann wie vor 25 Jahren bei Buddy Holly.

Auch die anderen Sessionmusiker wie Reggie Young, Bobby Emmons und Mike Leech haben das richtige Feeling, um Waylon und Willie so zu unterstützen, dass ein wahrhaftiger Ohrenschmaus für aufgeschlossene Hörer entsteht, die nicht nur Musik aus einer einzigen Schublade hören wollen. »WWII« ist Country at its best, ein akustisches Pendant zu dem Film »Nashville«.

Ärger im Paradies
Randy Newman vor seinem Düsseldorfer Auftritt

Meine Gedanken wandern fünf Jahre zurück. Newmans »Little Criminals« war eine der wenigen Scheiben, die ich mir 77 gekauft habe. Schöne Erinnerungen kommen mir hoch, und nicht nur sie. Ich glaub, ich hab's damals oft zu dieser eher langsamen Platte gemacht. Auf jeden Fall weiß ich noch genau, dass mir damals am besten die Nummer über den besten Düsseldorfer Mörder aller Zeiten, Kürten, gefiel, »In Germany Before The War«. Ich erinnere mich noch, als sei es gestern gewesen, wie ich mich durch eben diesen Song animiert fühlte, eine Fliege auf meinem Schreibtisch kaltblütig zu ermorden. Es war das erste Insekt, das ich tötete und sollte nicht mein letztes sein!

Ich treffe Randy Newman im Düsseldorfer Interconti. Freundlich lächelnd, obwohl sicher noch unter dem Zeitunterschied zwischen L. A. und Düsseldorf leidend, begrüßt mich der fast 40-jährige Antistar. Sein Hemd kommt mir irgendwie bekannt vor, als ob ich mal ein ähnliches besessen hätte.

WoW: Viele deiner Songs enthalten ja filmische Elemente, zum Beispiel, wenn man's so ausdrücken darf, der Wechsel zwischen objektiver und subjektiver Kamera in deinem Song über Kürten. Also, einmal wird gesungen »In Germany before the war / There was a man who owned a store / In nineteen hundred thirty four / in Düsseldorf«, und im nächsten Vers bist du dann der Mörder selber.

Newman: Ja, das ist richtig. Und ich wusste auch nicht, ob alles klappen würde, aber es hat geklappt.

WoW: Du spielst da ja mal wieder den Advocatus Diaboli, indem du dich in eine von der Allgemeinheit geächtete Person reinversetzt, oder auch schon mal Albert Einstein bist. Aber wenn wir nun schon mal in Düsseldorf sind. Wieso hast du einen Song gerade über Kürten geschrieben und nicht, meinetwegen, über den Franzosen Landru, der ja auch einige junge Damen in seinem Küchenofen geschmort hat. Lag's vielleicht daran, weil deine Frau Roswitha aus Düsseldorf stammt?

Newman: Eigentlich nicht! Sie hat mir zwar einiges erzählt, wie es so in Düsseldorf ist. Aber auf die Idee kam ich durch Fritz Langs Film »M«.

WoW: Mit Peter Lorre als Mörder.

Newman: Und ich habe auch diesen Film von Fassbinder gesehen.

WoW: Der war aber nicht über Kürten. Der war über den Haarmann. Mein Vater hat mir neulich noch erzählt, als er klein war, in den zwanziger Jahren, rief ihn seine Mutter ins Haus mit einem »Warte, warte nur ein Weilchen, dann kommt der Haarmann mit seinem Hackebeilchen!« – Aber zwei Fragen noch. Wann kommt deine nächste Platte? Und kennst du die anderen Leute überhaupt, die mit dir morgen auftreten, Chris de Burgh, Lucio Dalla, Stefan Waggershausen?

Newman: Nie gehört! Was meinst du? Kommen die Leute meinetwegen, oder ist es Fernsehpublikum?

WoW: Die meisten kommen sicher wegen Chris de Burgh. Ich glaube, deine Fans finden sicher den Sally Oldfield und natürlich auch Inker & Hamilton unerträglich. Sie werden warten, bis du im Januar hier in Düsseldorf auftrittst. Ist dann endlich auch deine neue Platte auf dem Markt?

Newman: Ja, am 15. wird sie ausgeliefert. Sie wird »Trouble In Paradise« heißen. Linda Ronstadt singt mit und viele andere bekannte Leute, auch Toto!

WoW: Muss 'ne teure Session gewesen sein!

Newman: Überhaupt nicht! Die haben alle umsonst gesungen!

WoW: So, Randy. Ich muss jetzt. Kannst du mir noch 'ne Widmung auf die LP »Little Criminals« schreiben?

Newman: Sicher. Gib mal her. (Er lacht.) Auf dem Cover habe ich ja dasselbe Hemd an wie heute.

Tatsächlich. Vielleicht sagt dies mehr aus über Randy, dieses kleine Detail, dass er trotz der Millionen, die er mittlerweile verdient hat, noch dasselbe Flanellhemd wie vor fünf Jahren trägt. Am 25.1. ist Randy Newman in der Düsseldorfer Tonhalle zu sehen.

Sampler

Zweifellos sind die besten LPs Sammlungen von Single-Hits. Oder kann mir jemand ein in seiner ganzen Länge tolles Album von ABBA nennen? Erst jetzt ist es erschienen: »The Singles: The First Ten Years«. Ich selbst mochte ABBA im Übrigen noch nie, weil mir die Musik und das Personal zu steril sind. Aber wer meint, besonders hip sein zu müssen, sollte hier unbedingt zugreifen.

Die Beatles sind im Moment weniger in. Wird Zeit, dass mal wieder jemand stirbt. Ihre »20 Greatest Hits« ist eine Aneinanderreihung ihrer Top-Singles in den USA. Es fehlen also die englischen Hits »Please Please Me« und »From Me To You«. Außerdem vermisse ich die Rückseite von »We Can Work It Out«, »Day Tripper«, die meines Wissens auch als A-Seite galt. Trotzdem natürlich unsterbliche Musik.

Empfehlenswerter sind – wenn man sich schon nicht das Gesamtwerk leisten kann – die Kollektionen »1962–1966« und »1967–1970«.

Mit »The John Lennon Collection« wäre der Verblichene sicher überhaupt nicht einverstanden. Hier wird er als Weihnachtsmann präsentiert, wo er doch eigentlich Knecht Ruprecht war. Wo sind »Cold Turkey«, »Mother«, »Yer Blues«? So verkratzt kann doch seine Solo-LP von vor zwei Jahren noch bei keinem sein, dass man hier noch mal sechs Stücke von »Double Fantasy« in Kauf nehmen muss. Lennon sollte sich posthum von Yoko Ono, die bei der Zusammenstellung mitgewirkt hat, scheiden lassen.

Geier Sturzflug: Heiße Zeiten …

Ich gebe gerne zu, dass auch ich im vergangenen Frühjahr des Öfteren zu »Bruttosozialprodukt« mit dem Fuß gewippt habe. Mit der Zeit jedoch wurden Geier Sturzflug zum Fluch, stahlen in »Wetten, dass ..?« mit ihrem Wohlverhalten dem besoffenen Johnny Cash die Show, stachen in (CDU-)Hecks »Hitparade« Frl. Menke aus und verwiesen in den Verkaufscharts Nena mit ihrem »Leuchtturm« auf die Plätze. Kein Zweifel: Das Bochumer Sextett hat's geschafft.

Nun haben sie auch noch die eiligst eingespielte LP zum Hit auf den Markt geworfen. Ob noch vorm Sommerschlussverkauf ihr Film »Ich will Spaß, gib mir Gras« in die Kinos kommt, stand bei Redaktionsschluss noch nicht fest.

Die Platte, mit der wir einstweilen vorliebnehmen müssen, ist stinklangweilig, der Fuß schläft spätestens bei der dritten Nummer ein. Die Geier variieren nur ein bisschen mit ihrem Reggae-Verschnitt rum, der einem auf Dauer aus dem Halse raushängt (Produzent: Peter Kent).

Auf dieser Bertelsmann-LP sind die Texte noch verhalten sozialkritisch. Aber das wird man ihnen sicher austreiben können. Ansätze zur Belanglosigkeit sind auch hier schon genug drauf (»Walkmanfan«, »Halli Galli«). Böse Zungen nennen Geier Sturzflug schon in einem Atemzug mit Tony Marshall. In der Tat: Sie erinnern mich frappierend an Feierabend-Kapellen wie sie etwa zum Tanz in den Mai im Kleingartenverein Flora aufspielen.

Es ist schade, dass die Rockmusik des Ruhrgebiets bundesweit jetzt ausschließlich mit Geier Sturzflug gleichgesetzt wird. Es wird Zeit, dass die Conditors und einige andere nachrüsten!

Nie erlahmt der Zeigefinger

Die nicht zu verachtende Minderheit zelebriert gelegentlich Friedensfeste, die mal öffentlich, mal zurückhaltend, auf jeden Fall in der Regel, wie nicht nur Wolf Biermann meint, von der DKP gesteuert sind. Allerdings fällt es dieser Nullkommanichts-Partei schwer, trotz ihres organisatorischen Geschicks und ihrer sagenhaften Zahlungskraft allein mit dem Zauberwort »Frieden« mehr als eine Handvoll Getreue auf die Beine zu bringen. Auch mit prominenten Rednern lassen sich kaum Zehntausende locken, die machen lieber bei Staatsbesuchen Rabatz.

So brauchen denn die Veranstalter Zugpferde aus dem Showgeschäft als (Kassen-)Magnete, um den Friedensanhängern den Weg nach Bonn oder Bochum schmackhaft zu machen. Seit einigen Jahren geistern auch Bots auf diversen pazifistischen Festivals rum. Ich weiß nicht, ob seitdem irgendeine Pershing eingemottet worden ist (SS-20 zählen in diesem Zusammenhang nicht, drüben stehen ja nur Friedenswaffen), auf jeden Fall aber haben die Holländer enorme Popularität mit ihren in holperigem Deutsch gesungenen Liedchen erreicht und sicherlich manch harte DM mit ihren Platten in diesem Lande gemacht.

Allein mit ihrer Musik (und eventuell in ihrer Landessprache interpretierten Songs) hätten sie bestimmt nicht den Aufstieg zu der bei deutschen Friedensfreunden beliebtesten Kapelle geschafft. Also rekrutierte man zur Eindeutschung der Originale prominente deutsche Schreiberlinge, deren Verse von vornherein Aufmerksamkeit erreichten und Umsatz garantierten.

Wallraff durfte sich von seiner *Bild*-Manie erholen, während Henning Venske etwa so lustig formulierte wie er in der Gott sei Dank eingegangenen »Satire«-Zeitschrift *pardon* schrieb. Als Zulieferer dienten auch Udo Lindenberg, der wohl bei der Abfassung von »Neue Deutsche« einen Schwächeanfall hatte, Hanns Dieter Hüsch und Hannes Wader.

Heraus kamen bemühte Texte mit der *richtigen* Einstellung. Zum Glück geht es nicht in jedem Lied um Krieg und Frieden, doch nie erlahmt der gehobene Zeigefinger. »Wer schweigt, stimmt zu« ist einfach lächerlich: Wer außer ein paar geladenen Gästen darf schon öffentlich laut werden? frage ich mich. Auch die Aufforderung von Bots, bei Krankheit die Einnahme von Medikamenten zu verweigern (in »Schön krank«) halte ich nicht nur für oberflächlich, sondern gefährlich. (Gäb's die Pharmaindustrie nicht, würdet ihr das hier nicht lesen.)

Nun liegen Bots mit ihrer Pillenkritik durchaus im Trend, genauso wie mit ihren Liedern über Arbeitslosigkeit und Umweltschutz, sodass man schon fast wieder das Thema Frieden vergisst, aber vielleicht erscheint ja passend zum erwarteten »heißen Herbst« noch ein pazifistischer Schnellschuss.

Die Friedensbewegung braucht eben nicht nur Feindbilder, sondern auch Idole, die einem das vorsingen, was man selbst nicht formulieren kann. Für mich sind derlei Hofsänger eher eine Geißel. Ich brauch deren Agitprop nicht, zumal sie ihn musikalisch sehr langweilig umsetzen. Überhaupt: Haben wir denn keine deutsche Truppe, die den Frieden herbeisingen kann? Immerhin gehen doch die Bomben von links oder rechts zuerst bei uns los und nicht beim NATO-Partner Holland.

Ganz klammheimlich zeigt sich nun doch eine deutsche Band, die Bots ausbot(s)en könnte: Jahrelang nur innerhalb des Ruhrgebiets ihren Acker bestellend, setzen nun Geier Sturzflug bundesweit zur Weltverbesserung an. Auch sie haben erkannt, dass alles aus sein wird, wenn erst mal die Bombe fällt. Wie wahr, wie wahr? Ohne sie und Bots wäre ich gar nicht drauf gekommen.

Buddy Holly: For The First Time Anywhere

Zu Buddy Hollys Lebzeiten wurden beileibe nicht alle der von ihm eingespielten Songs auch veröffentlicht. Als nach Hollys Tod im Jahre 1959 die Nachfrage nach seiner Musik anhielt und – zumindest in England – stieg, brachte seine Plattenfirma über Jahre hinweg den Nachlass heraus.

Allerdings hatte Hollys ehemaliger Produzent Norman Petty die Aufnahmen einer Überarbeitung unterzogen, indem er die oft primitiv aufgezeichneten Songs mit Gitarren oder auch Stringeffekten aufpeppte, sehr zum Leidwesen vieler Holly-Fans, die den Meister lieber pur haben wollten.

Jetzt endlich können die Puristen (einigermaßen) zufrieden sein. Zehn Songs, die der Texaner von 55 bis 58 zum Teil mit seinen Crickets interpretierte, liegen nun erstmals unbearbeitet vor, und man kann nur rätseln, wieso Petty, mit dem Buddy Holly kurz vor seinem Tod gebrochen hatte, zum Beispiel »Brown Eyed Handsome Man« und »Bo Diddley« nicht schon vor zwanzig Jahren in ihren Urfassungen freigab.

Die meisten Aufnahmen zeigen, dass Holly schon mit achtzehn, neunzehn, also vor seinem großen Durchbruch mit »That'll Be The Day«, ein *fertiger* Musiker, nicht nur als Sänger, sondern auch als Gitarrist war.

PS: Potenzielle Käufer dieser LP sollten sich nicht durch Franz Schölers Kritik in *STEREO* 9/83 irritieren lassen, in der behauptet wird, nur zwei der Aufnahmen seien unveröffentlicht gewesen. Dem ist nicht so: Alle zehn Versionen erscheinen hier zum ersten Mal.

Waylon Jennings

Manchmal kann eine leichte Erkältung zum Tode führen. Sie kann einem aber auch das Leben retten, wie im Falle von Waylon Jennings. Eigentlich wollte er, während einer Tournee mit Buddy Holly, dessen Bassist er war, am 3. Februar 1959 von Mason City/Iowa nach Moorhead/Minnesota (in einer Chartermaschine) fliegen. Im letzten Moment schwatzte ihm der Big Bopper, ein weiterer Tournee-Teilnehmer, mit Hinweis auf seinen Schnupfen den Platz ab. Wie wir alle wissen, stürzte das Flugzeug ab und machte (zumindest) Buddy Holly zu einer Legende.

Waylon Jennings wurde geraume Zeit nicht fertig mit diesem Unglück, nicht nur weil er genauso gut in der Beechcraft Bonanza hätte sitzen können, sondern auch weil Buddy Holly sein Freund und Entdecker im heimatlichen Lubbock/Texas (das noch mal in »Dallas« vorkommt) gewesen war.

Jennings arbeitete da, noch blutjung, als Discjockey bei einer der lokalen Radiostationen und lernte mehr oder weniger unweigerlich den aufstrebenden Rock-'n'-Roll-Sänger kennen, der auch eine eigene Radioshow hatte. Wenige Jahre später, nach Hollys nationalem Durchbruch, bot er Jennings an, eine Platte mit ihm zu produzieren. Nun suchte er aber für den country-orientierten Freund nicht etwa einen Klassiker von Hank Williams oder Jimmie Rodgers aus, sondern überredete ihn, den bekannten Cajun-Song »Jole Blon« aufzunehmen, dessen Worte niemand, am wenigsten Jennings, verstand. Die Platte wurde ein Flop, woran auch das versierte Saxofonspiel von King Curtis nichts änderte.

Danach wurde Jennings Bassist für Holly, der sich von seinen Crickets getrennt hatte. Wie eingangs erwähnt, blieb das Engagement von kurzer Dauer. Nach dem Flugzeugabsturz unterbrach Jennings seine Karriere, jahrelang mit dem Schicksal hadernd, und wurde wieder Discjockey. Dann trieb es ihn nach Phoenix/Arizona, wo er wieder anfing, Musik zu machen, eine Mischung aus Country, Folk und Rock, ohne dass er damit viel Aufsehen erregen konnte. Schließlich spielte er auch wieder Songs ein, unter anderem »The House Of The Rising Sun«, Hollys »Rave On« und ein Dylan-Lied, die auf Herb Alperts A&M-Label erschienen.

Einen neuen Schub sollte seine Karriere bekommen, als Duane Eddy und Bobby Bare den damaligen Boss der Plattenfirma RCA in Nashville, den renommierten Gitarristen Chet Atkins, auf den Nachwuchsmann aufmerksam machten. Der holte ihn ins Country-Mekka nach Tennessee. Und nun nahm Waylon Jennings laufend Platten auf, die jedoch selten seinen eigenen Vorstellungen entsprachen, zumal er im Studio nie mit den Leuten spielen konnte, die ihn sonst begleiteten. Ja, manchmal konnte er seine eigene Stimme nicht wiedererkennen.

Anfang der siebziger Jahre hatte er dann die Schnauze gestrichen voll. Er setzte sich ins Flugzeug nach New York und drückte den Moguln der RCA die Pistole auf die Brust, ohne dass Chet Atkins, sein Chef in Nashville, davon wusste. Wahrscheinlich zu seiner eigenen Überraschung erhielt er nun alle Freiheiten, die er sich ausbedungen hatte, vor allem freie Auswahl der Produzenten und des Songmaterials. Nun auf einmal landete er Hit auf Hit in den Countrycharts, von denen der bekannteste wohl »Luckenbach, Texas« sein dürfte.

Trotz seines späten Durchbruchs blieb Jennings ein umstrittener Mann, der sich den Spielregeln der geschlossenen Gesellschaft von Nashville widersetzte. Man stieß sich nicht nur an seinen langen Haaren, man raunte auch schreckliches über seinen Drogenkonsum. In der Tat war Jennings seit Mitte der sechziger Jahre süchtig und schluckte anfangs mit Johnny Cash, der bei ihm wohnte, Pillen um die Wette. Außerdem nahm sein Schuldenberg, auf dem sich vor allem immense Alimenteforderungen nach drei Ehen mit sechs Kindern häuften, schwindelerregende Höhen an. Doch ein neuer Manager und eine weitere Frau, die Kollegin Jessi Colter, geschiedene Mrs Duane Eddy, zogen ihn aus dem privaten Sumpf.

Angesichts von Jennings' Lebensstil konnte es nicht verwundern, dass er mit einigen anderen, allen voran Willie Nelson, Mitte der siebziger Jahre als Outlaw gehandelt wurde, also als »Gesetzloser«, was in diesem Falle hieß, dass er und seine unkonventionellen Mitstreiter sich dem alteingesessenen Establishment Nashvilles nicht unterordnen wollten. Eine LP schließlich wurde zum Manifest, »Wanted! The Outlaws«, auf der Jennings prominent vertreten war. Sie wurde über eine Million Mal verkauft, Jennings neben Nelson zu einer nationalen Institution.

Nach diesem kommerziellen Erfolg versuchten viele unbedarfte Sänger, sich mit einem Outlaw-Gehabe zu profilieren, es gab eine richtige Schwemme, während Waylon Jennings dieser fragwürdigen Bewegung ade sagte und es sich durchaus wieder bequem machen konnte in Nashville, wo er nun ein Teil des Establishments wurde, wenn auch eher geduldet als hofiert.

Wollte man Jennings heute musikalisch einordnen, würde der Begriff Country Music allein nicht reichen. Auf den vielen LPs, die er in letzter Zeit veröffentlicht hat, schimmert vor allem seine Liebe zum Rock 'n' Roll immer wieder durch. Auf seiner neuesten Soloplatte, die den programmatischen Titel »It's Only Rock & Roll« trägt, singt er zum Beispiel »Lucille« – nicht etwa die öde Country-Schnulze von Kenny Rogers, sondern Little Richards gleichnamigen Klassiker –, wenn auch, für meine Begriffe, etwas zu verhalten. Jüngst hat er sich auch dem Soul zugewandt und »Hold On, I'm Coming« und »(Sittin' On) The Dock Of The Bay« aufgenommen.

Seine Bühnenshow ist sehr exakt, wobei vor allem auffällt, dass Jennings ein hervorragender Gitarrist ist, auch wenn er das selber bestreitet. Hinzu kommt eine eingespielte Band mit einem uralten Steelgitarristen und einem Schlagzeuger mit einem mächtigen Bart, Jerry I. Allison. Der war übrigens auch ein Freund von Buddy Holly, dessen Schlagzeuger und auch einer, dessen erste Single von dem Verblichenen produziert wurde.

Das Publikum in Essen war anderthalb Stunden aus dem Häuschen und gar nicht so konservativ, wie Jennings sich das vorgestellt hatte. Wie er uns mitteilte, will er nächstes Jahr wiederkommen, eventuell mit Willie Nelson, schön wär's. Nur müssen wir bis dahin alle fleißig Marlboro rauchen!

The Beach Boys: Rarities

Lange bevor hierzulande der erste Wellenreiter in den Harkortsee plumpste, besangen im fernen Kalifornien die Beach Boys das Surfen und was dazu gehörte: Die Strände, das Meer und nicht zuletzt die »California Girls«. Sie hatten »Fun, Fun, Fun« und dachten an »Good Vibrations«.

Ihre Stärke waren ihre Vokalharmonien, die zum sonnigen Gemüt ihrer Songs glänzend passten. Damit konnten sie sich auch Mitte der sechziger Jahre gegen die englische Invasion der Beatles, Stones, Herman's Hermits und Konsorten behaupten. Später dann wurde ihre Musik komplizierter, beginnend mit »Pet Sounds« (meiner ersten LP by the way), die heute manche Leute höher einschätzen als »Sgt. Pepper«.

Mit Beginn der siebziger Jahre, zu Zeiten des Vietnamkrieges, wurden sie zusehends politischer und umweltbewusst, als hier noch keine grüne Sau das Wort Ökologie kannte. Man höre dazu ihr Album »Surf's Up«, ein Abgesang an den Strand Kaliforniens, wo nur noch Scheiße angeschwemmt wurde.

Die für »Rarities« nunmehr ausgegrabenen Songs stammen alle aus den sechziger Jahren und waren bislang zum größten Teil unveröffentlicht. Neue Versionen von »Good Vibrations«, »Bluebirds Over The Mountain« und »Cottonfields« sind drauf.

Sensationelle Neuentdeckungen sind nicht zu vermelden, außer vielleicht der deutschen Version von »In My Room« mit einem debilen Text. Auf jeden Fall ist dieser LP ein Album mit den größten Hits der Beach Boys vorzuziehen, die heute übrigens noch existieren. Ob Peter Rüchel das weiß?

T-Bone Burnett: Proof Through The Night

T-Bone Burnett ist ein amerikanischer Singer-Songwriter, der vor Jahren als Gitarrist von Bob Dylan auffiel und der exzellenten, gleichwohl erfolglosen Alpha Band angehörte.

»Proof Through The Night« ist nach »Truth Decay« und dem Mini-Album »Trap Door« Burnetts dritte Solo-LP. War das Debüt weitgehend an der Countrymusik der fünfziger Jahre orientiert und »Trap Door« in erster Linie eine Ode an die Sechziger, so kann man bei dieser Platte nicht mit Daten kommen. Vielleicht sollte man sagen: »Proof« ist der Versuch, die aktuellen Strömungen der Musik auf einen Nenner zu bringen. Dabei helfen Richard Thompson, Ry Cooder und Pete Townshend, nicht zu vergessen Mick Ronson. Zu viele Köche? Nein.

T-Bone Burnett lässt nur das zu, was er braucht: Einen Soundtrack für seine short stories, in denen mehr Amerika vorkommt als im Gesamtwerk von Sylvester Stallone. »Proof Through The Night« ist sicher kein Meilenstein mit innovatorischem Charakter. Hier singt nur einer, dem man noch den Spaß an der Musik abnimmt und der damit den Stand der Dinge beschreibt.

Neu! Toll! Super!

Der 1. Jugendabend-Verriss des *Marabo*-Magazins

»1. Jugendabend der ARD« – schon der wochenlang ausgetüftelte Titel ließ erahnen, mit welch unermesslicher Fantasie mehrere Redakteure des WDR die Unterhaltungsmisere des bundesdeutschen Fernsehens zu beenden gedachten. Natürlich mussten junge Leute die Show präsentieren. Also verpflichtete man Alan Bangs, aged 32, Michael Braun, an die vierzig, und das Vorläufige Frankfurter Fronttheater (Durchschnittsalter seit 1968 unverändert).

Auch das Programm selbst sollte Unverbrauchtes bieten, Einmaliges, zum Beispiel Kim Wilde, die erst wieder 22 Stunden später im »WWF Club« zu sehen sein sollte. Der Publikumsgeschmack durfte nicht alleiniger Maßstab für die Auswahl der gastierenden Künstler sein. Peter Rüchel hatte sich im Schallplattenparadies Saturn erkundigt, nach den größten Ladenhütern.

Nein, diesmal erschienen nicht Bryan Adams, Elvis Costello oder Cheap Trick, um das Publikum beim Däumchendrehen zu begleiten. Kurtis Blow und Toyah durften erneut unter Beweis stellen, wie sehr der WDR bemüht ist, auch noch dem kleinsten Talent eine Chance zu geben. Die Ausstrahlung von John Lydons Auftritt als Rotznase erfolgte nur, weil das erste Video von Loose Windscreen, der nach eigenem Bekunden Bruce Springsteen mal an einer Tankstelle die Windschutzscheibe geputzt hat, irrtümlich in der »Formel Eins«-Redaktion gelandet war.

Verglichen mit den zum Teil musikalischen Darbietungen der genannten Interpreten musste das ohne Playback arbeitende Fronttheater sichtlich abfallen, zumal es Deutsch sprach. Wären die Akteure wenigstens so einseitig gewesen wie einst die Stachelschweine oder die Lach- und Schießgesellschaft! Aber nein, sie mussten auch noch die heiligen grünen Kühe in ihrem eigenen Stall schlachten. Ihre unprofessionelle Spontaneität in Verbindung mit unausgewogener Jongliermentalität verstieß gegen eherne Gesetze der Fernsehbranche. Es bleibt zu wünschen, dass der WDR baldmöglichst wieder einen Chefredakteur mit CDU-Mitgliedschaft und gehöriger SS-Erfahrung einsetzt, der gegen solch entartete Theaterkunst einzutreten versteht.

Wie willkommen hingegen Michael Braun, der das Ideal der Zuschauer erfüllt, eine Mischung aus Thomas Gottschalk und Mike Krüger, und, wie wir erfahren haben, demnächst Titelheld in dem Streifen »Der Peep-Matz«. Er erspart uns den Weg zum Stammtisch – seine Herrenwitze sind besser. Besonders aber törnt uns an, wie er seine Gäste befragt. Diesmal schien er uns noch besser vorbereitet als sonst.

Verließ er sich in der Vergangenheit (im 3. Programm) industriefreundlich auf die Informationen der PR-Abteilungen der von ihm zu interviewenden Künstler, so ging er nun einen Schritt weiter und holte unter seinem Kopfkissen das zwei Jahre alte *LUI*-Heft hervor, um darin noch einmal die Schamhaare von Désirée Nosbusch zu zählen. Das Gespräch mit der eigens aus New York eingeflogenen Schauspielschülerin war dementsprechend interessant und bis zum Schluss blieb es ein Geheimnis der beiden, wieso Frau Nosbusch die weite Reise angetreten hatte. Überaus interessant war auch der Plausch mit dem Müll-Schlucker, hatten doch die Fernsehzuschauer sicher schon Berichte über einen ähnlichen Schmarotzer im *Spiegel* und im Regionalprogramm aus dem Frühherbst vergessen.

Alles in allem konnte Michael Braun zum x-ten Mal beweisen, dass er als Talkmaster allenfalls von Blacky Fuchsberger übertroffen wird. Sein nun bundesweiter Durchbruch ist umso erfreulicher, da er auch noch zeigt, wie positiv sich ein ehemaliger Linker zu einem wertvollen Mitglied der Gesellschaft entwickeln kann, wenn er sich in die Obhut einer öffentlich-rechtlichen Anstalt begibt.

Zum Schluss sei noch bemerkt, dass der WDR auch die älteren Zuschauer nicht zu kurz kommen ließ. Noch von dem Schnee von gestern bedeckt, zeigte man aus Paris einen älteren Herrn, der sich als Keith Richards ausgab. Zum Glück zeigte die Regie nur drei Minuten davon. Gerade als es spannend wurde, blendete man aus, um uns nicht die Vorfreude zu nehmen auf die restlichen 80% des Interviews, die demnächst in »Mosaik« gesendet werden sollen.

So erlebten wir also einen sensationell traditionellen Fernsehabend, bei dem in bewährter Manier Frauen Staffage blieben wie die Tränen im Gesicht der Verantwortlichen.

The Carpenters: Voice Of The Heart

Als ich im vergangenen Februar vom World Service der BBC hörte, dass die amerikanische Sängerin Karen Carpenter 32-jährig an Magersucht gestorben war, ging bei mir zwar keine Welt unter, aber: one more was gone. Zusammen mit ihrem Bruder Richard hatte sie in den vergangenen zehn, zwölf Jahren mindestens ein halbes Dutzend klassischer Popsongs aufgenommen, deren herausragendes Merkmal Miss Carpenters samtweiche Stimme war, um die herum Richard eine Begleitung arrangierte, die stets zum Kitsch abzugleiten drohte, doch blieb die in der Regel geschmackvoll.

Die gerade posthum erschienene LP zeigt, dass Karen Carpenter auch am Ende ihrer Karriere, und schon vom Tode gezeichnet, nichts von ihrer Faszination verloren hatte. Wie bei den meisten Scheiben der Carpenters bedarf es auch bei »Voice Of The Heart« oftmaligem Hören, bis die Platte einem gänzlich gefällt, doch dann lässt sie einen nicht mehr los.

King Size Dick un Die Fädije: Rusjesök

Scheiße, große Scheiße! Ich hab ja nichts dagegen, wenn jemand im Sog des (mir unverständlichen) Erfolges von BAP mit der Kölner Masche absahnen will, aber wenn sich jemand wie dieser King Size Dick, dessen bisher bedeutendstes Engagement in seiner zwanzigjährigen Karriere das Koffertragen für Bläck Fööss war, gleich an einem Dutzend schönster Rocknummern vergreifen darf, fragt man sich, ob die deutsche Plattenindustrie noch ganz bei Trost ist.

King Size' kölsche Versionen von unter anderem »(Sittin' On) The Dock Of The Bay«, »Bad Moon Rising«, »The Letter« besitzen nicht im Entferntesten die Ausstrahlung der Originale, ja sie wird regelrecht zerstört. Und die Texte sind auch alle an den Rhein verlegt. Wenn schon jemand nicht in der Lage ist, vierzig eigene Songs zu schreiben, sollte er lieber ganz einpacken.

Karat: Die sieben Wunder der Welt
City: Unter der Haut

Zwei neue LPs aus der ehemals Sogenannten. Längst dürfte bekannt sein, dass auch in der Deutschen Demokratischen Republik Popmusik gemacht wird, die im Vergleich der Systeme durchaus bestehen kann und die obendrein noch westliche Devisen einbringt.

Karat sind die erfolgreichsten Interpreten, wohl weil sie noch am besten abkupfern können, besonders bei Genesis, will ich meinen. Trotzdem wäre es eine ungehörige Unterstellung, ihnen pures Epigonentum vorzuwerfen. Dafür sind die Musiker viel zu einfallsreich. Die von ihnen nicht selbst geschriebenen Texte sind keinesfalls von Marx und Engels inspiriert, vielmehr sind sie in einer blumenreichen Sprache abgefasst, mit denen Karat bisweilen ins Wolkenkuckucksheim entfliehen und ihrer sächsischen Schwermut Ausdruck verleihen.

City, die Gruppe mit dem ausgesucht bolschewistischen Namen, mag ich überhaupt nicht. Die Songs sind langweilig, Schmachtfetzen, die der ohnehin wenig begabte Sänger nicht retten kann. Dann doch lieber sozialistischer Realismus von Ernst Busch.

Heartbeat

1984 war kaum eine Stunde alt, da meldete er sich auch schon am Bildschirm: The Big Bopper. Aber er sah uns nicht an, vielmehr hielt er einen Telefonhörer in der Hand und hechelte offenbar einer jungen Dame was in die Muschel: »You know what I like!« Schnitt. Der Big Bopper, bürgerlicher Name: J. P. Richardson, war einer der zahlreichen verstorbenen Rocksänger, die in der Silvesternacht innerhalb der Jubiläumssendung von »American Bandstand« noch einmal zum Leben erweckt wurden. Es waren viele, zu viele, an die erinnert werden musste.

Angefangen hat die Reihe zum Teil mysteriöser Todesfälle von Rockmusikern vor genau 25 Jahren. Am 3. Februar 1959 stürzte eine Sportmaschine in Mason City/Iowa ab. Alle Insassen waren sofort tot, neben dem Piloten der Big Bopper, Ritchie Valens und Buddy Holly. Holly ist heute sicher der bedeutendste von den dreien. Man sollte jedoch auch an die beiden anderen erinnern.

Ritchie Valens kam aus Kalifornien und war bei seinem Tod erst siebzehn. Die meisten werden bestimmt seine Version von »La Bamba« kennen. Richard Valenzuela, wie er eigentlich hieß, hatte ein Gemisch von mexikanischem und indianischem Blut in den Adern. Deshalb begeisterte er besonders die jugendlichen Einwanderer aus Lateinamerika, die in ihm wohl ein musikalisches Pendant zu Sal Mineo sahen, der am Ende von »Rebel Without A Cause« von der Polizei erschossen wurde. Valens gilt mit seinem exotisch angehauchten Rock 'n' Roll als ein Vorläufer von Chris Montez (»Let's Dance«) und auch von Santana.

The Big Bopper war ein Unikum. Bei seinem ersten (und letzten) Hit, »Chantilly Lace«, war er bereits 26 und verheiratet. Also verkörperte er kaum den Idealtypus des Rockers der fünfziger Jahre, zumal er recht füllig war. Der ehemalige Discjockey aus Beaumont/Texas hatte erst nach seiner Armeezeit mit dem Singen angefangen und zunächst geringen Erfolg gehabt. Die Rückseite seiner Antwort auf Sheb Wooley, »The Purple People Eater«, nämlich »Chantilly Lace«, markierte seinen Durchbruch.

Was den Bopper so beliebt machte, war seine offen ausgesprochene Geilheit, sein Plädoyer für außerehelichen Sex (»The Big Bopper's Wedding« lässt er in einem Song am Traualtar platzen), wobei er auch männlich-chauvinistische Züge an den Tag legte. Aber er war auch sonst ein großer Songwriter, dessen Poesie mir von dem viktorianischen Dichter Edward Lear beeinflusst scheint, wenn den einer kennt. Hierzulande dürfte am bekanntesten sein »Running Bear« sein, der nach seinem Tod ein Hit für Johnny Preston und Gus Backus wurde (»Brauner Bär und weiße Taube«). Insgesamt kann man sagen, dass der Big Bopper ein höchst amüsanter Mann war, ein großer Entertainer, ein musikalischer Lustmolch. I love Big Bopper.

Buddy Holly, der Dritte im tödlichen Bunde, sah unscheinbarer aus als die beiden anderen Leidensgenossen. Doch es war sein Ableben, das jenen 3. Februar berühmt machte und so bedeutsam, dass ihn Don McLean gar in »American Pie« zum »day the music died« ausrief. Sein Geburtsname war Charles Hardin Holley, doch nannte ihn jeder in seiner Heimatstadt Lubbock/Texas gleich Buddy, und als Jahre später sein Hausname in einem Vertrag falsch buchstabiert wurde, verzichtete er auf das e.

Ich stell mir Lubbock in den frühen fünfziger Jahren so vor wie die Stadt, in der Peter Bogdanovichs »Die letzte Vorstellung« spielt: tote Hose. Man sah sich Marlon Brando in »The Wild One« an und träumte vom nichtsnutzigen Herumrasen auf Motorrädern. Die lokale Radiostation spielte vornehmlich Countrymusik, und die Jugendlichen kurbelten weiter entfernt liegende Sender an, die »schwarze Musik« ausstrahlten.

Es hört sich zwar wie ein Klischee an, dass beide Musikstile, Country & Western und Rhythm & Blues zum Rock 'n' Roll verschmolzen, es lässt sich jedoch nicht bestreiten, dass gerade auch Holly von beiden beeinflusst wurde. Die Frage war nur, wie setzt man diese Eindrücke in eine eigenständige musikalische Darbietung um.

Buddy Holly hatte zahlreiche Instrumente ausprobiert, bis er sich für die Gitarre entschied. Zusammen mit seinem Schulfreund Bob Montgomery bildete er ein Duo, das bald Auftrittsmöglichkeiten fand und sogar wiederholt im Radio gastierte. Vornehmlich spielten sie country tunes, die erst Jahre nach Hollys Tod auf der LP »Holly In The Hills« veröffentlicht wurden und die eigentlich nur zeigen, dass der Verblichene damals, so Mitte der fünfziger Jahre, wohl nur einer von vielen war. Lediglich zwei Songs weisen darauf hin, dass Holly sich von der traditionellen Musik zu befreien gedachte.

Buddy and Bob, wie sie sich jetzt nannten, durften auch schon mal als Einheizer dienen, wenn sich eine nationale Größe nach Lubbock verirrte. So lernte er schon früh prominente Künstler kennen und versuchte, von ihnen zu lernen. Bei der Eröffnung von Lubbocks Pontiac-Filiale spielte Holly vor Elvis, der damals kurz vor seinem Durchbruch stand. Und jetzt wusste er, wo's langgehen sollte. Weil Elvis einen Schlagzeuger hatte, holte er sich auch einen, Jerry Allison.

Die Jungs bauten nun mehr und mehr Rock 'n' Roll in ihre acts ein, nannten aber diese Musik Western and Bop. Schließlich fielen sie einem Agenten im Vorprogramm zu Bill Haley auf, und tatsächlich erhielten sie von der Firma Decca, die auf der Suche nach einer Antwort auf Elvis war, einen Vertrag, d. h. nur Buddy Holly erhielt ihn und sein zunächst gekränkter Freund und Partner Bob drängte ihn zur Annahme.

Die ersten Plattenaufnahmen fanden im Country-Mekka Nashville statt. Holly fühlte sich in der ungewohnten Umgebung, eingeschüchtert von langjährigen Sessionprofis, sehr unwohl. Dementsprechend uninspiriert hören sich auch manche jener Songs an, die er damals einspielte. Dennoch war das Ergebnis, insgesamt gesehen, achtbar: Überdurchschnittlicher Rockabilly, doch was fehlte, war das gewisse Etwas, der unbeschreibliche Reiz, der von späteren Aufnahmen ausging.

Die beiden ausgekoppelten Singles brachten nicht den erwarteten Erfolg, und der Vertrag wurde nicht verlängert. Holly ließ sich jedoch nicht entmutigen, spielte weiter live, manchmal nur mit seinem Drummer, und ging auch wieder ins Studio, auf eigene Kosten. Die waren relativ gering, da Norman Petty, der Eigentümer, nicht nach Zeit, sondern nach der Anzahl der eingespielten Songs die Gebühren erhob.

Die Crickets, wie sie sich nun nannten, nahmen noch einmal ihr »That'll Be The Day« auf, einen Song, an dem sie sich schon in Nashville versucht hatten. Auf Vermittlung von Petty erhielten sie einen neuen Kontrakt, diesmal bei Brunswick, pikanterweise ein Subunternehmen von Decca.

Es dauerte geraume Zeit, bis »That'll Be The Day« veröffentlicht wurde. Während so Hollys Karriere anscheinend stagnierte, arbeitete er weiter hart an sich, schrieb etliche neue Songs, die er auch gleich mit seinen Crickets in Pettys Studio in Clovis/New Mexico einspielte. Langsam aber sicher entwickelte sich die Single im Herbst 1957 zu einem Hit und zum ersten Höhepunkt seiner Karriere. Im Sog des Erfolgs kamen Tournee-Angebote und Fernsehauftritte.

Da Buddy Holly mit den Crickets (bestehend aus Allison, Joe B. Mauldin und Niki Sullivan) eine Menge Material in petto hatte, wurden die vielen neuen Titel teils unter Hollys Namen verkauft, teils firmierten die Crickets als Interpreten. Vielleicht sollte man einem alten Vorurteil entgegentreten: Holly war nie ein Superstar. In den Staaten hatte er – im Gegensatz zu England – nie eine Nummer eins. Ja, manche Singles wie »It's So Easy« wurden regelrechte Flops. Wahrscheinlich waren einige Holly-Songs dem Publikum damals zu kompliziert, auch wenn man das heute nicht wahrhaben will, wenn man sie sich anhört.

Trotzdem war Buddy Holly natürlich ein populärer Mann, der sogar zu einer England-Tournee aufbrach. (Es befiel mich übrigens ein eigentümliches Gefühl, als ich vor zwei Jahren mit Motörhead in Newcastle in derselben Garderobe saß, die einst Buddy Holly benutzt hatte.) Seine größten Hits waren damals »Peggy Sue«, »Oh, Boy!« und »Rave On«.

Nach einem Jahr voller Erfolge trennte sich Holly von seiner Gruppe, unter anderem, weil sie nicht nach New York ziehen wollte, wo er eine junge Puerto Ricanerin geheiratet hatte (zwei Wochen nach ihrer ersten Begegnung!). Es gab auch musikalische Differenzen mit Hollys Produzenten Petty, der mittlerweile auch sein Manager geworden war und dem er ebenfalls den Laufpass gab. Holly wollte sich weiterentwickeln, da er wohl das Ende der ersten rauen Phase des Rock 'n' Roll kommen sah.

Hatte er schon auf »Words Of Love« als Erster seine Stimme und Gitarre einem Double tracking unterzogen, so experimentierte er weiter mit dem renommierten Saxofonisten King Curtis und versuchte sich als Produzent von Nachwuchskräften. Schließlich arbeitete er mit Streichern und Gospelsängern. Er hatte als nächstes vor, mit Ray Charles zusammenzuarbeiten. Aber ein Schneesturm, in dem ein junger Pilot die Orientierung verlor und oben mit unten verwechselte, beendete die vielversprechende Karriere des angehenden Vaters, der nur 22 wurde.

Die letzte Veröffentlichung zu seinen Lebzeiten, Paul Ankas »It Doesn't Matter Anymore«, wurde posthum zu einem großen Hit, und die Nachfrage seiner Fans, vor allem in England, nach unveröffentlichtem Material hielt an. Tatsächlich erschienen auch aus dem Nachlass etliche vorher unbekannte Songs. Allerdings waren sie in der Regel von Hollys ehemaligem Produzenten bearbeitet und teilweise verfälscht worden. Doch der Erfolg gab ihm Recht. Noch vier Jahre nach seinem Tod stand Holly mit Chuck Berrys »Brown Eyed Handsome Man« und »Bo Diddley« in den englischen Top Ten.

Vielfach ist von Leuten, die gescheiter sind als ich, gerätselt worden, wieso gerade Hollys Faszination noch so lange nach seinem Ableben anhielt, während andere tote Rockmusiker schnell vergessen waren. Wahrscheinlich liegt es an der Zeitlosigkeit, die von den Songs des Texaners ausgeht. Er hat nicht nur die Standardformation einer Rockband mit Lead- und Rhythmusgitarre, Bass und Schlagzeug (sowie Gesang) in die moderne Musik eingeführt.

Auch sein Sound und seine Stimme waren, wiederum vornehmlich in England, stilprägend. Nicht jeder konnte so sexy sein wie Elvis. Aber versuchen, wie Buddy Holly zu singen, der noch dazu aussah wie ein Durchschnittsjunge, das konnte jeder. Viele taten es, besonders die englischen Boys, die während des Krieges geboren worden waren, »Children Of The Last War«, wie es in dem gleichnamigen Song von Phillip Goodhand-Tait heißt.

Lennon and McCartney probierten als erstes »That'll Be The Day«. Jahre danach kamen auf Platte ihre Versionen von »Crying, Waiting, Hoping«, »Words Of Love« und »Reminiscing« raus. McCartney sicherte sich später als Kapitalanlage die Rechte an Hollys Songs und produzierte eine allerdings üble LP Denny Laines mit Holly-Songs. Der erste Top-Five-Hit der Rolling Stones war ihre Interpretation der Rückseite von »Oh, Boy!«: »Not Fade Away«.

Peter & Gordon reüssierten 65 mit »True Love Ways«, ein Song der letztes Jahr für Cliff Richard ein Hit war. Peter, mit Hausnamen Asher, produzierte später für boring Linda Ronstadt zwei Holly-Titel, »That'll Be The Day« und »It's So Easy« (deutsche Version von Lisa Salzer). Steve Marriotts erste Single, noch bevor die Small Faces gegründet wurden, »Give Her My Regards«, zu finden auf der Anthologie »Hard-Up Heroes«, war eine eindeutige Kopie von Hollys berühmtem Schluckaufgesang. Ende der sechziger Jahre spielte Marriott mit Humble Pie »Heartbeat« ein.

Etwa zur selben Zeit veröffentlichten Blind Faith (Clapton, Winwood, Baker, Grech), die erste sogenannte Supergruppe, Hollys »Well ... All Right«. Anfang der siebziger Jahre versammelte sich die Creme der englischen Folkrockmusiker (featuring Richard Thompson), um unter dem Namen The Bunch ein frappierend gutes Album mit Oldies aufzunehmen. Zwei waren von Holly. Sie wurden von der mittlerweile verstorbenen Sandy Denny gesungen.

Es gibt kaum einen englischen Musiker von Rang und Namen, der sich nicht zu irgendeinem Zeitpunkt an einem Holly-Song versucht hätte. Es war wohl nicht nur nekrophiles Vergnügen, das so viele Leute dazu bewog, auf Hollys Material zurückzugreifen. Es war die Qualität seiner Kompositionen und Texte, in denen er sehr ausdrucksvoll die Gefühle eines Teenagers beschreibt, wenn die Liebe in ihm erwacht und er sich plötzlich in »Fool's Paradise« befindet und die Eltern (»they« nennt er sie nur) ihn auf spätere Zeiten vertrösten. Holly schildert ein teils resigniertes, teils hoffnungsvolles Leben als junger Mann, der den Gegensatz zwischen öffentlicher Moral und privatem Glück auszuhalten hat. Das begleitet er stets mit dem passenden Riff.

Es kommt auch vor, dass Holly eine nicht erwiderte Liebe zu beklagen hat. Am eindrucksvollsten gelingt ihm das in »Learning The Game« und »Not Fade Away« (»My love a-bigger than a Cadillac / I try to show it and you drive a-me back«). Doch er wird's ihnen zeigen: »you're gonna give your love to me.« Am Ende spielten diese Konflikte keine Rolle mehr. Das Es spielte keine Rolle mehr in seinem letzten Song (der freilich von Paul Anka stammte): »Well, I guess it doesn't matter anymore.« Prophetische Worte?

Holly lebte in seiner Musik weiter. In Amerika war er jedoch schnell vergessen. Nur Bob Dylan erinnerte in Interviews hin und wieder an ihn als eines seiner Vorbilder. Erst 78 wurde in den Staaten neues Interesse an ihm durch die arg verfälschende Verfilmung seines Lebens geweckt, die immerhin dem Titeldarsteller der »Buddy Holly Story«, Gary Busey, eine Oscar-Nominierung einbrachte. Alan Vega sah den Film dreimal hintereinander. Tatsächlich glaubt man bei manchen seiner Aufnahmen, besonders bei »Jukebox Babe«, einen Holly der achtziger Jahre zu vernehmen.

Als ich Vega vor zwei Jahren zum ersten Mal (in Paris) traf, luchste er mir gleich die Buddy-Holly-Biografie von John Goldrosen ab, ein Buch, das ich jedem, besonders jedem Rockjournalisten, empfehlen kann.

Auch ich habe was für Holly getan. Wenn ihr fast jeden Tag Phillip Goodhand-Taits Version von »Heartbeat« in irgendeinem Magazin des WDR hören könnt, so liegt das nicht zuletzt an mir. Aber das ist eine andere Geschichte.

Am 3. Februar jährt sich also Hollys Tod und der vom Big Bopper und von Ritchie Valens zum 25. Male. Vielleicht haben sie gewusst, dass an dem Tag dieses Jahr »Rockpalast«-Termin ist. Ich persönlich wünsche mir an diesem Abend noch mal die Ausstrahlung von zwei Songs, die T-Bone Burnett im Dezember in Hamburg mit Richard Thompson zelebrierte: »Not Fade Away« und »La Bamba«. Alan Bangs & Co. – BIG BOPPER IS WATCHING YOU!

Tracey Ullman: You Broke My Heart In 17 Places

Miss Ullman bewundert nach eigenen Angaben Maggie Thatcher. Das ist sicher ihre Sache. Leider hat sie aber auch noch eine Schwäche für Sängerinnen der sechziger Jahre, was weiter nicht schlimm wäre, wenn sie nicht versuchen würde, diese Damen zu kopieren, als da sind: Doris Day, Sandie Shaw, Lesley Gore und Dusty Springfield.

Deren Originalversionen im Ohr habend, kann man nur mitleidig lächeln, wenn man Traceys Interpretationen von zum Beispiel »Long Live Love« oder »Move Over Darling« hört. Das klingt arg nach Caterina Valente singt Lennon/McCartney. Oder den »Rock Classics« von Peter Hofmann. Eine Single mit »They Don't Know« hätte gereicht. Aber schon die Auswahl einer Rückseite wäre mir schwergefallen.

Hip-Hop-Flop
Breakdancers Bruchlandung

Nun brechen sie wieder. Während der vergangenen sechs Wochen Schulferien genoss ich beim samstäglichen Einkaufsbummel in der Innenstadt die geradezu göttliche Ruhe. Jetzt aber – der Urlaub mit Mami und Papi in Südtirol ist ausgestanden, das angesparte Taschengeld verprasst – knacken wieder die Knochen. Auf ihren abgeschabten Pappdeckeln vollführt die bleiche Breakdance-Generation ihren letzten Tanz. Noch einmal, bevor endgültig der Herbst einkehrt, darf gebrochen werden.

Natürlich haben sich die zehn-, zwölfjährigen Kids die Kommerzmeile, die Fußgängerzone, für ihren Floorrock, Hip-Hop, Mr. Robot oder Mechanical Man ausgesucht. Hier, im Eingang vom Kaufhof, trifft Grandmaster Flash auf Grandmaster Cash. Die Geschäftsleitung hat nichts dagegen; wer einmal für die niedlichen Jungs das Portemonnaie gezückt hat, wird zwei Schritte weiter im Laden wahrscheinlich weiterzücken.

Der Bettler mit der Mundharmonika auf der anderen Seite, dem Arbeit, Obdach und das linke Bein fehlen, ist bei Karstadt weniger gelitten. Mit seinem »La Paloma« kann er, schon von der Lautstärke her, nicht gegen Herbie Hancocks »Rockit« anstinken. Folglich bedecken nur ein paar Kupferlappen den Boden seiner Prinz-Heinrich-Mütze, die wohl noch aus der Zeit vor der großen Wende stammt.

Die Breaker machen da schon einen besseren Schnitt. Nicht nur, dass sie mehr Leute aller Altersklassen mit ihren Crabs und Butspins anlocken; auch ihr Spendenaufkommen würde so manchen alten Haudegen unter den Straßenmusikanten vor Neid erblassen lassen.

Der Punk, der sich neben mir in seiner verwitterten Lederjacke, Baujahr 77, das Schauspiel anguckt, sieht verdammt alt aus. Und Sid Vicious war noch nie so tot. Ein ehemaliger

Studienkollege von mir, heute arbeitsloser Pädagoge, streicht sich durchs schüttere Haar und fragt mich, wie es wohl so weit kommen konnte.

Angeblich, so erzählt uns die Mär, soll ja der Breakdance aus einer schwarzen Protestbewegung stammen. Seine Wiege wird in der New Yorker South Bronx angesiedelt, in jenem verfallenen Stadtteil, der so aussieht wie Dresden nach dem Bombenangriff. Die abgehackten Bewegungen sollten die innere Zerrissenheit des Schwarzen in einer ihm fremden Zivilisation verdeutlichen, wobei der neue Veitstanz als blutarmer Ersatz für die einstigen Bandenkämpfe fungiert.

Vielleicht fühlen sich die Kids in Amerika ja auch alle wie kleine Roboter in der großen Traumfabrik USA. Mein Freund jedenfalls hält das Ganze für die Erfindung eines Sozialarbeiters. »Ich kann mir nicht vorstellen, dass die Gettokinder von alleine auf so was gekommen sind!« Wie auch immer: Der Breakdance war/ist dieses Jahr die große Mode, this years model, so wie letztes Jahr Aerobic, davor das Rollerskating und einst auch, in verwässerter Form, Punk und New Wave. Von alldem ist nicht viel geblieben.

Die Industrie und mithin unsere umsatzorientierte Gesellschaft ist auf derlei Phänomene angewiesen; nicht zuletzt die Medien – Presse, Funk und Fernsehen – suchen händeringend nach immer wieder neuen Sensationen, wobei es im Idealfall zu einem reibungslosen Zusammenspiel sämtlicher Bereiche kommt – auf dass bei allen die Kasse klingle.

Aerobic, wie das Rollerskating, war in erster Linie optisch zu vermitteln. Sydne Rome, die in Europa für den kurzzeitigen Durchbruch der schlankmachenden Turnerei ihren makellosen Körper zur Verfügung stellte, brachte in diversen Fernsehshows die Leute ins Schwitzen. Die Bekleidungsindustrie witterte für die Ausstattung der kommenden Aerobic-Fans den riesigen Reibach, Aerobicstudios wurden aus dem Boden gestampft, das Fernsehen rechnete Einschaltquoten hoch und hob einen (quälend langen) Kurs ins Programm.

Die Musik dazu durfte Ralph Siegel schreiben und per Platte versilbern – nicht der erste und sicher nicht der letzte Fall eines engen Zusammenspiels zwischen Medien, Plattenfirmen und diversen anderen Industriezweigen. Aber die Mode hielt nicht lange an, auch wenn Harald Juhnke noch mal nach einer bei Frank Elstner (absichtlich?) verlorenen Wette mit seinem champagnerdurchtränkten Leib auf dem Kudamm den Affen markierte.

Mehr noch als bei Aerobic wirken bei der Propagierung des Breakdance verschiedene Faktoren zusammen: Zu dem optischen Element kommt eine spezifische Musik, verbrämt mit ideologischen Betrachtungen. Die Tänzer wollen die richtigen Klamotten anziehen, brauchen Knieschoner, Schirmmützen und weiße Handschuhe wie Sargträger. Sie brauchen überdimensionale Gettoblaster und die Musik, die aus ihnen erschallt.

Damit nun aber diese Produkte auch an den Mann gebracht werden können, muss vorher für sie geworben werden. Und das läuft hier in diesem unserem Lande immer noch am billigsten über die großen TV-Shows ab: Fuchsberger, Elstner, Thoelke, Illmann, Gottschalk lassen sich gerne den letzten Schrei für ihre Sendungen aufschwatzen.

Die werbende Industrie will da natürlich auch nicht zurückstehen und bringt ihre neuen Limonaden und Kaugummis per Breakdance an den Mann. Der Film, früher mit an erster Stelle in der Propagierung von Trends, bevor es das Fernsehen dann schneller und weitgestreuter tat, hinkt heute hinterher. Da kommt mit einiger Verspätung noch der eine oder andere Streifen in die Kinos (»Beat Street« und »Breakin'«), und Gottschalk/Krüger werden bestimmt in ihrer neuen Supernasen-Klamotte eine Breakdancenummer eingebaut haben.

Doch im Grunde hat das Celluloid weitgehend zugunsten des Videos seine Rolle als Vermittler der aktuellen Popkultur-Mode verloren. Natürlich hat auch die Plattenindustrie ihre Schäfchen ins Trockene gebracht. Keine Firma, die in diesem Jahr nicht irgendeinen Breakdance-Sampler veröffentlicht hat mit irgendwelchen No-Name-Scratchern, die man so schnell vergisst wie die Lottozahlen vom letzten Samstag.

Ich gebe dem einbeinigen Obdachlosen 'ne Mark fuffzig für ein Bier, damit er gut mit »La Paloma« durch den Winter kommt und frage mich, welche neue Sau 1985 durchs Dorf laufen wird.

Stevie Superstar

»Deutschland braucht wieder einen neuen Neger!« meinte im Januar Jack White in Fuchsbergers Talkshow. Aber nur zum Singen, bitteschön! Allenfalls noch zum Tanzen, aber nicht mit meiner Tochter, weil wir wissen doch, dass die Neger nur das eine wollen, und das doppelt und dreifach!

Wir wollen uns nichts vormachen: Die Urangst vor den Schwarzen steckt noch immer tief in uns Männern, der Neid auf ihren dicken Schwanz. Und jede Frau möchte wenigstens einmal im Leben, aber das doppelt und dreifach, von einem Neger gevögelt werden, spätere Heirat ausgeschlossen. Vor vierzig Jahren hätten wir unsere Eifersucht mit den damals üblichen Mitteln kompensiert: Ein blinder Untermensch wie Stevie Wonder wäre am Pimmel aufgehängt worden.

Davon ab, wir sollten nicht verhehlen, dass »the blind nigger« Stevie Wonder noch in den dreißiger, vierziger Jahren große Chancen gehabt hätte, gelyncht zu werden, wenn er sich im heimatlichen Saginaw/Michigan an einer weißen Frau vergriffen hätte. Aber als Stephen Judkins wurde er zum Glück erst 1950 geboren und wuchs im Eisenhower-Amerika auf, während hier in Deutschland-West-Berlin alles nach Marshallplan verlief.

Sein erstes Idol war sein Leidensgenosse »Uncle« Ray Charles, der gegen Ende des Jahrzehnts, das auch von seiner Musik geprägt worden war, als Vorbild abdankte. Andere Neger wie Little Richard & Sam Cooke hatten ihn an Popularität überholt. Doch auch sie machten nicht mehr lange. Eine neue Generation von schwarzen Sängern brach in den frühen sechziger Jahren auf, die Musikwelt zu erobern. Auch wenn ein Schwarzer irgendetwas usurpiert, ist das etwas Außergewöhnliches. Zu jener Zeit stand die Welt um halb drei nachts auf, um Cassius Clays Handarbeit zu bewundern. Am meisten freuten wir uns, wenn er es den Seinen gab.

Zur Zeit der größten Erfolge des späteren Muhammad Ali regierte Kennedy die Staaten, die im Umbruch waren, die sich in den Weltraum schossen, während unten immer noch Rassentrennung herrschte und Kennedy nicht im Traum daran dachte, sich für die Aufhebung dieser Diskriminierungen einzusetzen, und stattdessen lieber eine Re-Amerikanisierung von Kuba anstrebte und die ersten Marschbefehle für Vietnam ausgab.

Martin Luther King, der politische Kopf der schwarzen Minderheit, versuchte durch passiven Widerstand und mit kleinen Schritten eine Emanzipation seiner Mitbrüder zu erreichen. Sobald er einen etwas größeren Schritt tat, landete er im Knast. Auf jeden Fall gelang es ihm, den Schwarzen ein neues Selbstbewusstsein (im wahrsten Sinne des Wortes) einzureden.

Änderungen lassen sich noch am ehesten mit Geld erreichen. Die Wirtschaft ist zwar nicht alles, aber die Basis von allem. Und die Plattenfirma Tamla-Motown in Detroit gehörte nicht nur einem Schwarzen, sie machte auch seit Ende der fünfziger Jahre Profit, bis sie sich schließlich zum größten Unternehmen in der Hand von Schwarzen entwickelte.

Stevie Wonder wurde 1960 für die Firma entdeckt. Sie verkaufte ihn als Wunderkind, als »boy genius«. Der blinde Junge sang anfangs jedoch nicht im Stil seiner Stallgefährten, sondern orientierte sich mit seinem kreischenden Rhythm & Blues mehr an seinem alten Vorbild Ray Charles. Noch vor seinem Stimmbruch gelang ihm der erste große Hit, »Fingertips-Pt. 2« (1963). Dann wurde es aus natürlichen Gründen still um ihn. Drei Jahre später erst brachte er sich wieder mit »Uptight (Everything's Alright)« zu Gehör. Von da an war er Stammgast in den US-Charts und wurde auch in Europa populär.

Tatsächlich hatte es die Soulmusik (nicht nur vom Motown-Label) mittlerweile geschafft, die musikalische Dominanz der Briten zu durchbrechen. Fast könnte man behaupten, dass die Breitenwirkung dieses Sounds, vor allem als Einladung zum Tanz, dazu führte, dass eigens für diese Musik weltweit zahllose Diskotheken aufgemacht wurden.

Stevie Wonder gehörte zu den beständigsten Hitlieferanten. »I Was Made To Love Her«, »I'm Wondering«, »My Cherie Amour« und etliche andere verkauften sich ausgezeichnet, waren aber vollkommen unpolitisch, eigentlich normales Tralala, nur eben mit ganz anderem Gefühl gesungen als von einem Weißen. Da schwang noch der alte Blues mit, aber im Grunde war's Pop.

Während diese Musik liebend gern von den Weißen gehört wurde, konnte man von einer Akzeptanz der Schwarzen im gesellschaftlichen Leben kaum reden. Zwar waren ihnen inzwischen auf dem Papier die gleichen Rechte eingeräumt worden, doch blieben weite Teile des öffentlichen und damit auch wirtschaftlichen Lebens für die Minderheit tabu.

Martin Luther King wurde umgenietet wie der andere große Führer, Malcolm X, der sich allerdings radikal von King unterschied. Er ging an die Wurzel des Übels: »White, black, brown, red, yellow / It doesn't make any difference what colour you are / The only thing power respects is power.« (»No Sell Out«-Single auf Tommy Boy.) Ein anderer Radikaler, LeRoi Jones (ab 67: Imamu Ameer Baraka), forderte schlicht den Tod des weißen Mannes (in »Black People«) und wurde daraufhin eingebuchtet.

Die Musik verhielt sich passiv und trug mehr zu der These »black is beautiful« bei. Auf der anderen Seite standen die Umsätze der Künstler, die zeigten, dass man auch als Schwarzer reich werden konnte. Stevie Wonder hatte am meisten gehäufelt und konnte sich damit auch gleichzeitig die für ihn größtmögliche künstlerische Freiheit erkaufen, während nach dem Tod von Martin Luther King die Bürgerrechtsbewegung in eine langanhaltende Lethargie versank. Nun, Anfang der siebziger Jahre kann man bei dem mittlerweile 20-jährigen Wonder ein politisches Bewusstsein konstatieren, das wohl erst nach dem Finden seiner eigenen Identität als Schwarzer, Blinder und Künstler möglich war.

Zwar singt er von nun an nicht nur Protestsongs, aber seine Beobachtungen werden schärfer. Er weiß genau, dass er einer noch immer diskriminierten Minderheit angehört. Trotzdem und deshalb beweist er mit seinen Platten seit nunmehr gut zehn Jahren, dass er der Boss ist, mit Ausnahme vielleicht von »Journey Through The Secret Life Of Plants«. Allerdings sollte man gerade bei diesem Album darauf hinweisen, welche besondere Bedeutung Pflanzen für das Leben eines Blinden haben. Für uns sind sie in erster Linie mit ihren Farben eine Augenweide, die wir schon von weitem sehen können, während sie sich dem Blinden durch ihren Duft erschließen. »Somebody's smelling me«.

Vor zehn Jahren, bei einem Verkehrsunfall, wurde Stevie Wonders Geruchssinn zerschmettert, die Nervenstränge zerstört, seine primäre Möglichkeit der sinnlichen Wahrnehmung ist ihm seitdem genommen. Kein Essen wird ihm mehr richtig schmecken, da er nur noch süß, sauer, bitter und salzig voneinander unterscheiden kann. Die restlichen circa 200 Nuancen, die der Geschmackssinn sonst registrieren kann, sind ein für alle Mal verloren. Umso mehr muss dieser Unfall seine anderen Sinne geschärft haben, das Fühlen und vor allem Hören.

Fest steht, dass Wonder seit »Fulfillingness' First Finale« ein anderer Mensch sein muss, seit der Platte, die als erste nach seinem fatalen Unfall veröffentlicht wurde. Der Raum ist für ihn enger geworden, der Raum, den er riechen konnte, existiert nicht mehr, und der Himmel, der ihm als Kind eingeredet wurde, hatte denn auch einen paradiesischen Duft. Wonder siedelt Gott nun nicht mehr in unendlicher Entfernung an, sondern in sich selbst. Mit geöffnetem Herzen meint er, ihn fühlen zu können.

Wonder ist aber kein Prediger geworden. Nach wie vor lässt ihm die Politik und die durch sie hervorgerufene Deformation der Persönlichkeit keine Ruhe, zuletzt beklagt in einem Stück über einen Vietnam-Veteranen, »Front Line«. Im Grunde aber geht es Stevie Wonder um den Ausdruck von Gefühlen, und so unterschiedlich diese sein können, waren zeit seiner Karriere auch seine Platten.

Hat er viel mit seinen Songs ändern können? Sicher, wer auch immer eine LP von ihm hört und wirklich hinhört und versucht, die Musik zu begreifen, die Augen schließt, so automatisch wie kurz vorm Küssen einer Geliebten, wer das tut, wird, wenigstens so lange er sich auf die Musik einlässt, ein glücklicher Mensch sein. Und wenn man das multipliziert mit hundert oder wie viel Millionen, kann man hochrechnen, mit wie viel Zeit pro Mensch er die Welt verändert hat.

Als ich Stevie Wonder vor ein paar Jahren in der Dortmunder Westfalenhalle sah, erlebte ich einen jener magischen Momente, die »Rockpalast«-Redakteur Peter Rüchel bei Konzerten von Steven Van Zandt oder Roger Chapman zu gewärtigen vermeint. Wonder zelebrierte über zwei Stunden seine Musik und ihre Geschichte.

Vor meinem inneren Auge sah ich mich noch mal jung, bei jedem Song fiel mir die dazugehörige Zeit ein mit ihrer Politik und den großen Fußballspielen, den Mädchen und den verdrängten Lehrern, der Konfirmation und dem Abitur, der Oma und ihrer Beerdigung. Jeder einzelne Song verdeutlichte noch mal genau den Zeitpunkt seiner Entstehung und wurde dadurch zeitlos.

Die letzte Zugabe war »Happy Birthday«, seine Ode an Martin Luther King. Nach ungefähr zehn Minuten ging er von der Bühne, ließ aber ein Band mit einem Playback weiterlaufen. 15.000 sangen weiter »Happy Birthday«, zu Ehren eines von Weißen ermordeten Idols der Schwarzen, das wir vor vierzig Jahren vergast hätten.

Eine Viertelstunde lang huldigten wir einem Untermenschen. Die Musik und der Kohlenpott schienen die Riesenmuschel in ungeahnte Höhen zu jagen, der Himmel kam ein paar Lichtjahre näher, und jeder anwesende Mann hätte eigenhändig eine Jungfrau in die Künstlergarderobe getragen. Aber es waren kaum welche da. Die drei, die als solche ins Konzert gekommen waren, wurden wie die anderen paar tausend Damen von diesem Genie in seiner Abwesenheit von seiner Musik, seinem Spirit gefickt.

Post coitum fuhr ich auf der B1 Mitternacht entgegen und dachte daran, was wohl wäre, wenn unsere paar Millionen Ausländer allesamt Schwarze wären, und mir schien, dass Stevie Wonder erst im »Rockpalast« würde auftreten dürfen, wenn er nachweisen könnte, dass er Bruce Springsteen die Stiefel geputzt hat.

Ich dachte an Mord und Totschlag, ich dachte an die öffentlich-rechtlichen Irrenanstalten und las zu Hause den *FAZ*-Artikel »Babylon brennt« von Karl Heinz Bohrer. Beim Lesen dieser Analyse der Unruhen in Brixton wurde mir klar, dass dieser Abend in der Westfalenhalle eine Fiktion gewesen war, Stevie Wonder nur ein Traum. All may be fiction.

Der »Rockpalast« wankt
Interview mit dem gefeuerten Moderator Alan Bangs

Es dürfte auch unaufmerksamen Zuschauern nicht entgangen sein, dass auf der Loreley ein Moderator buchstäblich von der Bildfläche verschwunden war, der bis dahin in angenehm unaufdringlicher Weise zu einer gelungenen Präsentation des Programms beitrug: Alan Bangs, ansonsten vor allem und vielleicht nur in seiner »Nightflight«-Sendung des BFBS vollkommen in seinem Element, hatte drei Tage vor Beginn der Sendung eine Auseinandersetzung mit dem verantwortlichen Redakteur, Peter Rüchel, die sich an Fragen journalistischer Interviewtechnik entzündete, deren Ursachen aber eher in den unterschiedlichen Auffassungen zu zeitgenössischer Rock- und Popmusik zu suchen sein dürften.

MARABO: Alan, ist deine Arbeit für den »Rockpalast« jetzt endgültig beendet?

ALAN BANGS: Das kann man so sagen. Ich habe nie gesagt, ich mache nicht mehr mit, aber ich habe jetzt diesen Brief von Peter Rüchel bekommen, in dem er sagt, dass unsere gemeinsame Arbeit hiermit beendet ist. Das war also seine Entscheidung.

M.: Was war denn zunächst mal der Anlass für diesen Konflikt, der ja offensichtlich das Fass zum Überlaufen gebracht hat?

A. B.: Am Mittwoch vor der Loreley hatten wir eine Besprechung im Hotel, wir, das heißt in diesem Zusammenhang Peter Rüchel, Christian Wagner, Ruth Rockenschaub, ich selbst und noch ein paar andere »Rockpalast«-Leute. Bei der Gelegenheit wies Peter Rüchel vor allem Ruth Rockenschaub darauf hin, dass er vertraglich verpflichtet sei, Little Steven nicht mehr in Verbindung mit Bruce Springsteen zu bringen. Christian Wagner erklärte uns dann, dass es sich bei Little Steven um einen intelligenten und äußerst sensiblen Menschen handelt und dass wir seinen Wunsch respektieren sollten, ihn nicht nach den Gründen für sein Ausscheiden bei Bruce Springsteen zu fragen. Ich habe dann nachgefragt, ob wir denn Fragen zu seiner früheren Zusammenarbeit mit Bruce Springsteen stellen könnten, denn ich denke mir, wir haben jahrelang über Springsteen geredet und jetzt ist da der ehemalige Gitarrist von Bruce Springsteen und es sieht schon sehr komisch aus, wenn man so tut, als ob Springsteen nicht existiert. Peter Rüchel erwiderte diese Nachfrage dann mit einem mehrfachen »Leck mich doch am Arsch, Mann« und das in einem Ton, den ich mir nicht länger gefallen lassen wollte. Ich hab dann gesagt, dass ich mir dieses Verhalten nicht länger bieten lassen wolle und dass es so einfach nicht geht. Seine Antwort darauf lautete: »Dann hau ab und mach deinen scheiß ›Musik Convoy‹«, worauf ich erwiderte, genau das täte ich jetzt und bin dann gefahren!

M.: Nun gut, das war der Anlass für dich, abzureisen. Uns kommt es jedoch so vor, als ginge es in Wirklichkeit um mehr. Peter Rüchel redet ja sehr gerne vom »Rockpalast«-Team und da stellt sich ja dann die Frage, ob zum Beispiel die Entscheidung für einen bestimmten Musiker oder eine bestimmte Gruppe das Ergebnis einer Diskussion im Team war, oder ob es nicht letztlich eine Einzelentscheidung Peter Rüchels war, der dabei natürlich auch seine persönlichen Favoriten bevorzugte?

A. B.: Dieses Team ist nur dazu da, Peter Rüchel zu bedienen. Ich habe ein anderes Verständnis von Teamwork. Wenn man das mit einer Fußballmannschaft vergleichen würde, in der zum Beispiel damals Beckenbauer, Breitner und andere zusammengearbeitet hatten. Gut, es gab einen Kapitän, aber jeder wusste vom anderen, der Mann ist gut, auf den kann ich mich verlassen. Man spielt füreinander, damit am Ende eine gute Mannschaftsleistung dabei herauskommt. So etwas hat es bei Peter Rüchel nicht gegeben.

M.: Es wäre nach wie vor interessant, mal zu erfahren, wie es eigentlich zu Buchungen im »Rockpalast« kommt. Wer tritt da an wen heran und wie kommt die Auswahl zustande?

A. B.: Ich weiß nicht haargenau, wie das läuft. Ich krieg das nur so mit. Ich kriege nur zu hören, was ich hören soll. Das war normalerweise so, dass Peter und Christian geredet haben über das, was sie gerne machen möchten. Die beiden haben eine Liste zusammengestellt und haben dann bei den Plattenfirmen oder – bei direktem Kontakt – den entsprechenden Manager nachgefragt. Die haben das immer selber gemacht. Es ist aber klar, dass die Plattenindustrie da eine entscheidende Rolle mitspielt. Dieser Idealismus von Peter Rüchel ist auch eine Illusion. Wenn eine Plattenfirma das nicht will, dann kriegst du das nicht. Wenn die Gruppe zu der Zeit kein Produkt hat, dann kannst du das Ganze sowieso vergessen. Der WDR bezahlt nicht so viel Geld, um diese Gruppen zu bekommen – ich rede jetzt von den »Rocknächten«. Ich hab zum Beispiel gehört, dass die EMI selbst 10.000 Pfund zu dem Auftritt von Little Steven hinzuzahlen musste.

M.: Was bedeutet der Ausstieg aus dem »Rockpalast« für dich finanziell?

A. B.: Das war schon ein Problem. Finanziell gesehen war es ziemlich katastrophal, da auszusteigen. Ich bin aber ausgestiegen, weil mir das jetzt einfach wichtiger war. Das zeigt schon, dass mir da etwas dran lag an dieser Sendung, dass ich da ausgestiegen bin. Trotz dieser ganzen Probleme. Man kann auch bleiben und sagen, ich halt den Mund, ich mach einfach weiter mit, kassiere da und verdiene nicht schlechter. Ich bin der Meinung, dass es im »Rockpalast« Leute gibt, die seit Jahren genauso arbeiten, das hat sich jetzt deutlich gezeigt. Ich werde schon etwas finden, um meine Miete zu bezahlen. Das war für mich einfach nicht entscheidend.

M.: Gab es in der Vergangenheit Situationen, bei denen aus der Mitte des »Rockpalast«-Teams Programmvorschläge kamen und der Redakteur Peter Rüchel darauf einfach nicht eingegangen ist?

A. B.: Man braucht das nicht auf Peter Rüchel zu beschränken, das betrifft auch Christian Wagner und seine Bildregie. Es gab eine Reihe Leute, die jetzt auch alle nicht mehr dabei sind, die einige ganz gute Vorschläge zur Inszenierung der »Rockpalast«-Sendungen gemacht haben, jedoch ohne Erfolg, für mich kann auch da keine Rede von Teamarbeit sein.

M.: Um noch mal auf die Auswahl der Gruppen zu sprechen zu kommen. Es wäre doch sicher möglich gewesen zu einer Zeit, als Gruppen wie The Clash, Joy Division, The Cure und andere zu haben gewesen wären, diese auch für den »Rockpalast« zu verpflichten.

A. B.: Ich bin der Meinung, und das ist wirklich nur meine ganz persönliche Meinung, dass eine ganze Reihe dieser neuen Gruppen einfach nicht in das Regiekonzept von Christian Wagner passen. Bei Joy Division zum Beispiel gab es keine langen Gitarrensoli, wo man auf den Schlagzeuger schneiden konnte und dann ganz schnell auf die Hand des Gitarristen. Wire fanden die Aufzeichnung ihres Konzerts furchtbar. Aber das ist nur die eine Seite. Die andere Seite ist Peter Rüchel, bei dem alles immer positiv dargestellt werden soll. Junge Leute in Deutschland sollten nichts von diesen negativen Gefühlen vorgestellt bekommen, die durch Gruppen wie The Cure oder Joy Division seiner Meinung nach zum Ausdruck kamen. Er hat gesagt, er will was Positives machen. Ich bin der Meinung, dass das Publikum entscheiden soll. The Clash haben wir nicht gemacht, weil sie nicht gut genug waren, jedenfalls was die Meinung von Christian Wagner angeht. Ich bin im Übrigen der Meinung, dass, wenn man The Alarm zweimal machen kann, dann kann man The Clash einmal machen. Es gab, vor allem in der letzten Zeit, noch nicht einmal den Ansatz von einem Kompromiss, jedenfalls was das Programm betrifft. Es war das, was Peter Rüchel sehen wollte.

M.: Das hat ja auch seine Auswirkungen auf die Publikumsbeteiligung an den »Rockpalast«-Nächten und der Loreley gehabt. Wie hat sich das denn insgesamt entwickelt?

A. B.: Die Grugahalle war zuletzt, glaube ich, bei The Who und The Grateful Dead ausverkauft. Danach nicht mehr. Eine kritische Nachbereitung der Sendungen findet jedenfalls nicht statt. Bisher waren nach Peter Rüchels Meinung alle Sendungen ein Erfolg.

M.: In welcher Art Beschäftigungsverhältnis befandest du dich eigentlich mit dem WDR? Werden da jeweils Einzelverträge abgeschlossen oder wie läuft das?

A. B.: Ja, es wurden immer Einzelverträge abgeschlossen. Ich hatte vor der letzten Loreley-Sendung – zum Glück, wie ich heute sagen muss – keinen Vertrag und muss mich so auch nicht wegen Vertragsbruch verantworten. Ich glaube, wenn ich einen Vertrag gehabt hätte, wäre ich noch mal zurückgegangen, denn rein rechtlich – was hätte ich sonst machen können?

M.: Könntest du dir vorstellen in einem »Rockpalast«, der von anderen Leuten gemacht wäre, wieder als Moderator zu arbeiten?

A. B.: Ich bin der Meinung, dass nach einer gewissen Sendezeit Sendungen sowieso eingestellt werden sollten. Was »Rockpalast« erreichen wollte, hat er vielleicht erreicht. Es gab Erfolge und es gab vielleicht fünf, sechs Jahre, wo die Sendung gut lief. Das ist seit drei Jahren, finde ich, vorbei. Es gab ab und zu einen Erfolg wie Joe Cocker auf der Loreley; aber gut, da kann im Grunde nichts schiefgehen. Ich bin eher der Meinung, die Zeit ist reif – gerade weil in der letzten Zeit, was Fernsehen und Musik angeht, sehr viel passiert ist. »Rockpalast« für sich ist, was die Bilder angeht, langweilig geworden. Egal wer da spielt, ob Bowie oder Paul Brady, es sieht immer gleich aus. Ich denke, es wird Zeit mit einem neuen Konzept zu kommen, dass man versucht, Live-Gruppen anders zu präsentieren. Es gibt Gruppen, die sind nur für eine halbe Stunde gut. Also zeigen wir nur eine halbe Stunde.

M.: Zum Schluss noch eine Frage. Uns ist zu Ohren gekommen, dass es Planungen gibt, den nächsten »Rockpalast« live vom Nordkap zu übertragen. Was ist an diesem Gerücht dran und was verspricht sich Peter Rüchel davon?

A. B.: Zunächst frage ich mich, wo die Gruppen da überhaupt spielen sollen. Ich weiß, dass das Ganze am längsten Tag des Jahres stattfinden soll und dass Peter Rüchel sehr auf Sonnenuntergänge steht und er scheint der Meinung zu sein, dass Rock 'n' Roll irgendetwas mit Sonnenuntergängen und exotischen Veranstaltungsorten zu tun hat. Ich halte das für total schwachsinnig. Er sollte da Bruce Springsteen ernst nehmen, der immer gesagt hat: »Ich gehe dahin, wo mein Publikum ist.« Wenn er hofft, Springsteen nach Norwegen zu locken, so würde das zunächst Springsteen in meinen Augen unglaubwürdig machen, wenn Springsteen das nicht mitmacht, ist das ein gutes Zeichen dafür, dass Springsteen selber Peter Rüchel unglaubwürdig findet. Man muss sich das überlegen: 1984 sind zwei »Rocknächte« ausgefallen, in Cannes waren am Schluss 200, auf der Loreley nur etwa 7000 Zuschauer. Woher soll das Publikum für diese Sendung eigentlich kommen? Es existiert nicht mehr.

M.: Vielen Dank, Alan.

Der Wanker

Es fällt schwer, über den Kölner WDR-Redakteur Peter Rüchel, der unter anderem verantwortlich zu machen ist für die Sendungen »Rockpalast«, »Die Michael-Braun-Talkshow« und den »1. Jugendabend der ARD«, keine Satire zu schreiben. Warum? Rüchel macht sich durch seine Arbeiten, mehr noch durch seine Live-Auftritte darin selbst lächerlich genug: zum, »Equal goes it loose«, Heinrich Lübke der Post-No-Future-Generation.

Er ist darüber hinaus eine Art Rock-'n'-Roll-Derwall. Oder so. Ich weiß nicht, ob auch Rüchel schon seine hochdotierte Verwendung als Werbeträger einer Brauerei gefunden hat, oder ob auch er – ähnlich wie »Sportschau«-Boss Heribert Faßbender – schon Lizenzgebühren dafür kassiert, damit mangelhaft geschriebene Bücher unter seinem Namen firmieren.

Ich fürchte, Peter Rüchel hat sein ungenügendes Buch »Le Rockpalast c'est moi« (zusammen mit seinem Dauerpartner, dem WDR-Regisseur Christian »Stanley« Wagner) noch selber geschrieben. Deshalb musste es, unverkäuflich, vom Zweitausendeinsversand zu einem Preis unterhalb der Herstellungskosten verschleudert werden. Rüchel und sein Verlag hatten nicht erkannt: Außerhalb des Fernsehens verliert der »Rockpalast« an Wirkung (ohne Mattscheibe ist P. R. mattscheibe). Sie geht flöten. Wer würde schon so doof sein, ein viel zu dickes Buch über Dick und Doof von Doof und Dick zu kaufen, wenn die sich beim Schreiben ernst genommen hätten.

Bei dem Schriftsteller Ernst Jünger (»In Stahlgewittern«, 1920), dem wohl ältesten noch lebenden LSD-Schlucker und Ordensträger (Pour le Mérite?), fand ich unlängst die Weisheit: »Du kannst einen Neger aus dem Ghetto holen, aber nicht das Ghetto aus ihm.« Auf gut Deutsch: Du kannst Peter Rüchel samstags aus seinem Schrebergarten holen, aber nur, wenn er ihn mit in den »Rockpalast« nehmen darf. Deshalb wankt der auch immer so, weil der nicht reinpasst.

Kommt es darauf an, ob Peter Rüchel drei Tage vor der Loreley Alan Bangs ein oder zwei »Leck mich doch am Arsch« an den Kopf geworfen hat? (Rüchel im Kündigungsschreiben: »Wir alle haben dich gedrängt, deine Pflicht zu tun ... Es gibt Grenzen, die ohne Folgen nicht überschritten werden können.«) Macht es einen Unterschied, ob – nach dem Motto »Heute Deutschland und morgen die ganze Welt!« – das nächste Open Air, zu dem keiner hingeht und dem keiner zuguckt, von unseren Gebühren in Nordnorwegen oder am Kap der Guten Hoffnung, da wo Südafrika besonders südlich ist, organisiert wird? Stört es uns die Bohne, wenn demnächst vom Mond ab fünf Uhr fünfundvierzig eventuell der im »Rockpalast« erwünschte kleinste gemeinsame Nenner aus Rock und Roll zurückgeschossen wird?

Schlimmer ist ja, dass wir mit unseren Pfennigen den WDR erst möglich machen, der nichts anderes tut, als Industrieprodukte beziehungsweise Politikermeinungen, also Ideologien, zu verkaufen. Der Intendant heißt übrigens nicht umsonst Freiherr von Sell. Und selbst ein solches ist ja noch nichts Ehrenrühriges in einer freiheitlichen – und wie geht's noch mal weiter – Grundordnung, wenn sie auch im WDR da wäre. Sie existiert nur auf dessen Kölner Büttenpapier. Wir Konsumenten werden nie gefragt, es sei denn, wir sind die TED-System-Mitspieler.

Nacht-Fluch: Der Autor vor seinem Radio

Nachts, wenn alle Katzen breit sind, halte ich als Portier in einem größeren städtischen Gebäude die Stellung. Ist die Bude leer, dreh ich 'ne Runde und guck, ob alles dicht ist. Dann schalte ich die Alarmanlage ein, damit mich keiner unbemerkt klauen kann. Jetzt habe ich sechs Stunden nichts zu tun, als die Zeit totzuschlagen.

Früher hab ich zwei Stunden den ARD-»Nachtrock« gehört und dann BFBS eingeschaltet. Ende der achtziger Jahre konnte ich terrestrisch die kommerziellen TV-Sender empfangen und guckte mir nachts, nach dem Ende des RTLplus-Programms, die Videos auf Tele 5 an. Das war auf die Dauer anstrengend, denn manchmal liefen wochenlang fast immer dieselben Clips. Am besten war noch die Stax/Volt-Show mit einem Otis Redding in Höchstform.

Auch waren die Nächte nicht schlecht, in denen nur Songs von Toten zu hören waren, von Elvis über T. Rex bis Steve Marriott (Small Faces). Doch guckt euch einmal als Erwachsene jede Nacht stundenlang Teeniegruppen wie New Kids on the Block oder Boys Next Door an!

Das wurde ich leid und wollte zum Dampfradio zurückkehren, aber aus dem »Nachtrock« war die »Popnacht« geworden, wobei mir bis jetzt noch niemand den Unterschied zwischen Rock und Pop erklären konnte. Wo fängt das eine an, hört das andere auf? Nicht mehr so eigenwillige Leute wie Gitti Gülden (NDR) und Alan Bangs (WDR) spielten bundesweit ihre Platten, sondern geschmacklose Discjockeys sagten die CDs an, die ihnen irgendwelche Redakteure in die Röhre geschoben hatten.

Ich schaltete ab, mein Fernseher wurde verkabelt, und ich konnte nun auch MTV reinkriegen, während Tele 5 die Videos eingemottet hatte. Wenn man die ganze Zeit nur Clips guckt, wird man irgendwann auf der Klippschule landen, weil die Anhäufung der schnellgeschnittenen Bilder einfach zu verwirrend ist. Andererseits hatte ich auch keine Lust, mir auf den anderen Kanälen elendige Pornos mit Sascha Hehn oder die 23. Wiederholung von »Der Chef« beziehungsweise »Dr. med. Marcus Welby« anzutun, deren Erstausstrahlung ich schon vor gut zwanzig Jahren miterlebt hatte. Also zurück zum Radio von Schaub-Lorenz, das noch aus einer Zeit stammte, als man bei Kabel in erster Linie an die gleichnamige Schauspielerin vom Ohnsorg-Theater dachte.

Leider ist der BFBS nachts fast nur noch Top-40-orientiert. Daher wollte ich wissen, ob sich die »Popnächte« der ARD nicht doch gemausert hatten. Eine Woche lang, jede Nacht um fünf nach zwölf, schaltete ich WDR 1 ein und war erst mal überrascht, dass die Sendung jetzt die ganze Nacht lief und nicht mehr nur zwei Stunden. Nun also werktags bis fünf und an den weekends bis sechs.

Da ich Schlimmes befürchtet hatte, nahm ich mir ein paar Bücher mit, die ich im Lauf der Woche lesen wollte, denn Hören allein, das hatte ich schon festgestellt, kann einschläfernd sein. Lektüre (und Schreiben) hingegen hält mich immer wach. Allerdings dürfen die Bücher nicht zu schwierig sein. So klappte ich den Roman von Djuna Barnes mit dem bezeichnenden Titel »Nachtgewächs« nach einigen Seiten zu und griff nach Bukowski.

Nachts ist Literatur light gefragt, obwohl ja die leichte Welle zu Ende geht und medium populärer wird. Irgendwie medium ist auch die ARD-»Popnacht«. Hat noch zum Jahreswechsel ein Hamburger Journalist in einer Kölner Zeitschrift das Sterbeglöcklein für den Mainstream läuten gehört, weil in den amerikanischen Charts die Genres wie Hip-Hop, Seattle, Heavy Metal und Country & Western die vorderen zehn Plätze einnahmen, so feiert der Mittelstand in der ARD fröhliche Urständ, als sei nichts geschehen.

Ich werde die ganze Woche fast nur Mainstream hören, keinen Rap, es sei denn, man zählt wie Daniela Burmeister (oder ihr Ghostwriter) nasty Quincy Jones dazu, kaum Heavy Metal, höchstens die kanonisierten Deep Purple. Auch die Countrymusik führt ein Schattendasein. Als Alibi spielt Dagmar Fulle (oder so ähnlich) vier durchgesetzte Stücke. Überhaupt wird in der Regel das Schräge vermieden, wenn sich auch der Redakteur mal vergisst und Neil Young durchgehen lässt. Natürlich ist ihm der brave Eric Clapton mit seiner Opel-»Layla« (oder sollte ich sagen: Leier) lieber.

Zwar darf in der ARD nachts nicht geworben werden, doch die Songs aus der Fernsehreklame werden lang und schmutzig gespielt. Ich höre in einer Nacht: Die Mamas und Papas, »Instant Karma!«, die Ronettes und »I'm Walkin'«, was mich aber nicht reizen kann, mich bei C&A einzukleiden, in Nikes rumzulaufen, Levi's zu tragen und Aral zu tanken. Natürlich sind auch die Volkswagen von Genesis dabei. Die sind massenkompatibel, und ich frage mich, ob in den nun freigegebenen FBI-Akten über Lohnsteuern drinsteht, wie viel die Beatles sich reingetan haben von VW, weil sie sich nach dem Käfer benannt hatten.

Jede Nacht ist ein anderer Sender federführend. Die Sendungen sind sich aber zum Verwechseln ähnlich, wobei auffällt, dass von Montag bis Donnerstag nur junge Damen ansagen, Frau Burmeister gleich für zwei Häuser, und alle spielen im Grunde dasselbe Programm, wenn es auch aus verschiedenen Songs zusammengesetzt ist. Immer Middle of the Road, Chris Rea, Huey Lewis, Chicago, Madonna, John Farnham (you name them). Mal rutscht Def Leppard dazwischen, die übrigens auch bei Tele 5 in der Toten-Reihe liefen, obwohl ihr Schlagzeuger nur einen Arm verloren hatte. Manchmal werden Oldies eingestreut, aber auch meistens Sachen, die man schon tausendmal gehört hat, bis auf »Nashville Cats« von The Lovin' Spoonful vielleicht.

Ein Konzept erkenne ich nur am Dienstag beim SFB. Anja Caspary (oder so ähnlich) spielt meistens mehrere Sachen, die zusammenpassen, also nach dem »Goldenen Reiter« von

Joachim Witt kommt Neue Deutsche Welle (anno 82), hier: Extrabreit. Von Fish legt sie beispielsweise seine Version von »Something In The Air« ein, anschließend das Original von Thunderclap Newman, und weil das von Pete Townshend produziert wurde, folgt was von The Who. So spielt sie später »Paranoïa« von Véronique Sanson und das auf der Hand liegende »Paranoid« von Black Sabbath, aber leider setzt sie nicht mit dem Gegenmittel »Lithium« von Nirvana nach, das jetzt angezeigt wäre.

Dafür featured sie jede Stunde einen klassischen deutschen Schlager wie »Heißer Sand«, »Heimatlos« und »Mama Leone«. (Leider nichts von meinem Favoriten Willy Hagara.) Wer übrigens meint, der Freund des guten deutschen Schlagers käme bei dem parallel von der ARD ausgestrahlten »Nachtexpress« auf seine Kosten, irrt. Stichproben von mir ergaben, dass hier weiterhin die Klientel von Uwe Hübner (»ZDF-Hitparade«) bedient wird. Ich dreh am Knopf und hör Katja Ebstein, Andy Borg und Hanne Haller.

Am Donnerstag frage ich mich, für wen eigentlich diese Sendung gemacht wird. Ich stelle mir vor, wer jetzt alles zuhört: Wachleute wie ich und Autofahrer. Ich hab aber das Gefühl, dass ihnen die Sendung mit Paul McCartney, Bruce Springsteen, Alan Parsons, OMD, den Eagles und anderen Langeweilepetern eher den Schlaf bringt, als sie auf Zack hält. Ich mach mir gegen halb vier 'ne starke Tasse Tchibo, eine Stunde später ist die Nacht gelaufen, wenn die überregionale Presse angeliefert wird.

Heute ist Samstag. Weil gestern Freitag war, spielt der DJ natürlich das mittelmäßige »Friday I'm In Love« von The Cure.

Da fällt mir ein Höhepunkt in meiner Karriere als Wachposten ein. Als ich vor Jahren ein Auge aufs Rathaus zu werfen hatte, sah ich bestürzt, dass an verschiedenen Stellen jemand gesprüht hatte: »Happy Birthday Robert Smith«. Smith? Smith? – Der Name kam mir irgendwie bekannt vor. Ich hielt ihn für ein Pseudonym von Adolf Hitler, weil der am selben Tag Geburtstag hatte. Erst im »Rock-Lexikon«, das doch zu was gut ist, fand ich die wahre Identität heraus.

Ich bin gespannt, ob ich bis Montagmorgen durchhalten werde. Ich glaube kaum, denn im Moment läuft wieder eine Sequenz mit Einschläferern wie Cocker, Cohn und Roxy Music. Ich lass aber den Apparat laufen. Vielleicht tut mir ja jemand den Gefallen und spielt morgen früh »Wake Up Little Darlin'« von Timbuk 3 und schließlich, am Wochenbeginn, »Monday Morning Rock« von Marshall Crenshaw. Aber ich fürchte, Daniela Burmeister hat von denen noch nie was gehört.

Bob Dylan & Buddy Holly
Kein Vergleich

Genau vor einer Woche kam der Desorganisator dieser Veranstaltung, Kixon Altenhövel, mit dem Drahtzieher vom *Marabo*, Wolf Schwartz, der sich nach dem rumänisch-amerikanischen Poeta doctus Delmore Schwartz (»A Season In Hell«) oder nach Andy Schwartz vom *New York Rocker* benannt haben mag, tief in der Nacht auf allen Vieren zu mir ins Schauspielhaus angekrochen und meinte: »I want you«. Obwohl ich den neuesten Wetterbericht nicht kannte, wusste ich sofort, woher der Wind wehte. »Du musst bei unserer Dylan-Feier an seinem 50. Geburtstag nächsten Freitag im Kulturbahnhof unbedingt einen Vortrag halten!« »Du hast vielleicht Nerven! Warum denn gerade ich?« fragte ich ihn. »Ich denk, du hast Referenten genug, sogar welche aus dem Ausland, und Geier Furzpflug singen auch. Außerdem weißt du aus unserer gemeinsamen Schulzeit auf dem hiesigen Lessing-Gymnasium, dass ich mit Robert Zimmerman seit 25 Jahren nichts mehr am Hut habe.«

»Aber du hast doch 84 in drei Wochen den Roman ›Peggy Sue‹ in die Maschine gehackt, der dann für einen Heiermann von Zweitausendeins wie Sauerbier angeboten werden musste«, erinnerte mich Kixon. »Und du hast in Köln gleichzeitig mit Alfred Biolek ins selbe Urinal geschifft. Du hast in einem Flieger von Paris nach London neben Jane Birkin gesessen, ohne ihr an die Wäsche gehen zu können, und hast anschließend im Hammersmith Odeon Motörhead hinter der Bühne unter den Tisch gesoffen. Du hast den selbst ernannten ›Niedermacher‹ Heinz Rudolf Kunze ein bisschen tiefer gehängt, worauf der dich in einem offenen Brief an den *Musikexpress* als ›Aufsatz-Ayatollah‹ beschimpft hat, der ›Unzucht mit Abwesenden‹ betreibt. Außerdem hättest du in Amsterdam Lou

Reed interviewen können, wenn du nicht einen Tag zu spät Erster Klasse auf Kosten der RCA angereist wärst.«

Er ratterte mein gesamtes Gonzo-Œuvre runter. »Und last not least hat ›KONKRET SEXUALITÄT‹ unzensiert deine Story ›Kalter Bauer in Bochum‹ erscheinen lassen. Auf so was stehen wir!« Er holte Luft: »Mach für uns doch so 'ne Art ›Bob Dylan in Langendreer‹. Du brauchst auch meinetwegen gar nichts über Dylan zu erzählen. Zieh einfach dein Buddy-Holly-Ding durch. Aber mach irgendwas!«

»Das hört sich schon besser an«, antwortete ich. »Aber wo ist der Haken bei der Sache?« »Du musst den Kölner Vorstadt-Dylan Niedecken von BAP mitabwickeln.«

Da bekamen meine Augen einen seltenen Glanz, und der Lou Reed in mir sagte: »If you need someone to kill / I'm a man without a will.« Dann jedoch meinte ich, der Niedecken erledigt sich von selbst. »Ich kenn außerdem von BAP so gut wie nichts, weil ich normalerweise immer abschalte, wenn die kommen. Ich hab die nur mal in ›Wetten, dass ..?‹ – damals noch mit Frank Elstner – gesehen, und als die einen zum Besten gaben, sprang der Stargast des Abends, Fürstin Gloria von Thurn und Taxis, aus ihrer Sitzgarnitur hoch und hottete sich auf der Bühne einen zu deren Musik ab. Ich fand, diese beiden Ekelpakete passten gut zusammen.«

Außerdem hatte ich ein Interview gelesen, dass Niedecken für die *WAZ*-Gruppe (BWZ) mit Werner Höfer geführt hatte, kurz bevor der wegen seiner Schreibtischtätigkeit beim Adolf zwangspensioniert wurde. Darin bezeichnet sich Niedecken als »Universaldilettant«. Diesen Begriff hatte er von mir geklaut, nachdem er in »Staccato«, einer 1982 erschienenen Anthologie, im Vorwort des Herausgebers Diedrich Diederichsen erfahren hatte, dass das die richtige Bezeichnung für mich sei.

Das hatte auch die Bundespost eingesehen und sie im Telefonbuch unter meinen Namen gesetzt. (Ich selbst hatte den Begriff 75 von dem Kunst-Weltmeister Timm Ulrichs aus Münster abgekupfert.) Ich hatte aber wirklich keine Lust, mich mit Niedecken zu beschäftigen, doch fiel mir ein, dass ich mal aus nächster Nähe das Weiße in seinem Auge gesehen hatte. Das war, als ich noch Nachtwächter in der Ruhrlandhalle war.

Ich wollte gegen zehn meine Schicht antreten, kam aber an diesem Abend nicht in meinen Bau rein. Die Leibgarde von BAP, die an diesem Abend vor ausverkauftem Haus ein Konzert gaben, hielt alle strategisch wichtigen Punkte besetzt und wollte mich nicht reinlassen, weil ich keinen maschinenlesbaren Backstagepass besaß. Das war mir bis dahin noch bei keiner Veranstaltung an der B1 passiert. Erst als der Hallenchef intervenierte, durfte ich meinen Dienst beginnen und verkroch mich in einer Ecke, wo ich nichts von dem Auftritt mitbekam. Als der Gig nach der 15. Zugabe endlich zu Ende war und die Halle sich geleert hatte, guckte ich mir an, wie die Roadies die eigens mitgebrachte Bühne (weil die hauseigene ein paar Zentimeter zu niedrig war) abbauten.

Niedecken war anscheinend noch in der Garderobe. Was mich wunderte, war, dass gar keine Groupies auf ihn lauerten. Oder war er schon damit dran? Nein. Gegen eins kam er allein durch den einzig möglichen Ausgang, und die Bochumer Frauen stiegen in meiner Achtung. Unverrichteter Dinge verschwand er nebenan ins Novotel. Armes Deutschland. (Da hatte ich mit Motörhead doch ganz andere Dinger erlebt.)

So'n Langweiler, den man zudem mit seinem Kölsch nicht mal verstehen kann – darin Dylan ähnlich –, dafür war mir meine karge Freizeit zu schade. Aber dann fiel mir ein, dass ich ihn noch mal im Fernsehen erlebt hatte, nämlich als er auf der Loreley zum Abschluss einer »Rockpalast«-Übertragung zu einer Jamsession mit David Lindley und Rory Gallagher antrat, die Peter Rüchel, der WDR-Produzent, stets den Künstlern in ihren Vertrag diktiert hat. Niedecken sang – wenn man es so nennen will – den Dylan-Song »Knockin' On Heaven's Door«, das reinste Sakrileg. (Aber ihr merkt, so langsam komm ich zum Thema.)

An diesem Tag begann der Anfang vom Ende des einst verdienstvollen »Rockpalastes«: Indem Rüchel nicht mehr nur vor der Plattenindustrie kapitulierte, sondern auch einen Kotau vor dem Pöbel machte. Und es ist ja bezeichnend, dass später ausgerechnet die Schleimscheißer von BAP die letzte Band waren, die im letzten »Rockpalast« in der Grugahalle aufspielen sollte. Wirklich das allerletzte. Da hatte der Ansager Alan Bangs schon längst in den Sack gehauen, auch wegen einer Loreley-Veranstaltung. Hasserfüllt spielte er im »Nightflight«, am Abend nach seinem Rausschmiss, in Richtung Rüchel die Ballade »Positively 4th Street« von Bob Dylan, in der es am Schluss heißt: »Yes, I wish that for just one time / You could stand inside my shoes / You'd know what a drag it is / to see you.«

Ich hatte weiterhin nicht die geringste Neigung zu diesem Vortrag, aber ich wollte doch etwas über die erbärmliche Provinzialität der deutschen Musikergarde ablassen, indem ich nur ein paar Namen von Leuten, die von speichelleckenden deutschen Schreibern in einem Atemzug genannt werden, einfach nebeneinander stelle: Randy Newman und Heinz Rudolf Kunze, die Brillenschlange, Mick Jagger und Müller-Westernhagen, der Dünnbrettbohrer, Bob Seger und Klaus Lage, der Sozialarbeiter, Bruce Springsteen, der Boss, und Wolf Maahn, der Angestellte, Frank Sinatra und Harald Juhnke, die Flasche, Johnny Cash und Blixa Bargeld, die eingestürzte Ruine, The Beach Boys vom Pazifik und die Strandjungs vom Ümminger Teich, die wahrhaft Toten Hosen und The Grateful Dead, über deren letztes Konzert ich gerade im *New Musical Express* (*NME*) vom 4. Mai gelesen hatte: »The Grateful Dead's series of Atlanta concerts climaxed in 57 drug arrests. Undercover Police officers say they seized 4856 hits of LSD the size of postage stamps, 29 bags of hallucinogenic mushrooms, 18 cylinders of nitrous oxide as well as cocaine and marijuana.«

Hier, in diesem ungemütlichen Saal, könnte die Polente wahrscheinlich noch nicht mal ein Sieben-Minuten-Pils beschlagnahmen. Bleiben noch Billy Joel und Herbert Grönemeyer, die Currywurst. Schließlich Bob Dylan und Niedecken, zu dem mir nur noch einfällt, dass er sich vor ein paar Monaten noch über jede Schüppe in Nicaragua aufgeregt hat, die zu laut umgefallen ist. Ich hab aber weder von ihm noch von seinem Stallgefährten Grönemeyer öffentlich vernommen, dass sie sich bei ihrer gemeinsamen Plattenfirma darüber beschwert haben, dass dieser Konzern, EMI Electrola, mit »10 kleine Negerlein« von Time To Time durch und durch rassistisches Liedgut unter die Leute bringt, und es ist von dieser Firma auch noch kein Dementi erfolgt, dass einer ihrer Manager – laut WDR 2 – gesagt haben soll, man würde auch etwa »Zehn kleine Juden« rausbringen, wenn genug dabei rausspränge.

Wahrscheinlich haben die beiden Kölner Sänger jetzt genug damit zu tun, in den angeschlossenen Ländern abzuräumen. Hörbie ist längst kein Bochumer mehr. Als mir diese Gedanken hochkamen, hatte ich endgültig keinen Bock mehr und sagte Kixon ab. Außerdem wird Dylan, zumindest in Essen, von der *Bild-Zeitung* gesponsert (BAP übrigens von Camel Filter – es ist eben alles reine Geschmackssache).

Ich habe mit der *Bild-Zeitung* eigentlich keine Schwierigkeiten. Ich les sie jeden Morgen nach meinem Nachtleben, weil ich wissen will, was die Leute denken sollen. Ich hatte sogar mal 'ne Freundin bei *Bild*/Hannover, mit der ich auch übernachtet habe, und ich wette, dass der Mann, der in den dortigen Büros Hans Esser war, nie 'ne Olle von diesem Ätzblatt in die Falle gekriegt hat. (Doch das nur am Rande.) Ich dachte aber nun an meinen Kontostand bei der Volksbank und fragte meinen beleibten ehemaligen Klassenfeind mit der Dylan-Phrase: »And say, do you want to make a deal?« »Was tut *DIE WELT* am Freitag für mich raus?« Schwartz, der Hauptkassierer, bot 150 Mark. »Nix zu wollen. Ich bin in der IG Mädchen organisiert.«

Er zögerte und erhöhte auf 200 Piepen. »Wenn du willst, kleine alte Scheine ohne diesen neuen Lametta.« Da fragte der Lenin von 1902 in mir: Was tun? Und der Buddy Holly von 1958 sang in mir: What to do? Worauf der Jerry Rubin in mir, der sonst keinem über dreißig traut, mich kurz und bündig aufforderte: Do it! Und als ich dann Anfang der Woche von meinem Freund und Kupferstecher Wolfgang Körner, dem Autor des einzig wahren Drogenreaders, der gerade aus Lubbock/Texas eingeflogen war, erfuhr, dass DO IT auch die letzten beiden Worte sind, die der am Schluss durchdrehende schizophrene J. R. Ewing (J. R. sind auch die Initialen von Jerry Rubin) in der allerletzten »Dallas«-Folge zu sich sagt, bevor er *diesen* hier macht und sich wie weiland der Gladbecker Geiselgangster Rösner in Bremen-Vegesack an der berühmten Bushaltestelle vor laufenden TV-Kameras eine 9-mm-Browning ins Gesicht steckt, meinte schließlich der Erich Rutemöller zu dem Frank Ordenewitz in mir »Dann machet!« (Ingrid, dies ist kein Insider-Joke aus dem Kohlenpott, sondern aus der Bundesliga. Jeder Fan wird diesen eher rheinischen Scherz erklären können.)

Ich schlug ein. Aber was Tiefschürfendes zu Dylan dürft ihr heute nicht von mir erwarten. Da müsst ihr euch die letzte *konkret* kaufen, wo über ihn ein Essay von besagtem Diederichsen drinsteht, oder die *Frankfurter Allgemeine* von heute, in der ihr einen tiefschürfenden Artikel unter dem Titel »Harlekin und Heiliger« von einem Detlev Reinert findet. Oder guckt morgen mal in die Wochenendbeilage von der *Süddeutschen* rein, in der sich Wolfgang Höbel (früher, glaub ich, beim *Spiegel*) ähnlich auslassen dürfte: »Halb Hofnarr, halb Heiliger (Sinnsuche im abwegigen Gelände. Die Rätsel von Bob Dylan)«.

Und wer in der heutigen *Bild* nicht mitgekriegt hat, »Was Bob Dylan und Helmut Kohl gemeinsam haben« (Schlagzeile), wird sicher die ganze Seite gelesen haben, die die *taz* dem Phänomen eingeräumt hat.

Ich selbst hatte nur ’ne knappe Woche Zeit, mich auf diesen Abend vorzubereiten. Ich mein, war das Datum von Dylans rundem Geburtstag an die fünfzig Jahre bekannt? Ich bin, offen gesagt, im Grunde nur hier wegen dem Geld. – Da fällt mir ein, Kixon, dass wir abgemacht haben, dass ich wie Chuck Berry den

Zaster vor meinem Auftritt kriege, und jetzt ist er gleich schon wieder zu Ende. »Brauchsse nich nachzählen. Stimmt.« »Ich trau dir nich, wir hatten denselben Mathelehrer.«

Ich hab dann ein paar Nächte lang überlegt, wann mir Dylan über den Weg gelaufen ist. Das erste Mal war es am 3. April 1965, zu einer Zeit, als die Männer ihre Schwänze nur vorne in der Hose hängen (oder wenn's hochkam, stehen) hatten und nicht auch welche am Hinterkopf trugen, damals, als die Taxis noch schwarz waren und die Zahnpasta weiß. (Ihr merkt, hier spricht ein Dichter vom Range Bob Dylans.)

Ich weiß es noch wie gestern: Es war gegen 23 Uhr 15. Mitte der sechziger Jahre wurden die englischen Top Twenty vom BFN samstags von elf bis zwölf Uhr nachts gesendet, mit Terry James am Mikrofon, dessen angenehme Stimme mir heute noch gegenwärtig ist. In dieser Zeit konnte man in einer Stunde ungekürzt zwanzig Platten ohne weiteres unterbringen. Ich lag da mit zwölf in unserem Kinderzimmer, das ich mit meinem älteren Bruder Heinz-Jürgen teilte, der an diesem Abend wahrscheinlich gerade im Schuppen, in der Palette oder in der Kulisse am Tanzen war.

Das Kofferradio von Schaub-Lorenz, das ich heute noch bei meiner Arbeit benutze, lag unter meinem Kopfkissen, weil sich die Lautstärke nicht mehr regulieren ließ, und ich war ganz Ohr. Ich hörte die letzten fünf der Hitparade: P. J. Proby, Gerry and the Pacemakers, The Hollies (sic!), Petula Clark und Keely Smith, bis auf die letztgenannte alle unvergessen. Und dann stieg auf Platz 15 ein näselnder Junge mit der Mundharmonika ein, dessen Namen ich nicht kannte und von dessen Song ich kaum ein Wort verstand. Wie sich nachher rausstellte, handelte es sich um Bob Dylan und »The Times They Are A-Changin'«.

Ich war in diesem Augenblick hin, obwohl ich anders als ihr nie ein Dylan-Fan (was ja auch die Abkürzung für Fanatiker ist) werden sollte und nur eine einzige LP von ihm kaufen würde. Die moderne Folk Music erlebte in jener Woche in England ihren Durchbruch, denn Donovan, dessen »Catch The Wind«

mir sogar in dem Moment noch besser gefiel als Dylans Gezeiten, sprang gleich von null auf Platz 7.

Bis dahin hatte ich nur drei (amerikanische) Folk-Sachen mitgekriegt: »Tom Dooley« vom Kingston Trio, »Michael Row The Boat Ashore« von den Highwaymen und »Blowin' In The Wind« von Peter, Paul & Mary, wobei ich natürlich nicht wusste, dass auch dieser Blowjob aus Bob Dylans Feder stammte. (This choke's for you, Barbara. Fragt sich nur, für welche.)

Jedenfalls: Ich werde diese Nacht im Kinderbett nie vergessen, ohne dass ich genau erklären kann, warum, und ich frage mich, was wohl heute bei den Teens hängenbleibt, wenn sie auf MTV zum ersten Mal den neuesten Song von Jason Donovan oder von Michael Jackson sehen, wahrscheinlich nur ein nasser Schlüpfer.

Irgendwo schien in den Staaten ein Nest zu sein, denn im Sommer konnten sich auch die spröde Dylan-Freundin Joan Baez mit »There But For Fortune« und The New Christy Minstrel Barry McGuire mit P. F. Sloans apokalyptischem »Eve Of Destruction« hoch in den englischen Charts platzieren. Ich hörte Dylan weiterhin gerne, aber so ging es mir mit fast allem, was aus England über den Äther kam. Ich mochte sogar Jim Reeves, Ken Dodd und die Bachelors gut leiden. Na ja, die Bachelors doch nicht so.

Die Wahl fiel mir bei den finanziell selten möglichen Plattenkäufen meist nicht leicht, und so entschied ich mich 66 auch nur schweren Herzens für »Pet Sounds« von den Beach Boys und »Revolver« von den Beatles und gegen »Blonde On Blonde« von Dylan. Zuvor schon war »Like A Rolling Stone« erschienen, von dem ich erst annahm, es sei ein Song über Mick Jagger. Es war mit fast sechs Minuten die mit Abstand längste Nummer, die bis dahin im Popbereich erschienen war. Und sie zeitigte Folgen. Die Top 20 passten nicht mehr ungekürzt in eine Stunde.

Heute braucht der BFBS für die Top 40, also die doppelte Anzahl Hits, die dreifache Sendezeit. Angeblich führte Dylan den Beatles LSD zu, was bei ihnen das sogenannte Pepper-Syndrom ausgelöst haben soll, von dem sie sich nicht mehr erholt haben. Jedenfalls gingen sie nach Indien. Ihre Musik wurde psychedelisch, und viele zogen nach. Dylan selber täuschte einen Motorradunfall vor, um eine zweijährige Entziehungskur antreten zu können. Die *Musik Parade* fragte sich damals: »Warum versteckt sich Bob Dylan?«

In der, wenn man so will, *bürgerlichen* Presse stand in jenen Tagen, anders als heute, kaum was über Popmusik drin, höchstens über ihre Auswüchse, wenn zum Beispiel in Berlin Stones-Fans in der Waldbühne die Möbel anspitzten. (Wo gibt's übrigens in der heutigen Musikszene noch Hooligans?) Wahrscheinlich hätte Axel Springer, dem wir ja mehr oder weniger das nächste Dylan-Konzert im Ruhrgebiet zu verdanken haben, damals Dylan, wenn er ihn gekannt hat, mit Rudi Dutschke und noch ein paar Gammlern am liebsten als Kanonenfutter nach Vietnam geschickt.

Als Dylan wieder clean war, nahm er die LP »Nashville Skyline« auf, die ich mir vom Bertelsmann-Schallplattenring zugehen ließ, aber eigentlich nur, weil Johnny Cash mitsang, der gerade in San Quentin »A Boy Named Sue« aufgenommen hatte. Es war denn auch dieser Countrysänger und nicht Dylan, den ich mir vor zwanzig Jahren in der Westfallenhalle ansah. Das Ticket kostete die für damalige Verhältnisse horrende Summe von 26 Mark, die ich aber gerne abdrückte, denn Carl Perkins spielte mit, wegen dessen fetischistischer blue suede shoes ich immer blaue Wildlederschuhe trug.

Im September 1970 fuhr ich zum ersten Mal, mit meiner Abiturklasse, nach London. (Unser Freund Kixon durfte aus disziplinarischen Gründen nicht mit.) Ich kaufte mir in Soho ein paar Scheiben von dem bereits am 3. Februar 1959 tödlich verunglückten Amerikaner Buddy Holly, dessen Fan ich posthum geworden war (siehe »Buddy Holly auf der Wilhelmshöhe«). Meine Brieffreundin – a girl named Sue –, die mehr auf Northern Soul stand, kam runter aus Bochums Partnerstadt

Sheffield. Da ihre Mutter, die ich im Jahr darauf kennenlernen sollte, Peggy hieß, betitelte ich meinen ersten Roman »Peggy Sue«, also nicht nur nach Buddy Hollys größtem Erfolg.

Ich kaufte an dem Tag, als Jimi Hendrix unweit starb, in der Dean Street die LP »That'll Be The Day« mit Holly-Songs, die ich in dieser Version noch nicht gehört hatte. Da war ein Titel drauf, der mir heute, da ich nachts arbeite, noch immer viel bedeutet: »Midnight Shift«, über den Greil Marcus – der Autor des berühmten Buches »Mystery Train«, wie ich später herausfand – am 28. Juni 69 im *Rolling Stone*, einer Zeitschrift, die nach dem Dylan-Song benannt ist oder nach Jagger & Co. oder auch nach einem Blues von Muddy Waters, geschrieben hatte, er sei »simply what we know as pure Dylan.« Er führte folgende Zeilen, die man jetzt natürlich hören müsste, als Beleg an: »if she tells you she wants to use the cahh / Never explains what she wants it fahh.«

Nach der Reifeprüfung verließ ich die Wilhelmshöhe, die Zechensiedlung, in der ich auch heute noch beziehungsweise wieder wohne, hier bei Opel den Berg hoch, in der Freizeit nur noch zu Auswärtsspielen des SuS, bei dem ich in der Bezirksklasse als linker Verteidiger kämpfte, und um zu Mrs Jepsen nach London zu fliegen. Ich sah mir da jede Menge Filme, Theaterstücke und Konzerte an. Außerdem legte ich mir etliche Platten zu.

Dylan ließ ich dabei links liegen. Ich wusste auch gar nicht, was der damals so sang, denn im Radio wurden seine Sachen kaum noch gespielt. Er konnte sich nur noch selten und dann auch nur in den unteren Regionen der Hitparaden wiederfinden. Die eine oder andere Melodie aus Buddy Hollys Nachlass erschien noch, meist jedoch nachträglich von seinem damaligen Produzenten Norman Petty verunstaltet.

Auch sonst beschaffte ich mir fast nur Oldies aus den fünfziger Jahren: Von Elvis, Chuck Berry, Eddie Cochran, Gene Vincent, Johnny Burnette, Neil Sedaka, eben Carl Perkins und wie sie alle hießen. Eine halbe Ausnahme waren The Bunch. Das war das Rock-'n'-Roll-Pseudonym für die Folkrocktruppe Fairport

Convention, die unter diesem Decknamen eine Reihe Standards ihrer frühen Helden eingespielt hatten. Sandy Denny, eine der Sängerinnen, die sich später bei einem Treppensturz das Genick brach, sang auf diesem »ROCK ON«-Sampler drei Songs von Buddy Holly.

Da ich das jetzt schreibe, fällt mir ein, dass sie 1969 auch die französische (!) Fassung von Bob Dylans »If You Gotta Go, Go Now« – »Si tu dois partir« – gesungen hat, den einzigen Hit von Fairport C. Ich möchte an dieser Stelle bestätigen, dass die Losung »Keiner singt Dylan so wie Dylan selbst« stimmt – fast alle anderen singen ihn besser.

Man denke nur an »If You Gotta Go, Go Now«, »Just Like A Woman« und »Mighty Quinn« von Manfred Mann mit verschiedenen Leadsängern (Paul Jones und Mike d'Abo), an »It Ain't Me Babe« von den Turtles, »Don't Think Twice, It's All Right« von Esther und Abi Ofarim, an »It's All Over Now, Baby Blue« von Them featuring Van Morrison, natürlich an »Mr. Tambourine Man« von den Byrds, aber auch an »All I Really Want To Do« von shoop shoop Cher, vor ihrem ersten chirurgischen Eingriff, an »This Wheel's On Fire« von Julie Driscoll. Und auch Jimi Hendrix' Version von »All Along The Watchtower« ist dem Original weit überlegen. Selbst Rod Stewart (»Only A Hobo«) holt mehr aus Dylan raus als Dylan selber.

Ich besorgte mir bei einem meiner seltenen Ausflüge von der Bochumer Innenwelt in die Außenwelt der Innenwelt in der Buchhandlung Brockmeyer, die 72 neben dem legendären Rub-Pub lag, wo damals Kixon Bier gezapft hat, Peter Handkes Versuch über seine Mutter, »Wunschloses Unglück«, dem er ein Motto von Dylan vorangestellt hatte: »He not busy being born is busy dying.« Ein paar Jahre drauf sah ich eine szenische Lesung davon, unter dem Titel »A Sorrow Beyond Dreams«, im National Theatre am südlichen Themseufer.

Es war wohl in demselben Jahr, dass ich beim Fußball einen Knöchelbruch erlitt und ins Knappschaftskrankenhaus eingeliefert werden musste. Da schenkte mir unser Trainer Hubert Chroscinski, ein freundlicher Bulle von Beruf, den neuesten Schinken von Johannes Mario Simmel, »Die Antwort kennt nur der Wind«. Der Autor bedankte sich im Impressum bei Dylan und seinem Verleger, dass er »Blowin' In The Wind« übersetzt als Titel benutzen durfte. Ich rümpfte damals die Nase. Heute würde ich gerne so gut wie Simmel schreiben können. Dann hätte ich auch neben Boris & Barbara ein Chalet in Monte Carlo.

Franz Schöler, ein anerkannter Dylan- und Buddy-Holly-Experte gleichermaßen, empfahl in der *Zeit* den mir völlig unbekannten englischen Singer-Songwriter Phillip Goodhand-Tait, der angeblich Popsongs im Stile von Buddy Holly schrieb. Sie hörten sich aber, als ich sie mir, neugierig geworden, zugelegt hatte, aus meiner Warte, eher so an, als seien sie unter dem Einfluss von Bob Dylan entstanden. Ein Song von Goodhand-Tait – und später eine ganze LP – hieß »Jingle-Jangle Man«, den man getrost als eine Variation von Dylans »Tambourine Man«-Thema auffassen darf. Ich las im *NME*, den ich mir, wenn ich nicht gerade in England war, hier in diesem Bahnhof, da vorne, wo jetzt die Garderobe ist, jede Woche gekauft hab, dass in eins von Goodhand-Taits Konzerten in L. A. Dylan händchenhaltend mit Joni Mitchell reingeschlendert war.

Da wollte ich nicht nachstehen und ihn in England suchen. Bereits eine halbe Stunde nach meiner Ankunft in der Victoria station hatte ich ihn gefunden, im DJM-House in der New Oxford Street. Ich kriegte erst keinen Ton raus. Den Dylan-Fans unter euch würde es in einer ähnlichen Situation nicht anders gehen. Er erzählte mir, nachdem ich mich als Buddy-Holly-Anhänger, wenn nicht gar -Abhängigen zu erkennen gegeben hatte, dass er neben dessen »Everyday«, das auf »Songfall« erschienen war, »Peggy Sue«, »Oh, Boy!« und das hellseherische »Rave On« in seinem Live-Repertoire hatte. Er führte an diesem Herbstnachmittag einen Cockerspaniel an der Leine, und ich fragte ihn, wie der Köter hieß, Phillip antwortete: »Dylan«.

Wir blieben bis heute Freunde, und über ihn erschien meine erste Arbeit für ein Buch, ein Artikel im Außenseiter-Lexikon von »Rock Session 5« (rororo), das 81 Walter Hartmann (Darmstadt) herausgab, der danach zur Strafe oder aus Geldmangel das Spätwerk Dylans für Zweitausendeins übersetzen musste. Hartmann wiederum ermunterte mich zu einer längeren Story über die Wanne-Eickeler Vorgruppe, die mir ein Heidengeld einbrachte und in »Rock Session 6« rauskam.

Zu der Zeit war mein Freund Phillip schon als Videoproduzent (Pfund-)Millionär geworden. Ich kam nie dahinter, wie er das aus dem Nichts geschafft hatte. Ob er noch seine Katze hat, die natürlich Holly hieß, weiß ich nicht. Seit Jahren läuft ab und zu im »Mittagsmagazin« vom WDR seine Version von Buddy Hollys »Hertbeat«, für die ich ihm 83 eine deutsche Plattenfirma vermittelt hab (Line Records). Als er mal kurz ein eigenes Label besaß (Gundog), brachte er eine Scheibe von der gleich ihm total unbekannten Rockpoetin Aj Webber in England auf den Markt, die ich 75 im Vorprogramm von Kraftwerk erlebt hatte.

Auf dem Album »Of This Land« war ihre Interpretation von Dylans »Just Like Tom Thumb's Blues« drauf, den ich als alter Ignorant selbstverständlich noch nie von ihm gehört hatte. Diese LP sollte die einzige werden, die ich in *Sounds* unterbringen konnte, bevor sie von der Marquard-Gruppe geschluckt wurden. Dabei unterlief mir noch der Klops, dass ich den Titel verkehrt angab, mit »Of This Country«.

In derselben Woche wie Miss Webber sah ich an gleicher Stelle in der Fairfield Hall, Croydon, neben dem Theater, das den Namen der Dame Peggy (!) Ashcroft trägt, die kurz nach diesem Vortrag sterben wird, Roy Orbison, »The Big O«, der gerade nach dem Tod von ein paar engen Verwandten ganz in Schwarz gekleidet war, wie damals in Dortmund der Johnny Cash, der in den fünfziger Jahren fast gleichzeitig mit ihm in den Sun-Studios in Memphis seine Karriere begonnen hatte, wo auch Elvis the Pelvis seine ersten Songs aufnahm, bevor ihn Colonel Tom Parker fürn Butterbrot rauskaufte und an die

RCA verschacherte, die mir, wie gesagt, 82 meinen Trip Erster Klasse zu einem nicht stattfindenden Interview in Amsterdam spendiert hat.

Seit »Oh, Pretty Woman« 64 hatte Orbison praktisch keinen Hit mehr landen können. Aber das englische Publikum vergisst seine Idole von einst nicht so schnell: die Hütte war voll. Ich hatte mir, wenn schon denn schon, die erste Reihe geleistet, und ich sah: Der war so was von fertig, wenn auch sehr professionell, dass ich nie gedacht hätte, der würde sich noch mal bekrabbeln und Ende der achtziger Jahre solo und als Mitglied der Traveling Wilburys ein großes Comeback an der Seite von Bob Dylan feiern, der ihm, wie mir Kixon gerade, gegen zehn nach drei a. m., am Telefon erzählt hat, schon 25 Jahre vorher Demos von Songs geschickt hatte, die Orbison von ihm aufnehmen sollte, wozu es aber nicht kam.

Nur erlebte der Sänger von »It's Over« seine Wiedergeburt nicht mehr richtig mit, denn er checkte sich vorher endgültig aus, um in die Fußstapfen von Buddy Holly zu treten, der dreißig Jahre vorher Os »You've Got Love« für den Longplayer »The Chirping Crickets« aufgenommen hatte, eine Art Vorgriff auf Orbisons ersten eigenen posthumen Hit »You Got It«.

Bei Foyles, wo ich ein paar Tage rumjobbte, erstand ich mit Rabatt die Jack-Kerouac-Biografie von Ann Charters, die mir inzwischen abhandengekommen ist. Darin fand ich das Foto, auf dem Dylan am Grab des verreckten Autors von »On The Road« steht. Es war ein gutes Jahr in London, denn in dem Sommer erschien »The Buddy Holly Story«, das lang erwartete grundlegende Werk über den bebrillten Texaner, verfasst von dem ebenfalls kurzsichtigen Amerikaner John Goldrosen, den ich im Jahr darauf im »Old Grey Whistle Test« (BBC) sah, der von »Whispering« Bob Harris moderiert wurde, der gleich ab vier in meinem alten Kofferradio auf dem BFBS seine dreistündige »Saturday Show« abziehen wird.

Als dieses Buch 86 endlich auf Deutsch rauskam, druckte der Heyne Verlag auf der Rückseite ein angebliches Zitat von mir, das aus dem eingangs erwähnten »Staccato« stammen sollte, aber fast vollkommen aus der Luft gegriffen war. Dafür hat der Setzer mir einen falschen Vornamen gegeben, und zwar ausgerechnet den, auf den der junge Mann katholisch getauft wurde, dem ihr heute meinen Auftritt zu verdanken habt und dessen Schwester Uschi im goldenen Jahr 67 meine erste große Teenagerliebe gewesen war.

In dieser besten Rockbiografie aller Zeiten, wie der *Rolling Stone* sie einstufte, steht auch ein Ausschnitt aus einem Interview, das Dylan 74 mit dem Nachrichtenmagazin *Newsweek* geführt hat. It goes like this: »Ich trage einfach jene Zeit mit mir herum – die Musik der späten fünfziger und frühen sechziger Jahre, als Musik noch ganz ursprünglich war. Das ist für mich bedeutsame Musik. Die Sänger und Musiker, mit denen ich aufwuchs, sind mehr als Nostalgie – Buddy Holly und Johnny Ace sind für mich heute ebenso von Wert wie damals.« (Wer's noch nicht wissen sollte: Dieser Johnny Ace hat am Heiligabend 1954 einmal zu oft Russisch Roulette gespielt.)

In der zweiten Hälfte der siebziger Jahre waren neue Platten von Buddy Holly nicht mehr zu erwarten, und ich flog auch vorläufig nicht mehr auf die Insel. Immer schwerer fiel es mir, die Wilhelmshöhe zu verlassen. Fast ging es mir wie dem »Prisoner« Patrick McGoohan, der auch nicht mehr aus seinem Kaff entweichen konnte, in der TV-Kultserie »Nummer 6«.

Weil ich dann aber doch irgendwann Asche brauchte, heuerte ich in einem Plattenladen gegenüber dem Hauptbahnhof an. Das einzig Gute daran war, dass ich mir fast alle Scheiben anhören konnte, auf die ich jahrelang scharf gewesen war, die ich mir aber nicht hatte leisten können. Praktisch stand die gesamte lieferbare Pop-Geschichte im Regal.

Ich arbeitete etwa drei Jahre in dem Shop, legte aber nie 'ne Rille von Dylan auf, höchstens »The Last Waltz« von The Band, obwohl ich 77 in einem *Playboy*-Interview mit ihm die Zeile gelesen hatte: »I liked Buddy Holly a lot.« Dann wurde ich von den ELPI-Besitzern an die Luft gesetzt, übrigens mit der Hilfe von einem der linken Anwälte, die diesen Kulturbahnhof hier gesetzmäßig vertreten. Ich schwor diesem Wackernagel-Schwager damals »I will peggy sue you.« (Ich schreib das nur noch mal, weil Kixon mich gerade dran erinnert hat.)

Da war ich schon einige Monate nebenbei für ein lächerliches Zeilengeld Musik- und Literaturredakteur bei dem Stadtmagazin *Marabo*. Eine Dylan-LP, die in meine Ära fiel, delegierte ich an den mittlerweile an Krebs gestorbenen Thomas Eicke, der in Wuppertal mit der *Marabo*-Säzzerin Zewa Moll zusammenlebte, die nunmehr unter ihrem bürgerlichen Hausnamen im WDR-Hörfunk auftritt und mich nicht mehr mit dem Arsch anguckt, obwohl sie mir mehr oder weniger ihre Medienkarriere zu verdanken hat. Thomas schrieb nur, ungefähr, »diese Platte ist genauso blöd wie die letzte.« Das Blatt hat nie wieder so viele böse Leserbriefe zu einem noch dazu so kurzen Artikel gekriegt.

Dylan interessierte mich Anfang der achtziger Jahre überhaupt nicht mehr, und ich bekam nur mit, dass er ein paarmal hin und her konvertiert war. Als mal wieder eine Comeback-Tour ins Haus stand, bat ich Otto Heuer, der eigentlich heute Abend hier sein müsste, auch wenn er in Düsseldorf wohnt, die fällige Story über Dylan zu schreiben, um die die CBS (Sony) den Anzeigenleiter des *Marabo* ersucht hatte, weil sie andernfalls keine Annonce für das Konzert in Dortmund geschaltet hätte. Heute präsentieren Gazetten wie *Prinz*, *Tempo* oder eben *Bild* die Gigs direkt und drucken ihre Anzeigen für sich auf die Plakate. *Bild* präsentiert Bob Dylan repräsentiert *Bild*. (Oder die Beach Boys oder Heino, ganz egal.)

Nachdem ich einen Streit mit dem Chefredakteur vom Zaun gebrochen hatte, weil ich nur noch solche Geschichten erzählen wollte wie diese, wurde ich auch vom *Marabo* geschasst. Da täuschte ich einen Peggy Suicide vor und verschwand von der Bildfläche. Bob Dylan hätte gesagt: »I Threw It All Away«.

Als ich mich wieder eingekriegt hatte und fast wieder der Alte war, der ich heute bin, bat ich aus heiterem Himmel einen befreundeten Buchhändler bei Janssen, von dem ich wusste, dass er Dylanologe war, mir doch eine Kassette mit Dylan-Hits zu ziehen, die ich 65/66 so gerne gehört hätte. Am nächsten Tag konnte ich sie mir abholen.

Zu Hause war ich bitter enttäuscht, denn es handelte sich nicht um die damaligen Originalaufnahmen, sondern um den natürlich schwarzen Mitschnitt eines Konzerts, das wahrscheinlich noch nicht zu Ende war. Als Trost empfand ich es, dass Hans-Jo Bröckermann auf der anderen Seite Bobby Fullers LP »I Remember Buddy Holly« für mich überspielt hatte. By the way: Fuller konnte sich nicht lange erinnern, denn kurz nachdem er das aufmüpfige »I Fought The Law«, das wir eher von The Clash kennen, aber von Sunny Curtis stammt, der die Leadgitarre auf »Midnight Shift« gezupft hatte, also dem Lied, das sich 56 so anhörte wie reiner Dylan, an die Spitze der *Cashbox* gesungen hatte, wurde er mit Benzin im Balg in seinem Cadillac vor seiner Haustür tot aufgefunden.

Zudem gab mir mein Bekannter die Kopie einer Story, die zehn Jahre vorher in der renommierten englischen Zeitschrift *ZigZag* über meinen Freund Phillip erschienen war und die ich noch nicht kannte. Kurz darauf kaufte ich mir eine weitere Nummer vom *Rolling Stone*, weil die Titelgeschichte über Bob Dylan war, für den ich mich nun doch wieder mehr interessierte, was vielleicht eine Frage der Zeit war, weil ich wieder jung beziehungsweise nicht erwachsen werden wollte.

Dylan sagte seinem Interviewer Kurt Loder auf die Frage »Did you get to see any of the original rock & roll guys, like Little Richard, Buddy Holly?« ins Mikrofon: »Yeah sure. I saw Buddy Holly two or three nights before he died. I saw him at the Armory. He played there with Link Wray. I don't remember The Big Bopper. Maybe he'd gone off by the time I came in. But I saw Ritchie Valens. [Er und der Big Bopper stürzten zusammen mit Holly ab.] And Buddy Holly, yeah. He was great. He was incredible. I mean I'll never forget the image of seeing Buddy Holly up on the bandstand. And he died – it must have been a week after that. It was unbelievable.«

Das ist zum Teil Blödsinn. Buddy Holly hat wahrscheinlich nie im Leben mit Link Wray (»Rumble«) gespielt, schon gar nicht auf der letzten fatalen Tour. Das wüsste ich. Dylan verwechselt ihn anscheinend mit dem blutjungen Waylon Jennings, der später als sogenannter Outlaw ein Country-&-Western-Superstar wurde. Holly hatte ihn entdeckt, eine Cajun-Single mit ihm produziert (»Jole Blon«) und ihn für seine backing group als Bassisten engagiert, die in total neuer Besetzung immer noch als The Crickets firmierte.

Auf der anderen Seite stimmt es, dass Holly, ein paar Tage, bevor er zum letzten Mal ein Flugzeug betrat, am 31.1.59 tatsächlich in The Armory in Duluth/Minnesota, Dylans Geburtstort, aufgetreten war. Die Maschine sollte Holly und die beiden anderen nach ihrem Konzert im Surf Ballroom in Clear Lake/Iowa nach Fargo/North Dakota transportieren.

Vielleicht kennt ihr die Szene aus dem Streifen »La Bamba«: Der junge Bruchpilot Matthew Rust verwechselte, wie eine spätere Untersuchung ergab, vermutlich oben mit unten. Jedenfalls krachte die Beechcraft Bonanza mitten in der Nacht, bereits in der Nähe von Mason City/Iowa, unplanmäßig auf einen tiefgefrorenen Acker. (»Snow was snowing, wind was blowing when the world said, goodbye Buddy«, »Tribute To Buddy Holly«, by Mike Berry, 61 produziert von Joe Meek, der sich, an Hollys achtem Todestag, am 3.2.67 in England das Leben nehmen würde. Siehe auch »Infanta« by Bodo Kirchhoff.)

Als Kixon & Schwartz letzten Freitag in meiner Loge vorstellig wurden, versprachen sie mir, in den nächsten Tagen Platten und Bücher von und über Dylan vorbeizubringen, damit ich nicht ganz wie ein Tauber über seine Musik reden musste. Das ist bis jetzt, Mittwoch, 22.5.91, 15:12 Uhr, nicht geschehen. So musste ich auf eigene Bestände zurückgreifen.

Meine einzige Dylan-LP, »Nashville Skyline«, hatte ich vor etwa fünfzehn Jahren meinem Nachhilfeschüler Bernd Wagner geschenkt, der dadurch zu einem Dylan-Freund geworden ist und der heute die Lotto-Toto-Annahme, den Tabakwarenhandel, den Zeitschriftenverkauf und den Eduscho-Vertrieb auf der Wilhelmshöhe, Hauptstraße, Ecke Kernberg (in der dritten Generation) regelt.

Ich hatte schon vor Wochen, als mir noch gar nicht klar war, dass Dylan fuffzig würde, weil ich immer gedacht hatte, der wär »Forever Young«, im ALRO eine CD mit Hits von ihm aus meiner Kinderzimmerzeit erstanden und hörte mir schon lange bevor ich diesen Auftrag etwas kurzfristig erhielt, immer wieder die Sachen von vor ungefähr 25 Jahren an. Von »The Times They Are A-Changin'« aber nur bis »It Ain't Me Babe«.

Danach kam auf diesem Plättchen nur noch Schrott. Und zu meiner Überraschung fand ich in meiner Bibliothek (circa 2000 Bände) ein Taschenbuch, das ich nie gelesen und mit dessen Existenz ich nicht mehr gerechnet hatte. Es hieß »Bob Dylan – wie er sich selbst sieht«, 1981 erschienen.

Ich brauchte nur bis zur Seite 24 zu lesen, um drauf zu kommen, wie diese Geschichte – meine, seine und die von Buddy Holly – zu Ende gehen würde. Da stand: »Ich spielte Klavier, als ich siebzehn war.« Dylan sagte das 1961, mit zwanzig.

»Ich spielte Klavier für diesen Rock-&-Roll-Sänger – Bobby Vee –, und er ist nun ein großer Star, nehm ich an.« Und der Interviewer fragt: »Wo war das jetzt?« »Das war in Fargo; dann kreuzten wir durch den Mittleren Westen, gingen nach Wisconsin und Iowa, reisten dort rum, und dann haute ich ab.« »Wie lange warst du mit Bobby Vee zusammen?« »Ich war bei ihm so ungefähr, oh, jeden Abend – fast jeden Abend –, für einen Monat oder so – und dann, sobald ich ihn verlassen hatte, hatte er ein anderes Plattenlabel, und dann sah ich sein Bild in großen Magazinen und solchen Sachen, kurze Zeit danach. Das war so etwas wie eine Enttäuschung.«

Well now, diese Story hatte ich schon mal gerüchteweise gehört. Nun las ich sie zum ersten Mal schwarz auf weiß und kann sie einigermaßen überprüfen. Tatsache ist, dass Bobby Vee, der eigentlich Robert Velline hieß, in den frühen sechziger Jahren ein großer Star in den Staaten war, unter anderem mit Hits wie »Take Good Care Of My Baby« und »Rubber Ball«.

Und es ist auch glaubhaft überliefert, wie er seine Karriere begonnen hat. Das war am 3. Februar 1959, Buddy Hollys Todestag. Der Manager der package tour suchte noch am selben Tag verzweifelt nach einem Ersatz für den verstorbenen Sänger von »Not Fade Away« und (!) »It Doesn't Matter Anymore«, seinem letzten zu seinen Lebzeiten veröffentlichten Song, den ihm Paul Anka auf den Leib geschrieben hatte. (Oder sollte man sagen: »Auf die Leiche?«)

Am Nachmittag bewarb sich nach einem Aufruf im lokalen Radiosender erfolgreich dieser 15-jährige Robert Velline. Das war in der Stadt Fargo/North Dakota, seinem Heimatort, da, wo Holly hinfliegen wollte, aber nicht mehr landen konnte. Wenn man Bob Dylan glauben will – und wer von uns tut das nicht? –, hat eigentlich auch an diesem Tag, jedenfalls in Fargo, seine Karriere begonnen: als Pianist für das Buddy-Holly-Surrogat Bobby Vee.

Wenn man so will, kann man leicht verzerrend sagen, dass an diesem schwarzen Tag des Rock 'n' Roll sich Buddy Holly und Bob Dylan die Klinke in die Hand gaben, und eine neue Zeitrechnung begann. Diesen 3. Februar 1959 besang Don McLean 1972 in seinem mysteriösen Song »American Pie« als »the day the music died«, also als den Tag, an dem die Musik starb. Bob Dylan wurde ihr Totengräber. Take it away, Kixon.

Hush & Hasch

Internationale Essener Songtage, Grugahalle (1968)

Eigentlich sollte mein erstes Konzerterlebnis der Auftritt der Beatles am 25. Juni 1966 in der Essener Grugahalle sein. Aber ich war erst dreizehn, und wahrscheinlich hätten meine Eltern mich nicht gelassen.

Wie sollte ich auch das Geld auftreiben, wo gab es Karten? Es war ja noch nicht so wie heute, dass einem per Computer in jedem pieseligen Verkehrsverein oder ELPI-Laden Tickets für hundert Veranstaltungen bundesweit angeboten werden. Ich glaube kaum, dass damals in Bochum Karten zu kriegen waren.

Meine Eltern konnten mir kein Taschengeld geben, weil mein Vater, ein kleiner Zechenangestellter, froh war, wenn er vom Lohn ein paar Mark für Zigaretten knäppen konnte. Da blieb nicht viel für uns drei Kinder übrig. Was wir brauchten, kriegten wir, aber zwanzig oder wie viel Mark für diese »Negermusik« waren nicht drin.

Ich hätte mir vielleicht was von der Frau Murski leihen können, einer ehemaligen Nachbarin, für die ich jede Woche den Lottoschein abgab und die mir immer eine Mark extra gab. Aber ich wollte nicht unverschämt sein.

Da erschien die Rettung. In der kurzlebigen Boulevardzeitung *Der Mittag*, wo damals die späteren Mediengrößen Helmut Markwort (*Focus*) und Dieter Kürten (ZDF) ihre Karrieren begannen, gab's ein Preisausschreiben, bei dem man zwei Beatles-Karten für Essen gewinnen konnte. Dafür musste man die Top Five der amerikanischen Hitparade der folgenden Woche erraten. Das schien mir nicht allzu schwer zu sein. Ich würde mehrere Möglichkeiten einschicken, unter den Namen von verschiedenen Verwandten. Eine spannende Woche verging.

Ich verfehlte mein Ziel nur knapp. Ich bekam die beiden Karten nicht, sondern als zweiten Preis die *BRAVO*-LP der

Rolling Stones. Ein schwacher Trost. Was waren schon die Stones auf Platte gegen die Beatles live. Auch wenn es für mich nicht den großen Gegensatz der beiden gigantischen Gruppen gab, meine Favoriten waren die Liverpooler, und ich bemühte mich auch erst zehn Jahre später um eine Karte für die Stones in Dortmund.

So fand meine Initiation erst 1968 in der Gruga bei den Essener Song- und Bluestagen statt, oder wie der Titel war. Ich wollte zu der Nacht-Veranstaltung, die samstags von achtzehn Uhr bis zum nächsten Morgen dauern sollte. Das Problem war, dass ich sonntags früh in der A-Jugend des SuS Wilhelmshöhe spielen musste, das war ich meinem Vater als erstem Vorsitzenden schuldig, denn er brachte mich in unserm VW bis direkt vor die Halle. Abholen würde er mich aber nicht. Ich ließ mich überreden, um zwölf Uhr den letzten Zug zurück nach Bochum zu nehmen.

Ich war früh da. Natürlich war die Gruga ausverkauft, und ich sicherte mir einen Platz zehn Meter vor der Bühne, auf einer Art Laufsteg, der von der Bühnenmitte aus ins Auditorium ragte. Ich würde die gute Stelle auch nicht zum Pissen verlassen. Ich trank deshalb nichts. Ich sah damals noch ziemlich zivilisiert aus, während immer mehr Hippies in ihrer bunten Kleidung eintrudelten.

Viele hatten Mädchen dabei. Da war ich ein fast noch unbeschriebenes Blatt. Ich hatte in der Obertertia nur mal ein Techtelmechtel mit Wolfram Altenhövels Schwester unterhalten. Während ich Uschi nach dem Abitur aus den Augen verlor, halte ich heute noch Kontakt zu ihrem Bruder, mit dem ich schon zweimal auf Bob-Dylan-Konzerten war. Am besten gefiel ihm unser gemeinsamer Besuch bei dem Kölner Solo-Gig von Ray Davies.

Damals aber war ich allein. Trotzdem war das ganze Ding eine Offenbarung, nicht nur die Musik, auch das ganze Drum und Dran, die Atmosphäre mit all den freundlichen und friedlichen Leuten. Eine Rock-Generation vorher hatte hier bei Bill

Haley noch Kleinholz gemacht. Es lag ein eigentümlicher Duft in der Luft. Bald sah ich die ersten Tüten, die sich einige Leute unverhohlen ansteckten. Ich kam dahinter, dass es sich um Haschisch handelte. Ich griff aber nicht zu. Ich ließ mich dann auch nicht von der Musik ablenken.

Die Reihenfolge weiß ich nicht mehr. Ich war von Anfang an hingerissen. Hardin & York waren eine Zweimannband, mit dem ehemaligen Drummer der Spencer Davis Group, deren heimlicher Chef, Stevie Winwood, Traffic gegründet hatte, die aber leider an diesem Abend nicht auftraten. Schlagzeug und Orgel – es war fantastisch, was die beiden aus nur zwei Instrumenten rausholten. Es war ihr Durchbruch, und sie sollten noch auf manchem Festival spielen, auch wenn sie nicht massenweise Platten verkauften.

Dann der erste deutsche Auftritt von Taste, einem irischen Trio mit Rory Gallagher an der Spitze. Er spielte damals schon mit derselben Fender Stratocaster, die ihn bis zu seinem Leber-Tod vor einigen Jahren begleitete. Hervorragend auch der Bassist Richard McCracken. Ich vergaß Hunger und Durst, als Deep Purple angesagt wurden. Ein Raunen ging durchs Publikum, das die Engländer im Sturm eroberten. Mir hatte es besonders angetan, wie der Keyboarder Jon Lord seine Instrumente bearbeitete, während der Sänger »Hush« röhrte.

Ja, hier feierte der progressive Rock seinen Sieg, vielleicht auch durch den Auftritt von Pink Floyd, von dem ich aber nicht überzeugt bin, ob er in jener Nacht wirklich stattfand, wie mir neulich noch Peter Wasielewski (Ex-Conditors), einer der besten linkshändigen deutschen Bassisten, weismachen wollte. Der hatte auch den legendären Termin wahrgenommen. Er erzählte mir, dass sie noch spät in der Nacht die ganze LP »Ummagumma« gespielt hätten. Ich glaub nicht dran.

Ich war ja auch, wie verabredet, um zwölf abgehauen und hatte noch die Jazzrockformation von Keef Hartley gesehen. Die gefiel mir auch so gut, dass ich sie mir später bei meinem ersten London-Besuch noch mal im Marquee in der Wardour

Street angesehen hab, aus dem in letzter Zeit ein scheußliches Restaurant geworden ist.

Also, wer alles noch nachts gespielt hat, ich hab es verpasst, The Nice zum Beispiel mit Keith Emerson. Wer sonst noch? Fleetwood Mac? Man frage den heutigen *Spiegel*-Autor Henryk M. Broder. Der soll damals der junge Pressesprecher der Veranstaltung gewesen sein.

Ich nahm also den letzten Zug nach Bochum-Langendreer und sank glücklich, auch ohne Hasch, in mein Bett. Am nächsten Morgen stand ich pünktlich auf und schoss zwei astreine Tore. So verbanden sich damals zwei Bereiche in meiner Brust, die noch lange drinbleiben sollten, Fußball und Popmusik. Ich hab danach noch viele Spiele gespielt und manches Konzert erlebt, aber nie war die Synthese in mir so geglückt wie an diesem Wochenende.

Zwischen Pink und Punk

Die siebziger Jahre begannen mit einem Schock: Die Beatles, Garanten für Genialität, lösten sich auf. Sie verabschiedeten sich mit einem weinerlichen »The Long And Winding Road« und ließen es sein. Zeitgleich tauchte Michael Jackson auf, ein schwacher Ersatz.

Im September 1970 fuhren wir mit unserer Abi-Klasse nach London. In Soho sah ich, dass im Ronnie Scott's Club WAR spielen sollten. Ich wollte sie sehen, aber man ließ mich nicht rein, weil es ausverkauft oder ich zu jung war. Zwei Tage später las ich, dass Jimi Hendrix mit der Gruppe gespielt hatte und anschließend gestorben war. So hätte ich den genialen Musiker fast bei seinem letzten Auftritt gesehen.

Von da an fuhr ich jedes Jahr nach England. Bei einem Festival, auf den Tag genau ein Jahr nach Hendrix' Tod, erlebte ich The Who, The Faces und mehrere andere Top-Gruppen. Meist trieb ich mich im Marquee rum, wo Bands der zweiten Division spielten. Am meisten beeindruckten mich Van der Graaf Generator. Auch traf ich meine Brieffreundin Sue. Leider war sie schon verlobt.

1972. Wieder zu Hause, trat ich nach dem Wahlsieg der SPD der Partei bei. Ich weiß nicht mehr, warum. Jedenfalls ging ich nie zu Sitzungen hin. Ich blieb aber der Partei treu. So wie ich auch bis heute Kirchensteuer zahle.

Ich entdeckte Neil Young und Lou Reed für mich. Auch wenn ich mir nur »After The Gold Rush« und »Transformer« zulegte. Ich war kein großer Plattenkäufer, zumal ich nach einer verpatzten Zwischenprüfung kein BAföG mehr bekam. Ich hielt mich mit Nachhilfestunden und dem Geld über Wasser, das ich im Sommer in der Ritter-Brauerei verdiente. Ich studierte noch ein paar Jahre rum.

Ich kaufte mir auf Empfehlung von Franz Schöler, der damals bei der *Zeit* war, das Gesamtwerk des weithin unbekannten englischen Singer-Songwriters Phillip Goodhand-Tait. Ich fand die Adresse der Plattenfirma DJM, bei der auch Elton John unter Vertrag war. Ich ging hin, um ein Autogramm zu erbitten. Phillip war da und wir kamen ins Gespräch.

Das Jahr darauf – ich arbeitete bei dem Buchhändler Foyles – lud er mich zu sich in die Provinz ein. Er bat mich, seinen Song »Oceans Away« zu übersetzen, den auch Roger Daltrey und Gene Pitney sangen. Obwohl meine deutsche Version an Ralph Siegel ging, nahm sie hier keiner auf. Phillip und ich sind bis heute Freunde und treten gemeinsam auf, ich als Vorleser, er als Sänger.

1975 sah ich zum ersten Mal in einem Musical Herbert Grönemeyer in Bochum, auf der Bühne des Schauspielhauses. Man konnte schon damals erkennen, dass mal was aus ihm werden würde. Aber vorerst verschwand er in der Versenkung. Bis er mit seinem »Boot« auftauchte.

Andere Liedermacher gefielen mir besser. Thommie Bayer, Achim Reichel, Hannes Wader. Aber so richtig mein Ding war das auch nicht.

Im Fernsehen hatten wir noch am Anfang des Jahrzehnts »Beat-Club« gesehen, unter anderem mit Kraftwerk, die ich auch live in Croydon sah, genau wie Roy Orbison. Mittlerweile gab's den »Rockpalast«, zunächst normal, dann die Nächte. Little Feat, Patti Smith und Mitch Ryder waren wirklich großartig. Ich bin aber nie hingegangen, obwohl Essen nur einen Katzensprung von Bochum entfernt ist.

Dann kamen Punk und Terror. Ich weiß nicht, ob da ein Zusammenhang bestand. Viele Leute empfanden klammheimliche Freude, als Schleyer erschossen wurde. Manche hielten die Sex Pistols & Co. für eine Heimsuchung. Ich hörte die John-Peel-Show auf BFBS und war begeistert.

78 gab ich endgültig mein Studium auf und wurde Schallplattenverkäufer. Das ist ein Job, bei dem man sich alle Platten

der Welt anhören kann, meint man, aber man hört sich dann trotzdem immer nur seine Lieblingsplatten an. Genesis und Pink Floyd gehörten nicht dazu.

So schrieb ich auch nicht über diese Superstars und nicht über die Stones bei meinem Debüt im Ruhrgebietsmagazin *Marabo*, sondern über Buddy Holly. Und so begann meine kurze Karriere als Popschreiber.

Vier Leserbriefe

Se Ghost Off Heinrich L.

Eurem Artikel über Moderation der Essener »Rocknacht« muss ich (leider) zustimmen. Das Kauderwelsch jener beiden Typen lässt Heinrich Lübke im Nachhinein geradezu als polyglottes Sprachgenie erscheinen. Bei denen, glaubt's mir, hülfe auch James Joyce nicht mehr als Lehrer. (Wobei man sich natürlich bei deren Gebrabbel stark an »Finnegans Wake« erinnert fühlte.)

Aber was soll's – es ist nun mal passiert. Das Schlimme scheint mir zu sein, dass hinter der Sprachlosigkeit von Metzger und Bussiek ein System steckt, nämlich dass es beim WDR zum guten Ton gehört, schlechtes Englisch zu verzapfen. (Ich beziehe mich hier auf den Hörfunk, da Rock und Pop im Fernsehen ja kaum präsentiert werden.) So, als wollten sie einen Vertrag von Baccaras Plattenfirma ergattern, sprechen sie *Englisch* wie Kurt Waldheim: Wilfried Schüssler und Ulf Posé. (Frage von Posé an Justin Hayward: »Wör you se ghost off se Muddy Blues?«)

Diese Plattenreiter, die uns der WDR mehrmals wöchentlich andient, sollten schleunigst in die Schaukelstuhlredaktion abkommandiert werden. Zumindest sollten sie sich an Mal Sondock und Dave Colman (Ex-Casey Jones & the Governors), die ebenfalls in Köln Rundfunk machen, ein Beispiel nehmen, wie man eine fremde Sprache beherrschen kann.

Die ganze Misere verdeutlicht, dass Deutschland in der Rock-'n'-Roll-Krise steckt, was seine non-musikalischen Vermittler in den Sendern und in den Periodika anbetrifft. (Siehe auch die Rezension von J. Legath über »Rock Session«.)

Die Scheiße ist auch leider bei euch nicht zu übersehen, wenn zum Beispiel einige von euch eng mit Zweitausendeins verbunden sind (Rowohlt, Schwaner), und gleichzeitig Erzeugnisse des Billigverlegers hochgejubelt werden. Übrigens:

Wann erscheinen die ersten zehn Jahrgänge von *Sounds* in o. a. Verlag? (Das nur am Rande.)

Tja, wo gibt's die von Legath erwähnten deutschen Rockschreiber à la Murray, Welch, Laing und wie sie alle heißen? Wo sitzt im deutschen TV einer so gelassen, laid back, wie Bob Harris im »Old Grey Whistle Test«. Welcher deutsche deejay könnte wie John Peel in seinen Sendungen Yes spielen und sie hinterher beredt fix und fertig machen? Wenn man sich auf der deutschen Rockszene umsieht und -hört, könnte man annehmen, sie sei der Grund, warum die erste Garde deutscher Filmregisseure unser Land verlassen will.

Tut mir leid, dass ich nichts Positives loswerden kann.

Betr.: Ausstieg von WoW

Traurig, traurig: In den knapp acht Zeilen, mit denen Ihr meinen Ausstieg vom *MARABO* würdigt (11/81), stecken mehr Fehler als sonst was drin.

1. Ich gehe nicht nach England. Allenfalls werde ich fahren, was aber im Moment nicht geht, weil ich meinen Wagen zu Schrott gefahren habe.

2. Falls ich dieses unser Land verlasse, werde ich mir in der Tat einige Träume erfüllen, zum Beispiel mich nach drei Jahren ohne Urlaub mal erholen; ich werde jedoch nicht – wie Ihr behauptet – mein Lieblingsbuch über Buddy Holly übersetzen, sondern ein eigenes Werk über den legendären Texaner verfassen. Allerdings werde ich auch einige englischsprachige Bücher ins Deutsche übertragen.

3. Ich werde keinen Roman und schon gar nicht über die Bochumer Hermannshöhe schreiben, vielmehr gedenke ich, eine Art kollektive Autobiografie über die WILHELMSHÖHE in Bochum-Langendreer in mehreren Bänden zu veröffentlichen.

4. Bevor es so weit ist, werde ich für etliche Zeitungen längs der Bundesrepublik Artikel machen, die mir, wenn nicht Geld, so doch wenigstens Spaß und vielleicht sogar – für mich ungewohnt – das eine oder andere Dankeschön einbringen werden.

5. Die Behauptung »*MARABO*-Leser werden sein Kürzel WoW vermissen« ist eine arge Anmaßung. Kann mir nicht vorstellen, dass mir auch nur ein einziger Konsument dieses Blattes nachtrauert.

6. Vielen Dank an meinen Freund, den Fotografen Andreas Böttcher, der genau den leeren Blick in meinen Augen eingefangen hat, der symbolisch für meinen derzeitigen Zustand ist. Lots of love to FLORA SOFT.

Auf den ihm geltenden Text »Poesie mit Schlips & Kragen« reagiert Heinz Rudolf Kunze mit einem offenen Brief an den *Musikexpress*. Wolfgang Welt habe sich, führt Kunze aus, als »Aufsatz-Ayatollah« zu erkennen gegeben, die zweifellos scharf formulierte Kritik sei »ein Fall von Notzucht mit Abwesenden«. Dies ist Welts Antwort:

Welt-Schmerz

Statt einer Antwort auf deine (ohne Tippfehler) verfasste Replik: eine von mir zwischen zwei Plattenkritiken hingeschluderte Aufzeichnung einer wahren Begebenheit.

Wir trafen uns an einem Spätnachmittag in dem Kölner WEA-Büro. Ich hatte morgens von meiner Wittener Wohnung aus mit der von mir geschätzten Barbara Wolf (aus Wanne-Eickel stammend) telefoniert. Erst an jenem Montagmorgen erfuhr ich von meinem Glück, dich – den ich Ignorant bis dahin nicht mal dem Namen nach kannte – interviewen zu dürfen. Obwohl du nicht in meinem Terminkalender vorgesehen warst, wollte ich Barbara kein Leid antun und machte mich auf den Weg.

Beladen mit circa 500 LPs, die ich noch von einem Gig als DJ in meinem uralten Kadett hatte, streifte ich mit 120 Sachen zwischen Herbede und Sprockhövel eine Leitplanke, die die ganze linke Seite meines Karrens eindrückte.

So war ich natürlich guter Dinge, als ich dich, der du verspätet von einem Radiotermin kamst, begrüßen durfte. Es tut mir im Nachhinein leid, dass ich an jenem Herbsttag vielleicht mal über das Wehwehchen Tod laut nachdachte! Es stimmt aber nicht, dass ich dir keine Fragen gestellt habe!

Habe ich dich nicht gefragt, ob ich den Kassettenrekorder einschalten durfte? Du lehntest das ab! Habe ich nicht gefragt, wer oder was du überhaupt bist? Habe ich dich nicht nach deinen Eltern gefragt? Fragen über Fragen habe ich dir gestellt!

Habe ich dich nicht gefragt, ob ich dir wegen einiger offener Fragen schreiben könnte, als der Mann einer Kölner Stadtzeitung ob des Zeitdrucks auf den Beginn seines Interviews pochte? Tatsächlich schrieb ich dir zweimal übers Kölner Büro. Eine Antwort erhielt ich leider nicht!

Aber davon abgesehen: Ich werde gegen jedermann Gewalt anwenden, der dir mit einer Pershing oder SS-20 den Mund verbieten will. »Ich vergebe alles, vergesse nichts.« (Nietzsche)

Dein Wolfgang Welt
Hauptstraße 51
4630 Bochum

Lieber Leser!

Da sich die vielen *Marabo*-Leser unter meinen Bekannten nach der Lektüre des Heftes 2/83 verwundert mir gegenüber geäußert haben, wieso man weder von der Redaktion noch von der Verlagsseite aus erfahren hatte, wieso mein Name weder im Impressum noch in der bebilderten Übersicht »fast aller *Marabo*-Mitarbeiter« aufgetaucht war, möchte ich nach auch mündlichen Erklärungen den Abschied, meinen Abschied vom *Marabo* kurz schriftlich erläutern:

Ich begann meine Karriere vor circa vier Jahren bei dieser Zeitschrift mit dem Artikel »Buddy Holly lebt«. Es folgten für mich danach herrliche Zeiten, aber ähnlich wie in einer Ehe, in einer Fußballmannschaft oder einem Kegelklub wird die Möglichkeit, dass man sich gegenseitig auf die Nerven fällt, mit zunehmender Dauer nicht gerade geringer.

Bei meiner – zugegeben: recht ungewöhnlichen – Hektik, die ich allerdings aus Arbeitswut in den Redaktionsräumen an den Tag und in die Nacht legte, musste es zwangsläufig irgendwann mal zu einem dicken Knall kommen (nach etlichen voraufgegangenen Kanonenschlägen).

Als schließlich am 13.1. der Chefredakteur auch noch aus 'ner Mücke einen Elefanten machte, war das Ende längst programmiert. Die Trennung verlief dann im gegenseitigen Einvernehmen zwischen mir auf der einen sowie den Verlegern, der Ill-Burger KG und dem Chefredakteur auf der anderen Seite.

Zwar meine ich, dass die langjährige vertrauensvolle Zusammenarbeit zwischen mir & dem Rest der *Marabo*-Welt ein etwas weniger schröckliches Ende verdient gehabt hätte. Aber vielleicht war dies besser als ein endloser Schrecken.

So bin ich frei für neue Tätigkeiten, unter anderem für *konkret*, Achim Reichel sowie eine Beendigung meines Philosophiestudiums an der Uni und die Vollendung meines Buddy-Holly-Romans mit dem Titel »Buchhandlung Janssen«, Sachen, die ich ohne meine langjährige Tätigkeit beim *Marabo* vielleicht gar nicht erst angegangen wäre!

Wenn nur ein *Marabo*-Leser in etwa so traurig ist wie ich über meinen, wie ich mich kenne: sicher nur vorläufigen, Ausstieg (da ja alte Liebe nicht rostet!), wäre ich froh und würde ihn (oder sie) gerne kennenlernen! Meine Adresse: Hauptstr. 51, 4630 Bochum 7.

I love you!

Bye-bye, Euer Wolfgang Welt und alle seine anderen Ichs.

Vier O-Töne

verlag-reiffer.de/wow/hs/01.mp3

»Brown Eyed Handsome Man« auf der Raupe

(Aufnahme vom 8.12.1981, Nachlass Wolfgang Welt)

verlag-reiffer.de/wow/hs/02.mp3

»Wir wollten wissen, wer der Sänger ist ...«

(Aufnahme vom 8.12.1981, Nachlass Wolfgang Welt)

verlag-reiffer.de/wow/hs/03.mp3

Erster Text fürs *Marabo*

(Aufnahme vom 7.4.1998, Nachlass Wolfgang Welt)

verlag-reiffer.de/wow/hs/04.mp3

Buddy Holly als *Lebensretter*

(Aufnahme vom 3.2.1999, Nachlass Wolfgang Welt)

Textnachweise

Buddy Holly lebt, »Marabo« 2/1979

Ocean o. k., »Marabo« 4/1979

Langweilig, »Marabo« 5/1979

The King and I, »Marabo« 9/1979

Ramones: End Of The Century, »Marabo« 3/1980

John Foxx: Metamatic, ebd.

Sparks: Terminal Jive, ebd.

Martha and the Muffins: Metro Music, »Marabo« 4/1980

John Denver: Autograph, ebd.

Marius Müller-Westernhagen: Sekt oder Selters, ebd.

Cabaret Voltaire: Live At The Y. M. C. A., ebd.

Warren Zevon, »Marabo« 5/1980

Willie Nile, ebd.

Gerry Rafferty: Snakes And Ladders, »Marabo« 6/1980

Michael Franks: One Bad Habit, ebd.

Paul McCartney: II, »Marabo« 8/1980

Buddy Holly: The Legend Of Buddy Holly, ebd.

Jackson Browne: Hold Out, ebd.

Phillip Goodhand-Tait: Good Old Phil's, ebd.

Justin Hayward: Night Flight, »Marabo« 9/1980

Cliff Richard. *MARABO*-Mitarbeiter Wolfgang Welt sprach mit dem Popstar, »Marabo« 10/1980

Zur »Rockpalast«-Nacht am 18.10.1980, ebd.

Peter Maffay: Revanche, ebd.

Marius Müller-Westernhagen. Der neue deutsche Star (mit Peter Krauskopf), »Marabo« 11/1980

Last Year's Models? The B-52s, »Marabo« 12/1980

Metro: Future Imperfect, ebd.

The Roches: Nurds, ebd.

Hello Good-bye, »Marabo« 1/1981

See You Later, Alligator, »Marabo« 3/1981

Bruce Springsteen, ebd.

J. J. Cale: Shades, ebd.

Emmylou Harris: Evangeline, ebd.

Herbert Grönemeyer: Zwo, ebd.

The Who: Face Dances, »Marabo« 4/1981

Sonny Curtis: Love Is All Around, ebd.

Stevie Wonder, »Marabo« 5/1981

Marius Müller-Westernhagen: Stinker, ebd.

Stray Cats, ebd.

Thommie Bayer Band: Kamikaze Bodenpersonal, ebd.

Unsere Platten 1980/1981, in: Walter Hartmann, Gregor Pott (Hg.): »Rock Session 6. Magazin der populären Musik«, Reinbek bei Hamburg 1982

Phillip Goodhand-Tait, in: Walter Hartmann, Klaus Humann, Carl-Ludwig Reichert (Hg.): »Rock Session 5. Magazin der populären Musik«, Reinbek bei Hamburg 1981

Im Rachen des Drachen, »Marabo« 6/1981

Stevie Wonder in der Westfalenhalle, ebd.

Sampler, ebd.

Thommie Bayer: Der deutsche John Lennon?, »Marabo« 7/1981

Helen Schneider in Essen, ebd.

The Moody Blues: Long Distance Voyager, ebd.

Willie Nile: Golden Down, ebd.

Jean Michel Jarre: Magnetic Fields, ebd.

Aj Webber: Of This Land, »Sounds« 7/1981

Keine Frau nach Mas(ß). Ein Porträt der amerikanischen Sängerin Carolyne Mas, »Marabo« 8/1981

Willy Hagara in Dortmund, »Marabo« 9/1981

Die Conditors in Hamburg, ebd.

T-Bone Burnett: Truth Decay, ebd.

Desmond Dekker: Compass Point, ebd.

Der Favorit: Mea Culpa, ebd.

Funkadelic: The Electric Spanking Of War Babies, »Marabo« 10/1981

Rolling Stones: Tattoo You, ebd.

Richard Anthony: Les Grandes Chansons, ebd.

Kevin Coyne: Pointing The Finger, »Musikexpress« 12/1981

Liebe und Hass. Geschichte, Gegenwart und Zukunft der Wanner Vorgruppe, in: Walter Hartmann, Gregor Pott (Hg.): »Rock Session 6. Magazin der populären Musik«, Reinbek bei Hamburg 1982

Aj Webber, ebd.

Country à gogo, »Marabo« 2/1982

The Rockats: Live At The Ritz / Stray Cats: Gonna Ball, »Überblick. Magazin am Rhein« 2/1982

Alan Vega: Collision Drive, »Musikexpress« 2/1982

Die Wüste lebt, ebd.

Der Achim-Reichel-Blues in Blond. 20 Jahre Rock auf Deutsch, »Marabo« 3/1982

Penguin Cafe Orchestra: The noise of the heart, »Sounds« 3/1982

Alan Vega: Collision Drive / Suicide: Half Alive, »Überblick. Magazin am Rhein« 3/1982 [Ps.: Der lachende Vagabund]

Heinz Rudolf Kunze: Poesie mit Schlips & Kragen, »Musikexpress« 3/1982

Lou Reed: The Blue Mask, ebd.

Wie der Lou Reed den lachenden Vagabunden nicht traf. The Wearing Of The Blue, »Überblick. Magazin am Rhein« 4/1982 [Ps.: Der lachende Vagabund]

Nick Lowe: Nick The Knife, »Musikexpress« 4/1982

UFO: Mechanix / Krokus: One Vice At A Time, ebd.

J. J. Cale: Grasshopper, ebd.

Joan Jett and the Blackhearts: I Love Rock 'n' Roll, ebd.

Talking Heads: The Name Of This Band Is Talking Heads, »Marabo« 5/1982

Über Alles oder Nichts. Der lachende Vagabund sprach mit Alan Vega in Paris!, »Überblick. Magazin am Rhein« 5/1982 [Ps.: Der lachende Vagabund]

The Fleshtones: Blast Off! / Roman Gods, ebd. [Ps.: Der lachende Vagabund]

John Watts: One More Twist, ebd. [Ps.: Der lachende Vagabund]

Dave Edmunds: D. E. 7th, ebd. [Ps.: Der lachende Vagabund]

Motörhead. Kein Schlaf bis Hammersmith, »Musikexpress« 5/1982

Robert Wyatt: Nothing Can Stop Us, »Musikexpress« 6/1982

Nina Hagen: NunSexMonkRock, »Überblick. Magazin am Rhein« 7-8/1982

Die neuen Sterne am Schlagerhimmel, »Musikexpress« 9/1982

The Go-Go's: Vacation, »Marabo« 9/1982

Tapes her!, ebd.

Kewin Rowland and Dexys Midnight Runners: Too-Rye-Ay, »Überblick. Magazin am Rhein« 9/1982

»Leider wird die Friedensbewegung von DKP-Heuchlern manipuliert«. Interview mit Wolf Biermann (mit Christian Hennig), »Marabo« 11/1982

Ich will 'nen Cowboy als Mann. Deutsche Schlagermädchen gestern und heute, »Überblick. Magazin am Rhein« 11/1982

Dire Straits: Love Over Gold, ebd.

Dschungelband: Weder Götter noch Idioten, »Musikexpress« 12/1982

Koneć: Schrille Blitze, ebd.

Ski und der Rest: Saus und Braus, »Marabo« 12/1982

Metropolis: Die Zeit ist ab, ebd.

Roger Matura: The Outrage Grows, ebd.

Freddy Quinn: » ... Und darum bin ich heute wieder hier«, ebd.

Marius Müller-Westernhagen: Das Herz eines Boxers, »Überblick. Magazin am Rhein« 12/1982

Waylon and Willie: WWII, »Marabo« 1/1983

Ärger im Paradies. Randy Newman vor seinem Düsseldorfer Auftritt, »Überblick. Magazin am Rhein« 1/1983

Sampler, ebd. [Ps.: Der lachende Vagabund]

Geier Sturzflug: Heiße Zeiten ..., »Marabo« 7-8/1983

Nie erlahmt der Zeigefinger, »Hicro Itzo« 8/1983

Buddy Holly: For The First Time Anywhere, »Marabo« 10/1983

Waylon Jennings, »Marabo« 11/1983

The Beach Boys: Rarities, ebd.

T-Bone Burnett: Proof Through The Night, ebd.

Neu! Toll! Super! Der 1. Jugendabend-Verriss des *Marabo*-Magazins, »Marabo« 12/1983

The Carpenters: Voice Of The Heart, ebd.

King Size Dick un Die Fädije: Rusjesök, ebd.

Karat: Die sieben Wunder der Welt / City: Unter der Haut, »Marabo« 1/1984

Heartbeat, »Marabo« 2/1984

Tracey Ullman: You Broke My Heart In 17 Places, ebd.

Hip-Hop-Flop. Breakdancers Bruchlandung, »Musikexpress/ Sounds« 9/1984

Stevie Superstar, »tip. BerlinMagazin« 10/1984

Der »Rockpalast« wankt. Interview mit dem gefeuerten Moderator Alan Bangs (mit Claus Bredenbrock), »Marabo« 10/1984

Der Wanker, ebd.

Nacht-Fluch: Der Autor vor seinem Radio, in: »Der Alltag. Die Sensationen des Gewöhnlichen« 61/1992

Bob Dylan & Buddy Holly. Kein Vergleich, in: Wolfram Altenhövel (Hg.): »Bob Dylan, 50 Jahre …«, Fernwald 1993

Hush & Hasch. Essener Song- und Blues-Tage, Grugahalle (1968), in: Frank Schäfer (Hg.): »The Boys Are Back In Town. Mein erstes Rockkonzert – Ein Lesebuch«, Berlin 2000

Zwischen Pink und Punk, »Rolling Stone« 8/2010

Se Ghost Off Heinrich L., »Sounds« 10/1977

Betr.: Ausstieg von WoW, »Marabo« 12/1981

Welt-Schmerz, »Musikexpress« 4/1982

Lieber Leser!, unveröffentlicht, Heinrich-Heine-Institut, Nachlass Wolfgang Welt, Datierung: Februar 1983

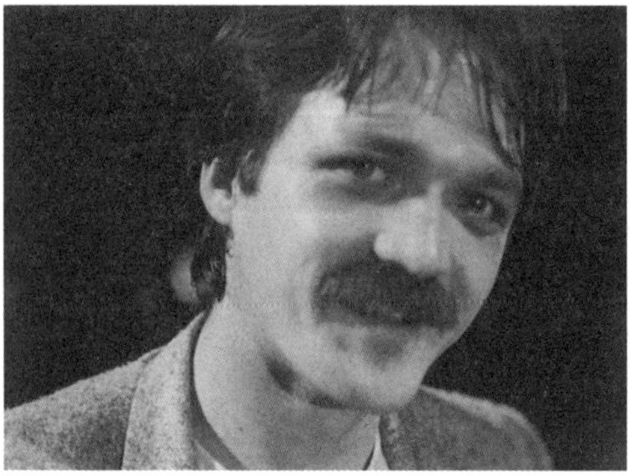

Wolfgang Welt, geboren am 31. Dezember 1952 in Bochum-Langendreer, wächst in der Zechensiedlung Wilhelmshöhe auf. Englisch- und Geschichtsstudium – ohne Abschluss. Anschließend Schallplattenverkäufer. Zeitgleich fängt er an, für das Ruhrgebietsmagazin *Marabo* und Musikzeitschriften wie *Sounds* zu schreiben. Ab 1982 Nachtwächter, davon 25 Jahre im Schauspielhaus Bochum. 1983 erkrankt Welt an einer schizophrenen Psychose mit manisch-depressivem Einschlag. »Peggy Sue«, sein erster autobiografischer Roman, erscheint 1986. Es folgen »Der Tick«, »Der Tunnel am Ende des Lichts«, »Doris hilft« und »Fischsuppe«. Am 19. Juni 2016 stirbt Wolfgang Welt in einem Hagener Krankenhaus. »Die Pannschüppe«, der Roman, an dem er bis zuletzt arbeitet, wird posthum veröffentlicht.

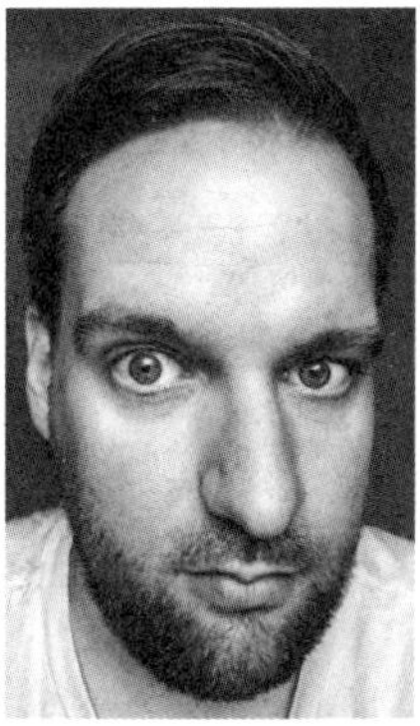

Martin Willems, geboren 1984, arbeitet in einem Literaturarchiv. Nebenbei schreibt er Literaturkritiken, vor allem für den *Rolling Stone*. Mit dem Werk von Wolfgang Welt beschäftigt er sich seit 2007, als Leser, Kurator, Nachlassbearbeiter, Herausgeber und Autor (»Die Lange Nacht über den außergewöhnlichen Schriftsteller Wolfgang Welt«, Deutschlandfunk Kultur).

Wolfgang Welt

Die Pannschüppe

und andere Geschichten und Literaturkritiken

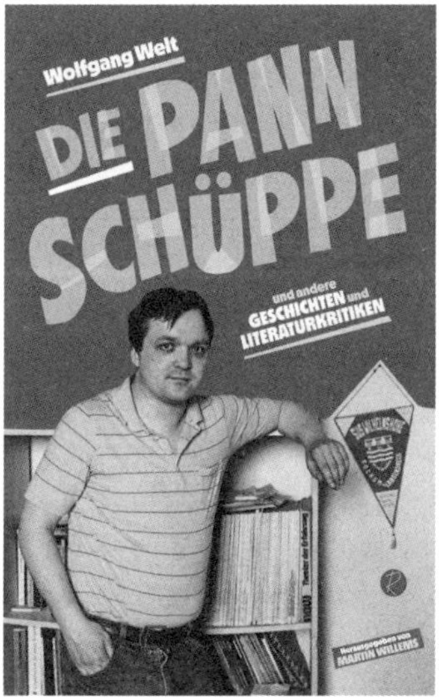

Als Wolfgang Welt (1952–2016) Anfang der 70er Jahre die Bücher von Peter Handke, Franz Kafka und Hesses »Steppenwolf« liest, ist alles klar: Er will Schriftsteller werden – unbedingt. Welt beginnt mit Rezensionen und Porträts, über die Hermann Lenz sagt: »Da gibt's keinen lahmen oder gleichgültigen Satz«. 1981 entsteht im automatic-writing-Verfahren der erste Prosatext, »Buddy Holly auf der Wilhelmshöhe«. Der Titel umfasst zwei zentrale Pole seines Schreibens: Musik und Leben. Sein persönliches Leben macht Wolfgang Welt zu Literatur. In »Einmal Tchibo und zurück«, »Der Tele-Fick«, »Das dritte Ei« oder dem unvollendet gebliebenen Roman »Die Pannschüppe«. Wie diese Geschichten klingen? Ihr Sound ist unverwechselbar, lakonisch-lässig, immer geradeaus. Zwischen den Zeilen: staubtrockener Humor.

Herausgegeben von Martin Willems

Wolfgang Welt: Die Pannschüppe
Klappenbroschur 14,0 x 21,5 cm, 400 Seiten, zahlreiche (teilweise farbige) Abbildungen und QR-Codes zu O-Tönen von Wolfgang Welt
ISBN 978-3-945715-82-6

www.verlag-reiffer.de